희망의
한반도
프로젝트

희망의 한반도 프로젝트

초판 1쇄 발행 • 2005년 3월 2일
초판 4쇄 발행 • 2005년 10월 25일

지은이 • 김석철
펴낸이 • 고세현
편집 • 염종선 김경태 권나명
미술·조판 • 윤종윤 신혜원
펴낸곳 • (주)창비
등록 • 1986년 8월 5일 제85호
주소 • 413-756 경기도 파주시 교하읍 문발리 513-11
전화 • 031-955-3333
팩시밀리 • 영업 031-955-3399 편집 031-955-3400
홈페이지 • www.changbi.com
전자우편 • human@changbi.com

ⓒ 김석철 2005
ISBN 89-364-8529-6 03300

희망의
한반도
프로젝트

김석철 지음

창비
Changbi Publishers

『희망의 한반도 프로젝트』 발간에 부쳐
백낙청

　건축설계는 공학과 예술이 만나는 영역인데다 설계가 건물로 실현되려면 재정까지 충족되어야 하기 때문에 건축가로 일가를 이루기가 유달리 힘들지 싶다. 그러니 한 도시, 또는 도시의 한 구역을 제대로 설계하기는 얼마나 더 어렵겠는가. 이 책의 지은이 김석철이 "건축은 나이 오십이 되어야 제대로 알고 할 수 있지만 도시는 예순이 넘어야 제대로 알고 할 수 있게 된다는 이야기가 과장이 아니었다"고 술회하는 것이 수긍이 가고도 남는다.

　문외한의 판단이지만, 건축가이면서 일찍부터 도시설계에 손을 대어 오십, 육십이 넘도록 꾸준히 정진해온 사례가 우리나라에는 너무나 드문 것 같다. 그런 점에서 김석철의 독보적 위치를 부정하기 어려운데, 대개는 이 점을 인정하면서도 그의 도시설계에 대해서 아름답지만 현실성이 부족하다는 단서를 달기 일쑤고, 어느 신문기사의 표현대로 '건축이 꿈을 꿀 수 있음을 보여주었다'는 모호한 찬사로 그치기도 한다.

김석철이 꿈이 많은 설계가인 것은 분명하다. 그러나 그의 구상 가운데 상당수가 국내 또는 해외의 당국자나 업체와의 현실적인 연계 속에 탄생했고 실행중인 것도 있다는 사실은 그가 '꿈만 꾸는' 설계가가 아님을 입증한다. 오히려 우리는 꿈 없는 도시계획에 너무 익숙해졌고 건축설계와 도시설계를 함께 진행하는 사례를 만나는 일이 매우 드물기 때문에, 제대로 된 도시설계안을 볼 때 '현실성이 없다'는 예단부터 내리는 것이 아닐까.

실제로 현실성 부족을 비판받아 수용되지 못한 그의 제안 가운데는 바로 그 현실적 타당성 때문에 특정세력에 의해 더욱 집요하게 거부당하는 경우도 있다. 나 자신 그의 '한반도 프로젝트'에 지속적인 관심을 갖게 된 계기가 새만금을 위한 그의 대안적 구상을 들으면서부터였는데, 이미 공사해놓은 방조제와 그로 인해 생긴 안바다를 활용하여 새만금 일원을 황해경제권의 주요 거점의 하나로 만들면서 대부분의 갯벌도 살린다는 발상은 일단 듣고나면 유일하게 현실적인 대안임이 너무도 명백한, 말 그대로 '콜럼버스의 달걀'과 같은 것이었다. 물론 구체적인 설계에는 검토의 여지가 많을 터이다. 김석철 자신도 처음 구상을 발표한 이래 수정과 보완 작업을 꾸준히 진행해왔으며, 이 책을 통해 행정수도 문제와도 관련된 한층 진전된 안을 내놓고 있다. 아무튼 새만금 문제가 결국은 김석철이 꿈꾸어온 방향으로 해결되리라고 내가 믿는 이유는, 이런 꿈이 제외된 어떠한 방안도 국가에 의한 이 엄청난 저지레의 뒷감당을 해낼 현실성이 없기 때문이다.

근년 들어 김석철이 국토의 대대적인 개조를 꿈꾸는 설계를 집중적으로 내놓고 있는 데는 그나름의 시대인식이 작용한 것으로 보인다. 즉 기존의 '한반도 하드웨어'가 이제 한계에 다다라서 전면적 개혁이 없이는 우리의 경제나 사회에 희망이 없다는 것이다. 근대 한반도의 공간구조는 19세기 말의 개항과 20세기 전반의 식민통치를 거치면서 기본틀이 잡혔고, 남한에서는 분단구조에 적응한 그 개편작업이 개발독재를 통해 수행되었다. 이제 개발독재가 끝나고 분단체제가 흔들릴 뿐 아니라 세계경제의 문법이 달라지고 동아시아 정세가 격변함에 따라 한반도는 새로운 공간전략을 세울 때가 되었다고 김석철은 보고 있는 것이다.

'분단체제의 흔들림'은 나 자신의 어법을 슬그머니 끼워넣은 것으로, 김석철이 나의 분단체제론에 얼마나 동의할지는 모르겠다. 어쨌든 오랫동안 굳어 있던 분단체제가 지금은 본격적인 동요기(動搖期)에 들어섰으며 한반도에 분단체제보다 나은 사회를 건설하는 것이 우리의 시대적 의무라는 입장을 취할 때, 김석철이 말하는 한반도 하드웨어의 대개혁이 하나의 관건적 사업이 됨은 더말할 나위 없다. 이를 위해 통일 전에도 개조할 것은 개조하고 설계할 것을 설계하는 대비가 필요한데, 새만금 문제를 잘 푸는 일이 그렇고 수도권 전략과 지방의 자립화 방안을 제대로 마련하는 일이 그렇다.

이 책은 그 설계의 구체적인 내용들도 흥미롭지만 인문적 내지 사회과학적 담론의 차원에서도 중요한 문제제기가 많다. 예컨대 '황해도시공동체'의 개념부터가 기존의 지역담론과는 질적으로 다른 발상이다. 현실적으로도 21세기 한국 및 한반도의 공간전략이 중국의 비약적 성장을 포함한 동아시아 정세변화의 맥락 속에서 추진되어야 하지만, 그러자면 구역 내지 지역(region)의 성격과 범위를 유럽이나 북미와 상이한 이쪽 실정에 맞게 설정할 필요가 있다. '동아시아'든 '동북아시아'든 기존의 지역담론은 주로 어느어느 국가가 어떠어떠한 방식으로 결합할 것인가를 논의해온 셈인데, '황해공동체'는 사람들과 물자와 문화가 국경과 무관하게 실제로 오가는 정도에 따라 성립하고 확대 또는 축소되는 새로운 단위의 지역인 것이다. 물론 관련된 한·조·중·일 네 나라의 일정한 국가간

유대에 의해 밑받침되는 일은 필요하다. 그러나 각국간 규모의 불균형이 심할뿐더러 어쩌면 각기 전혀 다른 의미의 '국가'일 수도 있는 이들을 두고——또는 여기에 러시아와 몽골, 베트남을 더하면서——언제 어떻게 유럽 같은 국가연합에 근접할 수 있을 것인가라는 식의 부질없는 담론에서 처음부터 벗어날 길을 열어주는 것이 황해공동체론이다.

이를 굳이 도시공동체라 부르는 것이 도시설계가의 농촌경시사상을 드러내는 건 아니냐는 의심을 살 수 있겠다. 그러나 김석철이 꿈꾸는 것은 도농복합체로서의 새로운 도시이다. 농촌(및 산촌·어촌)의 황폐화를 수반하는 도시화가 세계적인 대세이며 후진국일수록 도시화는 곧 빈민굴화이기 십상인 오늘의 현실에서 이것은 발본적인 새 구상이 아닐 수 없다. 물론 이런 발상 자체가 그의 창안은 아니며 여러 사람이 꿈꾸어온 일이다. 김석철은 특히 베네찌아를 비롯한 중간 규모의 도시들이 긴밀히 연계하며 주변의 농촌과 공존하고 있는 이딸리아 베네또(Veneto) 지역의 현장을 체험하고 깊은 감명을 받은 것으로 아는데, 최근 몇년간 중국을 자주 다니고 대규모의 농촌면적을 포함한 중국의 도시와 관련된 작업을 수행하면서 이런 생각이 더욱 굳어진 것 같다.

우리나라의 광역시들도 일부 수용한 중국의 광역도시

모형——예컨대 세계 최대의 도시라고 하는 충칭(重慶)은 인구 3천만에 면적은 남한의 총면적에 육박하는 8만2천 평방킬로미터인데 실제 도회구역에 거주하는 인구는 580만 안팎이라고 한다——은 원래 도농병진(都農竝進)을 주창한 마오 쩌뚱(毛澤東) 사상의 산물이다. 다만 마오시대에는 농촌에도 크고작은 공장을 지음으로써 균형발전을 한다는 구도였고 개혁개방시대에 들어서는 한때 향진기업(鄕鎭企業)에 희망을 걸었다. 이도 저도 모두 경쟁력이 없음이 판명된 우리 시대에 이르러, 중국의 광역시들이 당면한 선택은 새로운 도농공존의 패러다임을 찾아내느냐 아니면 기존의 추세대로 도회구역의 무분별한 확대와 농촌의 황폐화 과정을 밟느냐이다. 이것이 중국의 선택이자 동아시아, 나아가 인류문명의 앞날을 크게 좌우할 사안임은 능히 짐작할 수 있다.

따라서 김석철의 '차이나 프로젝트'는 그 자신도 강조하듯이 단순히 한국의 중국진출 프로젝트가 아니라 새로운 도시모형의 창출을 포함하는 그의 '한반도 프로젝트'의 유기적인 일부이다. 중국에서 이 새 모형이 한두 개의 건물 내지 도시 설계를 넘어 얼마나 널리 수용될지는 주로 중국인들이 결정할 일이지만, 이 책에서 제시하는 '금강·새만금 어반클러스터'나 '영남 어반클러스터', '춘천 혁신신도시' 등의 구상을 어느 하나라도 제대로 실현하여 하나의 모범으로 자리잡게 만드는 것은 우리 한국인들의 몫이다.

　한국사회에는 중국에 없는 장애요인도 많지만 다른 한 편 한국 특유의 기회와 저력도 있다고 본다. 무엇보다도 흔들리는 분단체제 속에 우리가 살고 있다는 사실이 일을 더욱 어렵게 만들면서도 그만큼 이 과제의 절실성을 더해 주고 가능성을 높여주는 면도 있다. 남북이 연합하고 통 일하는 과정에서 한반도 전역에 걸쳐 기존 모형에 따른 도시화가 진행된다면 한반도는 그야말로 희망없는 사회 가 될 것이며 중국 등 다른 곳에서 새 길이 열릴 확률도 그만큼 줄어들 터이다. 그러나 분단구조가 통째로 흔들리 는 시기는 기존의 공간전략을 포함한 온갖 종류의 사고와 생활 방식을 새로 정립할 절호의 기회이기도 하다. 이 기 회를 살리는 데 김석철의 『희망의 한반도 프로젝트』가 좋 은 공부거리이자 일감이 되리라 믿는다.

〔白樂晴 · 서울대 명예교수, 평론가〕

책을 펴내며

　지난 2003년 내 나름의 특별한 계기가 있어 36년간에
걸친 건축설계와 도시작업을 총괄하면서『여의도에서 새
만금으로』라는 단행본을 펴냈다. 지나고 보니 '예술의 전
당' 같은 건축설계보다 '여의도 마스터플랜' 같은 도시설
계에 더 많은 시간을 보냈고 더 큰 일을 한 것 같았다. 사
실 '종묘-남산간 재개발계획'과 '한강 연안 마스터플랜'
을 마련한 이후 30년간 한번도 한반도의 공간전략에 대한
생각을 놓은 적이 없다. 도시작업은 그만한 시간을 요하
는 일이었다. 새만금에 관한 연구는 근 3년에 걸친 작업
뒤에야 금강·새만금 어반클러스터안으로 발전시킬 수 있
었고, 행정수도 이전을 둘러싼 문제와 관련해서도 이제야
국가균형발전의 초석이 될 방안을 생각할 수 있었다. 건

축은 나이 오십이 되어야 제대로 알고 할 수 있지만 도시는 예순이 넘어야 제대로 알고 할 수 있게 된다는 이야기가 과장이 아니었다.

지난 십년간 베네찌아대 도시학부, 컬럼비아대 건축대학원, 칭화대(清華大) 건축원에서 졸업반 도시설계를 지도하면서, 한반도 구조개혁을 과제로 여러 대안을 만들어보았다. 외국인 교수·학생과 함께 일하면서 의외의 시각으로 한반도를 다시 보게 되었으며, 해외에서 한반도 구조개혁을 주제로 여러차례 강연회와 전시회를 가지면서 세계의 전문가들로부터 많은 조언과 의견을 들을 수 있었다.

지금 서울뿐만 아니라 한반도의 대부분 도시가 세계경쟁력을 상실하고 삶의 질도 떨어지고 있다. 한반도의 하드웨어가 이제 한계에 도달한 것이다. 전통산업은 신산업으로 혁신되고 있는데 도시는 여전히 과거의 도시 그대로이다. 기존도시 바깥에 신도시를 일으켜 기존도시와 주변 농촌의 공동개발을 이루는 혁신도시, 그리고 농업을 기업화하고 농촌에 신산업 인력이 오게 하고 농촌인구가 창조적 집단으로 거듭나는 농촌자립화가 한반도 구조개혁의 방안이 되어야 한다.

30여년간 한반도 하드웨어를 생각해온 사람으로서 우리가 함께해야 할 지평을 제시하고자 더 진전된 제안들을 정리하여 『희망의 한반도 프로젝트』를 펴낸다. 이 글들은 일관된 문제의식을 염두에 두고 집필하였고 책을 묶어내면서 대폭 손질하였으나, 개별 글들에서 집필시기에 따라 보이는 미묘한 개념의 차이는 그대로 두었다. 각각의 프로젝트들이 '현재진행형'이라고 할 수 있으며 사태의 진전에 따라 얼마든지 수정·보완이 가능하기 때문이다. 일부 발표된 글도 있으나 전체를 하나의 새로운 글이 되도록 구성했는데, 내용이 더러 중복되는 일은 불가피했다. 이 책은 크게 4부로 구성되어 있으며 각각의 개략적인 내용은 다음과 같다.

1. 황해연합

세계경제는 NAFTA를 체결한 북미경제공동체와 유럽연합이 주도하고 있다. 그러나 동아시아에는 아직 그러한 경제공동체가 없다. 중국은 팍스아메리카나에 대응하는 팍스씨니카(Pax Sinica)를 꿈꾸고 일본은 독자적인 경제대국을 지향하고 있을 뿐이다. 북미경제공동체나 유럽연합에 대응하는 경제공동체가 될 수 있는 것이 중국 동부해안 도시군, 동북3성, 한반도, 일본열도 서남해안 도시군을 아우르는 황해연합이다. 초강대국 미국을 중심으로 주변국가를 끌어들인 북미경제공동체나 국가연합인 유럽연합과 달리 황해연합은 국가를 넘어선 새로운 이념과 목표를 가진 도시 경제공동체이다.

황해도시연합을 이루기 위해 중국과 일본보다 한반도가 나서는 것이 이 지역에 민감할 수밖에 없는 미국과 러시아와 화교권을 감안할 때 적절한 선택이고, 그런 전제가 있을 때 우리가 주도할 수 있는 길이 생기는 것이다. 초강대국인 미국과 중국 사이에 황해도시연합이라는 중간지대가 생기는 것은 세계질서를 위해서도 바람직한 방안이 될 수 있다. 이러한 내용을 담은 글이 '황해공동체와 황해도시연합'이다. 황해연합의 첫단계는 보하이(渤海)만 일대의 도시들이 이루는 도시연합이다.

역사적·지리적으로 서로 가까운 한반도와 랴오닝성(遼寧省)과 샨뚱성(山東省) 간의 교역과 교류는 폭넓게 진행되고 있으나 아직 경제공동체라 할 단계에 와 있지는 않다. '진져우(錦州) 바다도시와 한반도 서해안 도시연합' 프로젝트가 서울과 베네찌아에서의 국제회의와 전시회를 통해 큰 반향을 일으킨 것은 황해도시연합의 전 단계인 '한반도·랴오닝성·샨뚱성 경제공동체'의 가능성을 보인 것이다.

현재 다각도로 연구 검토되고 있는 톈진(天津)·따롄(大連)·칭따오(靑島)·진져우 해상특구와 인천·새만금 해상특구 간의 '황해 해상특구연합과 디지털 철강도시'는 국가와 도시를 초월한 특별도시구역 연합체를 이루는 제안이며 디지털 철강도시라는 구체적 방안까지 함께 보인 프로젝트이다. 도시야말로 초거대 기업이며 산업이다. 기업과 산업 모두를 합한 도시의 건설과 관리를 디지털화할 수 있으면 엄청난 경제기적을 이룰 수 있다.

2. 한반도 구조개혁: 수도권전략

현재 진행되는 행정수도 이전(또는 행정중심도시 건설)과 지방권 균형발전정책은 황해연합 혹은 황해공동체라는 새로운 세계를 염두에 둔 것이 아니라 한반도만을 생각한 근시안적인 정책이다. 이제 남한만의 한반도는 없으며 한반도만의 한반도도 없다. 황해도시연합과 남북통일과 한반도 공간전략은 하나의 범주 속에서 함께 다루어야 한다.

'한반도 구조개혁과 신행정수도'는 황해도시연합과 황해공동체라는 미래의 지평에서 한반도의 하드웨어를 어떻게 재구축할 것인가, 그리고 수도권 과밀과 국가불균형발전을 혁신하고자 시작된 행정수도 논의가 어떤 방향으로 진전되어야 하는가를 제시한 것이다.

'수도권 세계화와 지방권 자립화'는 역사와 지리와 인문환경을 기반으로 한반도를 수도권과 세 지방권, 즉 전

체적으로 네개의 경제권역으로 재구축하는 한반도 구조
개혁을 구상한 것이다. 수도권 세계화가 이루어지고 지방
권 자립이 달성되어야 한반도가 다시 일어설 수 있다. 수
도권 세계화와 지방권 자립은 서로 다른 길이 아니다. 수
도권에 있을 필요가 없는 공공기관을 과감히 지방에 보내
고 그 자리에 세계화 도시구역을 세울 방안을 모색해야
한다.

'서울 비전플랜 2020'은 수도권을 서해 해안링크, 개
성, 춘천, 평택으로 확대 재편하고 한강을 중심으로 서울
을 새롭게 조직하여 남북도시연합의 가능성과 황해도시
연합을 대비하는 서울 그랜드 디자인이다. 경복궁과 국립
박물관과 예술의 전당을 잇는 서울의 상징가로를 남북축
으로 하고 한강을 동서축으로 하여, 한강을 중심으로 서
울을 다섯개의 세계화 도시구역으로 재조직하고자 하였
다. 한강을 중심으로 한 강남과 강북의 공동발전안이 서
울의 비전이 되어야 한다.

'인천 iCITY'는 수도권 세계화의 우선적 방안으로, 동
북아의 허브공항이 된 인천공항과 수도권의 경제력을 집
합한 해안도시구역을 송도 앞바다에 세워 황해 경제특구
연합의 교두보를 만들고자 하는 구상을 황해연합, 황해해
상특구연합의 파일럿 프로젝트로 제안하는 것이다.

3. 한반도 공간기획: 지방권전략

어반클러스터(urban cluster)는, 한편으로는 도시와 농촌의 복합체인 지방도시의 가능성과 잠재력을 기초로 몇개의 도시가 농촌과 함께 통합신도시를 중심으로 형성하는 도시연합과, 다른 한편으로는 산업공단을 재조직한 산업클러스터가 모여서 대도시권과 겨룰 수 있는 규모를 이룬 것을 의미한다.

'금강·새만금 어반클러스터'는 행정수도 논란과 새만금 딜레마를 함께 해결하기 위한 특단의 방안으로 제출하는 것이다. 말하자면 금강을 주운(舟運)이 가능한 운하로 만들어 군산·부여·공주·대전을 금강유역 도시연합으로 만들고, 금강과 만경강을 신수로로 연결하여 금강유역과 새만금을 어반클러스터화하는 방안이다. 수도권과 경쟁하며 황해도시연합의 유력한 경제권역이 되게 하려는 계획으로, 신행정수도 논의는 이런 정도의 규모와 비전에서 진행되어야 한다는 것을 말하고자 했다.

'경주 통합신도시와 영남 어반클러스터'는 경주 통합신도시를 매개로 대구·구미·포항·울산의 도시연합을 이루어 영남권의 어반클러스터를 형성하는 방안이며, '새만금 바다도시와 호남평야 도시연합'은 새만금 방조제를 완전히 막지 않고 안바다를 살린 상태에서 고군산군도에 황해의 허브항만을 만들고 방조제를 중심으로 해상공단과 수상도시를 건설해서 호남평야의 다섯 도시와 도시연합을 이루게 하는 방안이다.

'춘천 혁신신도시'는 중부고속도로가 춘천에 닿는 지점에 수도권 동부중심의 관광허브와 R&D도시를 만들어 외국인들이 함께 참여하는 다국적 신도시로 자리매김하고, 이를 원주·춘천·철원의 도시연합으로 확대하고자 하는 방안이다. 금강·새만금 어반클러스터나 춘천 혁신신도시안은 국가균형발전과 도농공존이라는 이 시대의 지난한 숙제를 푸는 시금석적 기획이기도 하다.

4. 차이나 프로젝트

중국은 앞으로 20년 안에 인구 10~20만의 도시 1천5백개 내지 2천개를 건설해야 한다. 한국경제가 어렵지만 반도체와 철강과 조선은 세계 최강이다. 이 셋은 첨단 도시산업의 기반이다. 인류 역사상 최대의 도시프로젝트인 중국의 도시건설에 우리가 나서는 일은 경제적인 타산으로만 봐도 필수적이며 중국과 한국 모두에 이로운 일이다.

우리는 30년 만에 서울의 신도심 여의도와 세계적 산업도시 울산, 포항, 광양을 건설하고 분당, 일산 등 다섯 신도시를 5년 안에 완성했다. 지난 30년간 이만한 도시건설을 해낸 나라가 없다. 신도시 건설경험과 반도체와 철강과 조선의 기술력을 합하면 도시건설에서 세계 최강이 될 수 있다. 중국의 산업화·도시화의 가파른 진전은 우리에게 엄청난 기회이며 도전이다. 세계가 주시하는 중국의 도시개발 현장에 참여하려면 기획과 설계단계에서부터 나서야 한다.

그런데 우리의 참여는 경제적 진출일 뿐만 아니라 새로운 도시문명을 이루기 위한 값진 실험이 될 것이다. 이런 취지로 진행된 차이나 프로젝트는 1996년 이후 3년 동안 하바드대 건축대학원, 칭화대 건축원 등과의 작업 '중국의 도시화·산업화 공동연구' 이후 뻬이징시, 랴오닝성, 츙칭시, 취푸시의 실제 프로젝트들을 칭화대, 츙칭대, 아키반 건축도시연구원팀이 공동연구한 것이다.

'뻬이징올림픽과 도시건설'은 토오꾜오보다 44년, 서울보다 20년 늦게 올림픽을 치르면서 도시건설을 서두르고 있는 뻬이징당국과 건설상들에게 뻬이징이 해야 하고 할 수 있는 일을 말한 것이다. '뻬이징 iCBD'는 뻬이징대와 칭화대 등 20여개 주요 대학과 200여개 연구소가 밀집한 뻬이징 쭝꽌춘(中關村) 지역에 IT산업을 중심으로 한 신산업의 세계화 도시구역을 제안한 것으로, 현재 뻬이징시당국의 최종허가를 기다리고 있다.

'취푸(曲阜) 특별신도시'는 황해공동체의 형이상학적

중심도시 취푸를 뻬이징올림픽과 샹하이엑스포를 기해 세계도시로 선언하고 중국의 대표적인 문화교육관광도시로 만들려는 계획이다. 3천년 역사도시를 복원·보존하고 현도시를 개조하며 세계화 혁신도시를 외곽에 만드는 안이다. 취푸 수상도시안은 인천 iCITY안과 함께 2004년 베네찌아 건축비엔날레에서 특별상을 받았는데, 이는 앞으로 끝없이 전개될 도시건설의 한중협력을 상징하는 일로서 뜻깊다고 할 수 있다.

'츙칭(重慶) 개발계획과 도농복합 프로젝트'는 3천만 인구의 도시 츙칭의 도시계획 대안을 만드는 도시설계 제안과 씰리콘앨리(Silicon Alley) 같은 도시형 신산업 중심이 될 초고층 건축 트윈i타워, 그리고 난후(南湖) 프로젝트로 구성되어 있다. 특히 난후 프로젝트는 츙칭시 도시 중심에서 35km 떨어진 난후 일대에 농업의 기업화, 농촌의 제2도시화, 농민과 농촌인구의 창조적 그룹화를 시도한 도농복합 프로젝트이다.

*

모두 16개의 프로젝트를 정리하면서 이제야 시작하게 되는구나 하는 느낌이 든다. 이 프로젝트들 중 상당수를 30여년간 도시와 건축연구를 함께한 조창걸 선생과 같이 하였다. 황해연합과 차이나 프로젝트는 공동작업이기도

하다. 그리고 전공은 다르지만 한반도 공간전략에 대한 관심이 남다른 백낙청 선생의 인문적 비평과 조언이 없었으면 이만한 결과를 이루기 어려웠을 것이다. 한반도 구조개혁, 금강·새만금 어반클러스터의 많은 부분은 그분과의 대화중에 수정되고 발전되었다. 그리고 대부분의 프로젝트를 일일이 함께 논의하고 깊은 조언을 아끼지 않은 중국도시학회 회장인 칭화대 우 량융(吳良鏞) 교수, 베네찌아대 프란꼬 만꾸조 교수, 세계수상도시연구소장 리니오 브루또메쏘 교수, 서울대 안건혁 교수, 10여년간 함께 일하고 있는 아키반 김동건 실장에게 감사드린다. 마지막으로 원고를 정리하는 과정에서 창비 염종선 선생의 비판적 편집과 교정이 큰 도움이 되었다.

36년 전 여의도 마스터플랜을 만들 때보다 더 큰 희망을 갖고 이 제안들을 만들었다. '희망의 한반도 프로젝트'가 우리 모두의 새로운 희망이 되기를 기대한다.

2005년 2월

김석철

차 례

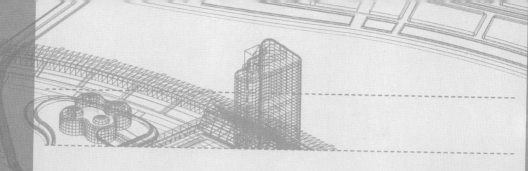

황해 연합

황해공동체와 황해도시연합

역사적·지리적으로 긴밀한 관계를 맺어온 동아시아문명권 중 한반도와 중국의 동부해안 및 동북지역, 그리고 일본열도 서남해안은 한국과 중국과 일본이라는 국가영역을 넘어 오래 지속된 교역과 교류의 역사를 갖고 있다. 지난 10년간 이 지역의 도시간 교역과 교류는 세계 어느 지역, 어느 경제권보다 크고 밀접했다. 중국의 산뚱성(山東省)과 랴오닝성(遼寧省)은 자국 내의 다른 지역보다 오히려 한반도나 일본열도와 더 깊은 관계를 이어왔다. 거시적인 안목의 도시네트워크를 중심으로 생각한다면 중국 경제공동체보다 황해공동체가 더 실질적인 경제권역이다.

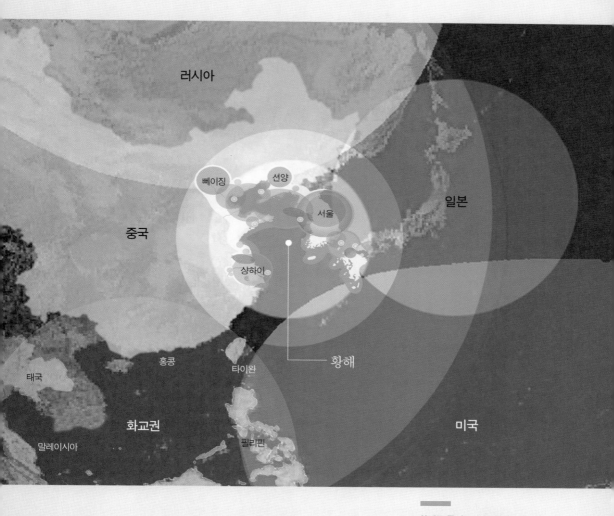

러시아

중국

베이징

선양

서울

상하이

일본

홍콩

태국

타이완

화교권

말레이시아

필리핀

황해

미국

황해를 중심으로 본 한반도와 미국,
중국, 일본, 러시아의 형세.

새로운 경제공동체의 가능성

중국의 동부 해안도시와 동북3성(東北三省) 그리고 한반도와 일본열도 서남해안 도시군이 이루는 황해공동체는 과거의 역사와 지리에서는 동아시아의 변방이었지만, 미래에는 세계의 어느 지역보다 활발한 문화교류와 경제교역이 일어나는 공동체가 될 수 있는 동아시아의 핵심지역이다. 황해 일대가 역사상 지금처럼 강력한 경제공동체의 가능성을 가진 적이 없었다.

중국은 한개의 나라라기보다는 하나의 크고 다양한 세계다. 진시황 이후 통일중국이 중국대륙을 지배했지만 더 오랜 기간 중국은 몇개의 독립적 지역으로 분할되어왔다. 현대 중국의 지리적 규모를 거의 완성한 청의 건륭제(乾隆帝) 때에도 중국은 크게 아홉개 정도의 준독립적 경제권역으로 분할되어 있었고 지금도 비슷한 정도의 경제권역으로 이루어져 있다. 중국도 총체적 국가발전전략을 마련하는 데서 중국대륙과 황해공동체와 동남아공동체의 세 범주로 접근하는 것이 바람직한 선택이 될 것이다.

세계경제가 블록화의 길을 가고 있는 지금, 동아시아의 미래를 위해서는 유럽연합이나 북미경제공동체에 대응할 수 있는 새로운 경제공동체의 형성이 절실하다. 황해경제권은 유럽연합이나 북미경제공동체와 같은 경제공

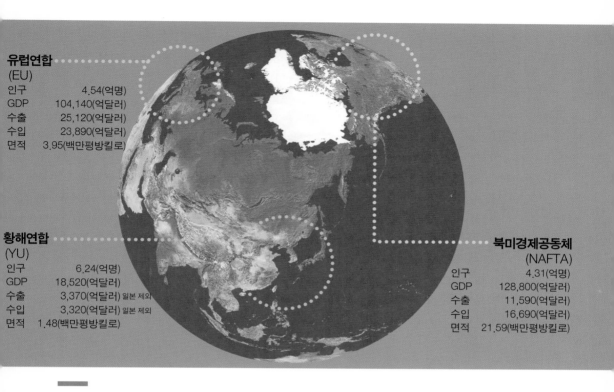

유럽연합
(EU)

인구	4.54(억명)
GDP	104,140(억달러)
수출	25,120(억달러)
수입	23,890(억달러)
면적	3.95(백만평방킬로)

황해연합
(YU)

인구	6.24(억명)
GDP	18,520(억달러)
수출	3,370(억달러) 일본 제외
수입	3,320(억달러) 일본 제외
면적	1.48(백만평방킬로)

북미경제공동체
(NAFTA)

인구	4.31(억명)
GDP	128,800(억달러)
수출	11,590(억달러)
수입	16,690(억달러)
면적	21.59(백만평방킬로)

북미경제공동체와 유럽연합, 그리고 황해연합의 주요 지표.

동체를 이루기에는 한국·중국·일본 세 나라의 국가적 규모와 경제력의 격차가 크지만, 황해 일원은 2천년 이상의 오랜 문명적 기반을 공유해왔고 국가를 넘어선 도시간 경제협력이 계속 늘어나고 있는 상황이므로 바다를 중심으로 한 경제공동체의 가능성은 어느 지역보다 크다.

황해공동체는 유럽연합이나 북미경제공동체보다 훨씬 오랫동안 공동의 문자생활과 정신세계를 공유해왔다. 황해공동체는 세계의 어느 경제공동체도 갖지 못한 공통의 문명적 기반을 갖고 있다. 황해공동체의 세 나라는 서로 언어는 다르지만 한자라는 공동의 문자를 사용했으며 지난 2천년 동안 유교와 도교와 불교의 세계를 공유해온 것이다.

바다인프라와 도시연합 전략

해안도시를 중심으로 4억 인구가 모여 있고 내륙의 영향권까지 합하면 6억이 넘는 인구와 황해라는 거대한 바다인프라는 황해공동체의 많은 가능성과 함께 해결해야 할 과제들을 암시하고 있다. 바다는 자연의 힘을 최대로 이용할 수 있는 기초 인프라이므로 황해공동체는 육지를 기반으로 한 유럽공동체와는 차원이 다르다. 즉 바다를 기반으로 하늘과 땅을 아우르는 종합적 네트워크를 구축할 수 있다는 것이다.

그러나 한편 황해공동체는 바다를 중심으로 한 공동체이므로 국제공항과 항만을 가진 대도시 중심의 도시공동체일 수밖에 없다. 유럽연합이 고속도로와 고속철도로 거미줄같이 이어져 모든 도시가 공동체의 주역이 될 수 있는 데 비해, 황해공동체는 국제공항과 항만을 가진 대도시 위주로 구성될 수밖에 없으므로 대도시 집중과 지역불

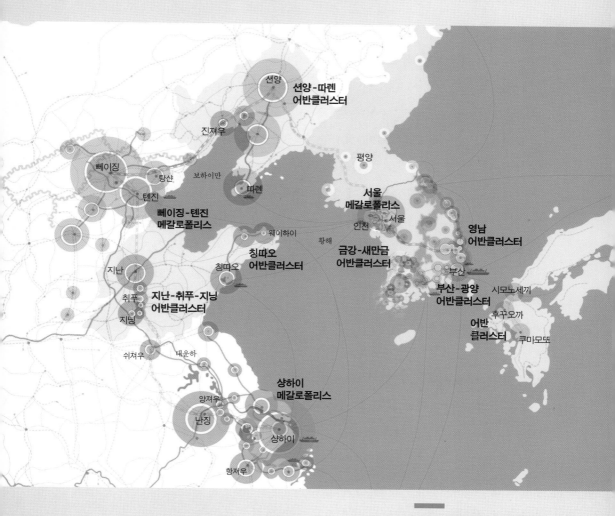

션양
**션양-따롄
어반클러스터**

진저우

베이징
탕산
보하이만
텐진
**베이징-텐진
메갈로폴리스**

따롄

평양

웨이하이
황해

**서울
메갈로폴리스**
서울
인천

**영남
어반클러스터**

지난
칭따오
**칭따오
어반클러스터**

**금강-새만금
어반클러스터**

취푸
**지난-취푸-지닝
어반클러스터**
지닝

부산

시모노세끼
**부산-광양
어반클러스터**

**어반
클러스터**
후꾸오까

쉬저우
대운하

쿠마모또

양저우
난징
**샹하이
메갈로폴리스**

상하이

항저우

황해공동체를 구성하는 거대도시
중심의 세 메갈로폴리스와, 도시연
합 및 산업클러스터가 이루는 새로
운 도시형식인 일곱 어반클러스터.

균형이 심화될 우려도 있다. 대도시와 중소도시가 같은 위계의 네트워크로 조직된 유럽공동체에 비해 황해공동체에서는 중소도시들이 대도시에 종속되는 구도가 발생할 수 있다는 점이 앞으로 풀어야 할 과제다.

황해공동체가 유럽공동체와 경쟁할 수 있으려면 대도시만이 아니라 모든 도시를 경제공동체의 일원으로 포괄하는 새로운 도시형식을 만들어야 한다. 황해공동체가 성공적으로 이루어지려면 메갈로폴리스(megalopolis) 그룹인 뻬이징-텐진, 상하이-양쯔〔揚子江〕델타, 인천-서울, 후꾸오까-오오사까와 함께 경쟁하고 협력할 수 있는 중소도시와 농촌이 연대한 '도시연합'(urban union)을 조직화해야 하는 것이다.

도시군 집합은 하나의 도시로는 국제경쟁력을 가질 수 없기 때문에 도시들이 연대하여 세계와 경쟁할 수 있는 규모를 이루려는 것인데, 대도시 중심으로 도시연대가 이루어질 경우 주변의 도시가 종속화되고 농촌지역까지 흡수되어 대도시와 중소도시와 농촌이 이어진 거대한 도시군(群)인 메갈로폴리스가 되는 것이다. 그런데 메갈로폴리스의 문제점은 결국 대도시 중심으로 재편되어 중소도시는 변방이 되고 모든 것이 대도시로 집중될 수밖에 없는 점이다. 뻬이징-텐진과 상하이-양쯔델타의 3천만 인구의 메갈로폴리스가 갖고 있는 문제점이 바로 그것이다.

대도시가 거대도시가 되면서 실질적으로는 대도시 중심으로 도시력이 집중되어 나머지 대부분의 지역은 황폐해지는 결과를 낳은 것이다.

이에 비해서 도시연합은 중소도시들이 기존 도시의 틀을 유지하면서 통합신도시에 의해서 하나의 연합을 이루는 것이다. 이 도시연합이 공단 중심의 산업클러스터와 함께, 농촌을 남겨두면서도 농촌과 도시의 벽을 허물고 어반클러스터(urban cluster, 도시집적체 또는 도시성군星群)라는 새로운 도시구역을 창출하는 것이므로 메갈로폴리스에 비해 좀더 균형잡힌 도시성장을 할 수 있게 된다.

황해공동체는 바다를 중심으로 하는 도시공동체이므로 불가피하게 대도시 중심이 될 수밖에 없으나 중소도시와 농촌이 새로운 도시형식인 도시연합 전략을 세운다면 모든 도시가 공동체의 동등한 일원이 될 수 있다. 대도시와 대기업이 주도한 지금까지의 산업화·도시화와 달리 중소도시와 농촌이 산업클러스터와 도시연합을 이루게 될 황해공동체는 서구세계가 이루지 못한 새로운 도시문명의 미래를 열 수 있을 것이다.

황해공동체가 국가를 넘어선 세계화와 블록화의 이상을 실현하고 대도시와 농촌이 공생할 수 있는 도시연합을 이룬다면 황해공동체와 도시연합은 21세기 도시문명의 새로운 키워드가 될 수 있다. 황해공동체는 국가를 넘어

핀란드
6,2
134
40
32

스웨덴
8,9
231
81
69

에스토니아
라트비아
리투아니아

영국
60
1,53thi
287
330

네덜란드

아일랜드

벨기에
룩셈부르크

독일
82
2,16thi
608
487

폴란드
39
373
32
43

체코
슬로바키아

프랑스
60
1,56thi
306
304

오스트리아
슬로베니아

이탈리아
58
46thi
206
238

그리스

포르투갈
10 10
195
26
39

스페인
40
851
122
157

지린성
27
27
15
19

랴오닝성
42
60
9,4

베이징
14
38
13

텐진
10
24

북한
22
0,8
1,3

일본
102

허뻬이성
67
73
4,6
2,1

한국
48
166
148

산뚱성
128
21
13

장쑤성
91
74

상하이
44
17
25
30

안후이성
34
2,5
1,7

저장성
94
24
13

인구(백만명)
GDP(십억달러)
수출(십억달러)
수입(십억달러)

도시공동체가 문명의 새로운 만남을 시도할 수 있는 세계
이며, 도시연합은 도시와 농촌, 대도시와 중소도시, 다국
적기업과 중소도시 산업클러스터가 상생하는 새로운 협
력과 경쟁의 장이다.

황해공동체를 이루는 일은 유럽의 여러 나라를 유럽연
합으로 통합한 일보다 어려운 일이지만 공동체의 기반인
도시군 집합을 성공적으로 수행한다면 부분적으로는 쉽
게 이루어질 수 있다.

유럽연합과 황해연합의 인구 및 경
제지표 비교.

새로운 형식의 바다중심 도시공동체

황해공동체는 세계경제를 이끌어가는 두 축인 NAFTA(북미자유무역협정) 공동체나 EU와는 다른 독특한 형식의 공동체다. NAFTA가 초강대국 미국을 중심으로 캐나다와 멕시코 등 주변국가를 끌어들인 연대인 데 비해, EU는 비교적 대등한 관계를 유지하고 있는 국가들간의 공동체다. 지상의 도시인프라를 통해 연결되는 대도시·중소도시·농촌을 망라한 모든 경제주체들은 NAFTA나 EU라는 경제공동체 속에서의 역할을 수행하면서 서로간 경쟁과 협력 그리고 분업을 이루어가고 있다. 육로와 철도 그리고 항로로 이어지는 네트워크를 통해 역사적·지리적·인문적으로 거대한 관계성의 그물을 형성하고 있는 것이 이들 경제공동체의 모습이다.

바다를 중심으로 하는 황해공동체의 도시들은 NAFTA나 EU와는 달리 하나하나의 도시가 독립하여 협력과 교류를 이루기보다는 거대도시를 중심으로 도시들이 집합하거나 대도시와 중간도시 혹은 중간도시들끼리 모인 도시연합이 국제항만과 국제공항을 통해 교역과 교류의 거점이 된다. 결국 건너야 할 바다를 중심으로 한 공동체이기 때문에 도시집합체들이 공항과 해안도시를 통해 연대하는 것이다.

황해공동체는 대도시를 중심으로 한 메갈로폴리스와 내륙도시 및 해안도시연합이 산업클러스터를 이룬 어반클러스터를 주축으로 한다. 뻬이징은 내륙도시이기 때문에 황해공동체에서 커다란 역할을 할 수 없다. 텐진은 보하이만(渤海灣)의 최대 항만이기는 하나 내륙과의 연계가 부족하고 자립할 수 있는 경제권역으로서의 규모를 이루지 못했기 때문에 결국 뻬이징·텐진을 아우르는 메갈로폴리스를 구성하여 황해공동체에서의 입지를 확보하고 세계를 상대하게 되는 것이다. 그리고 메갈로폴리스가 가진 문제점을 보완하기 위해 도시연합과 어반클러스터라는 도시형식을 도입해야 하는 것이다.

황해도시공동체는 결국 중국 동부해안과 동북3성, 한반도와 일본열도 서남해안 도시군이 메갈로폴리스나 어반클러스터라는 새로운 형식으로 황해를 중심으로 이루게 되는 바다중심의 도시공동체인 것이다.

21세기의 세계중심, 황해공동체

유럽은 전후 50년 동안 지속적인 통합과정을 통해 경제적 번영과 지속적 평화를 유지해왔다. 유럽연합은 유럽의 발전방향을 제시해온 원천으로 이 시대의 위대한 혁명이다. 유럽연합은 급부상하는 중국과 초강대국 미국에 대응하는 강력한 통일유럽으로 향하고 있다. 한반도가 동북아시아의 변방에서 떨쳐일어난 것은 미국 및 일본과의 강력한 군사·경제협력을 배경으로 한 것이었다. 그러나 중국의 등장으로 인해 주변강대국의 세력균형이나 협력 없이는 자립하기 어렵게 되었다. 이럴 때 한반도가 미묘한 중심의 역할을 할 수 있는 황해공동체를 주도해 유럽공동체 못지않은 경제·문화공동체로 이끌어갈 수 있으면 제2의 경제도약도 가능해지며 역사상 유례가 드문 찬란한 문화 건설을 꿈꿀 수 있을 것이다.

21세기의 새로운 세계중심으로 떠오를 황해공동체에서 한반도의 역할을 찾는 일이 백년 만에 다시 찾아온 한반도의 기회라는 점을 깨닫는다면, 동북아 경제중심국가라는 국가 단위의 국정지표 대신 동아시아의 새로운 중심이 될 황해공동체의 의미를 바로 인식하고 이에 대응하는 자세가 필요하다. 남북한의 화합 역시 황해공동체에서의 동반적 화합으로 나아가는 지혜가 필요하다.

2

한반도·랴오닝성·샨뚱성 경제공동체

서구열강이 중국으로 들어가려 할 때 거점으로 삼은 곳이 홍콩, 샹하이, 칭따오(靑島), 톈진, 따롄이었고 한반도로 들어오고자 했을 때 거점으로 삼은 곳이 인천이었다. 홍콩은 영국이, 칭따오는 독일이, 따롄은 러시아와 일본이, 샹하이와 톈진은 서구열강이 공동 점령하고 있던 곳이다. 열강이 강제로 개항을 하고자 했던 바로 그 다섯 항만이 현재 중국경제의 견인차가 되었다. 동아시아의 힘의 균형을 바꾼 청일전쟁, 러일전쟁도 모두 이곳에서 일어났다. 황해가 중국과 러시아를 제치고 일본이 주도하는 바다가 되자 결국 중일전쟁으로 이어지고 2차대전으로 확대된 것이다. 2차대전 이후 황해는 다시 봉쇄된 냉전의 바다가 되었다.

일어서는 중국 동부해안도시

인천에서 따렌, 인천에서 칭따오까지의 거리는 인천에서 제주까지의 거리와 비슷하다. 모두 비행기로 한시간 미만의 거리다. 지리적인 차원만이 아니라 역사적으로도 인천과 따렌, 인천과 칭따오가 인천과 제주보다 깊은 관계다. 1902년 러시아가 제물포항을 계획할 때 따렌과 칭따오와 제물포는 가장 가까운 세 국제항이었다. 1890년대의 지도를 보면 인천, 칭따오, 따렌의 관계가 극명하게 드러난다. 한일합방으로 한반도가 일본의 식민지로 경영되자 인천과 칭따오와 따렌의 관계도 달라진다. 일본을 기점으로 한 다섯 관문인 부산, 원산, 목포, 인천, 신의주와 서울을 잇는 경부선, 경원선, 호남선, 경인선, 경의선 철도가 한반도 공간구조의 틀이 되었다. 한반도는 일본의 대륙경영 전초기지가 된 것이다. 해방 이후 한반도가 분단되고 중국이 공산화되면서 인천과 칭따오·따렌은 서로 닿을 수 없는 먼 세계가 되었다. 그러한 상황이 30년 가까이 계속되면서 이전 2천년 가량 계속되어온 한반도와 샨뚱성과 랴오닝성 간의 바다를 넘는 교역과 교류는 완전히 끊어졌던 것이다.

개혁·개방 이후 중국의 동부해안도시를 거점으로 경제가 일어서고 동부해안링크가 중국경제의 중심으로 부

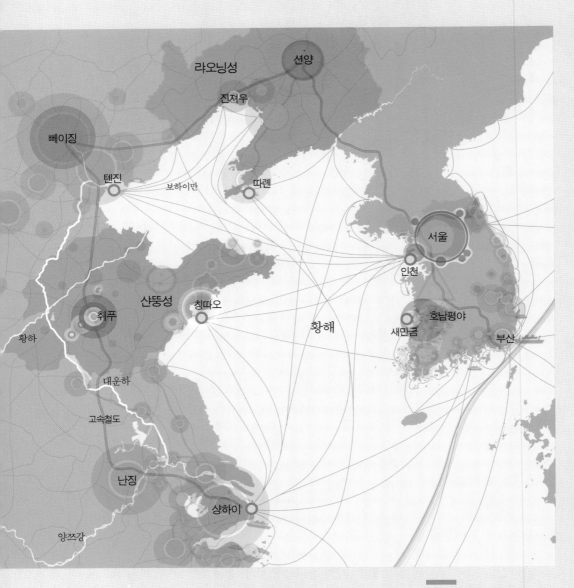

한반도, 산뚱성, 라오닝성의 인천-
칭따오-따롄 도시연합.

상하였다. 홍콩 맞은편 꽝뚱성(廣東省) 션전(深圳)에서 시작된 경제특구가 해안을 따라 북상하면서 샹하이에 와서 한 정점을 이루고 다시 칭따오, 톈진, 따롄으로 이어지면서 중국 동부해안 도시군이 메갈로폴리스를 이루게 되었다. 중국 해안의 거대한 물결은 한반도까지 이어졌고 중국 동부의 해안과 한반도 사이의 교류가 다시 급격히 늘어나서 샨뚱성 칭따오와 랴오닝성 따롄과 한반도 인천 사이에는 백년 전보다 더 깊은 관계가 형성되고 있다. 이러한 흐름이 열어주는 새로운 가능성에 주목해야 한다. 중국대륙 동부해안도시와 한반도 서해안도시는 세계에서 교역과 교류가 가장 급속히 성장하는 특별한 지역이 되었다. 현재 샨뚱성, 랴오닝성과 한반도의 교역은 전성기 때의 지중해공동체보다 크고 발틱해안 도시동맹보다 크다. 바야흐로 이러한 흐름을 조직화하여 동북아시대의 이상적인 미래구도를 설계하는 일을 시작해야 한다.

세계화의 물결과 경제공동체의 부상

세계화의 물결이 전세계로 퍼져가면서 세계경제는 블록화의 길을 가고 있다. 유럽연합은 미국과 함께 세계를 이끌어가는 세계경제의 거대 블록이다. 미국이 캐나다와 멕시코를 끌어들여 NAFTA를 체결하고 EU가 동유럽으로 확장되면서 세계경제의 큰 틀을 선점하고 있다. 중국이 아무리 크다 해도 하나의 나라다. 일본의 경제가 세계 2위라고 하나 해외의존도가 높기 때문에 세계경제의 큰 흐름에 밀릴 때는 급격히 무너질 수도 있다. EU와 NAFTA가 세계경제의 두 축을 이루고 있는 가운데 중국과 일본이 자국의 이해관계에만 머물러 있으면 동아시아의 미래는 어둡다. 국가를 넘어 EU나 NAFTA와 대응할 수 있는 동북아시아 경제공동체가 일어나야 한다. 그러나 13억 인구의 중국과 세계 제2의 경제대국 일본이 한국과 동등한 경제공동체를 이루는 일은 실현하기 어렵다. 한국은 중국 인구의 1/30에 불과하고 일본 경제의 1/6 수준이기 때문이다.

중국이 성장을 계속하면 2020년 이후 세계는 미국과 중국이라는 두 초강대국의 대결로 치닫게 될 것이고 그러한 미래는 미국도 중국도 원치 않는다. 중국이 화교를 통해 동남아경제권을 구축해 완충지대를 이루었듯이, 황해 일원의 도시군이 연합을 이루어 중국과 동남아와 황해연합과 일본의 네 경제권이 동아시아의 중심경제블럭이 되는 것이 이 지역의 미래를 위해서도 현명한 선택일 것이다.

중국의 동부해안 도시군과 한반도와 일본열도 서남해안 도시군 간의 공동체는 국가라는 틀을 벗어난 도시경제

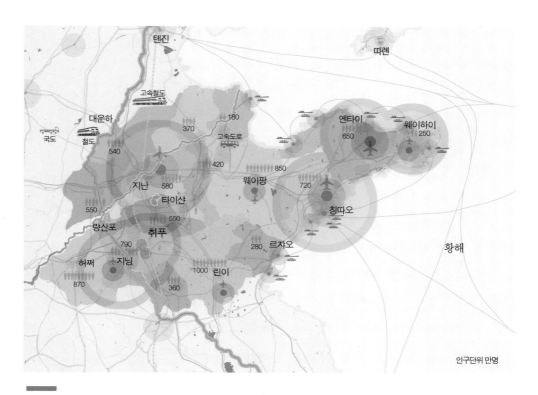

텐진
따롄
고속철도
대운하
180
국도 철도 370
540 고속도로
지난 420
580 850
타이샨 웨이팡
550 550 720
량산포
취푸 280 르자오
790
허쩌 지닝
870 1000 린이
360

옌타이
650
웨이하이
250

칭따오

황해

인구단위 만명

산뚱성 일대 도시들의 인구와 교통.

공동체가 될 수 있다. 동남아는 천년 넘는 역사 동안 중국
인이 이주하여 화교경제권을 이루었지만 한반도와 일본열
도에는 중국이 들어오지 못하였다. 중국 일부와 한반도와
일본 일부가 이루는 황해공동체는 중국의 입장에서도 세
계로 열린 자국의 외연으로 만들 수 있는 곳이다. 이럴 때
한국이 미묘한 중심의 역할을 할 수 있는 새로운 미래를
열어나가는 것이다.

　물론 그러한 대공동체구상이 온전히 실현되려면 적어

도 반세기는 기다려야 한다. 유럽연합의 구상이 구체화된 이후 유럽연합이 결성되기까지 반세기가 걸렸다. 프랑스의 경제학자 장 모네(Jean Monnet)의 유럽연합 구상이 최초의 결실을 본 것은 프랑스, 이딸리아, 독일이 철강동맹을 맺은 때였고, 그후로도 30여년이라는 시간이 필요했다. 황해연합은 50년을 내다본 계획이다.

그러기 위해서 중간단계의 경제공동체와 도시연합이 필요하다. 그럴 때 가장 적합한 곳이 바로 인천, 칭따오, 따롄의 도시연합이고, 이것이 바로 한반도, 샨뚱성, 랴오닝성의 경제공동체 구상이다. 이는 세 도시에 국한되는 것이 아니라 따롄은 보하이만의 해안링크로 확대되어 진져우, 잉커우(营口)를 통해 션양(瀋陽)―하얼삔(哈爾濱)―챵춘(長春)으로, 칭따오는 르쟈오(日照), 취푸(曲阜)―지난(濟南)으로, 인천은 서울 수도권과 한반도의 세 지방경제권으로 이어져 한반도, 샨뚱성, 랴오닝성 경제공동체로 확대될 수 있는 것이다.

■ 인천 · 칭따오 · 따롄 도시연합

인천과 칭따오와 따롄 세 항만도시가 인천공항을 공동의 허브공항으로 해서 물류동맹을 이루고 해상공단을 공동의 자유경제지대(Free Economic Zone)로 만들면 세계 어느 지역보다 강력한 경쟁력을 가진 경제공동체를 이룰 수 있다. 해상공단은 임해공단이 아니라 네덜란드의 로테르담, 베네찌아의 마르게라처럼 배가 공단에 바로 닿는 곳이므로 다른 자유경제지대의 해상공단과 분업이나 공동작업을 할 수 있다. 해상공단은 모든 물류가 해상에서 해상으로 이동되는, 바다가 기초 인프라가 되는 공단이다.

세 도시가 각 경제권의 관문도시(gate city)가 되어 인천이 서울·수도권에, 칭따오가 산뚱성 어반클러스터에, 따롄이 션양-하얼삔-창춘에 각각 접속하면 2억 가까운 인구를 포괄하는 경제공동체의 틀을 형성할 수 있는 것이다. 10~20년 안에 한반도, 산뚱성, 랴오닝성 경제공동체가 어느정도 이루어지고 이어서 일본열도의 서남해안 특히 세또나이까이(瀨戶內海)를 어우르며 중국 동부해안링크를 따라 톈진-뻬이징, 쟝쑤성(江蘇省), 샹하이, 져쟝성(浙江省) 등으로 확대되면 30~40년 안에 유럽연합을 능가하는 황해연합을 이루게 될 것이다. 중국은 중화경제권을 유지한 채 외연을 확대하는 일이 될 것이고, 한반도는 황해연합 안에서 자연스럽게 남북연합을 이루게 되며, 일본은 황해공동체의 일원이면서 중국과 미국 사이의 태평양 국가로서 더 굳건한 입장을 유지할 수 있게 될 것이다.

이러한 황해연합 구상을 실현하는 열쇠가 바로 인천,

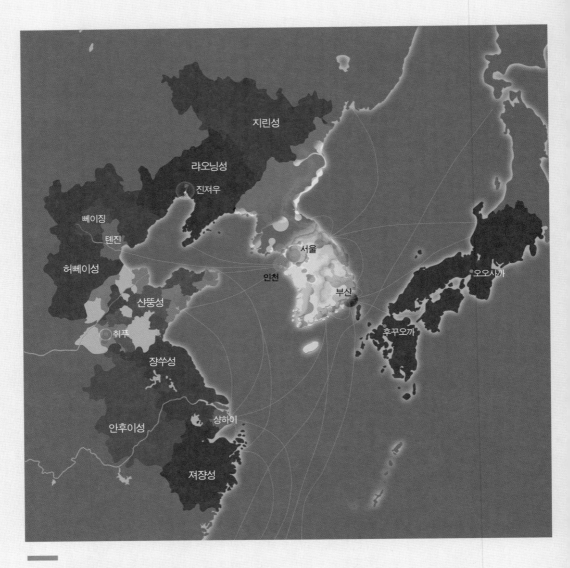

한반도와 중국 동부해안, 일본의 서남해안.

따렌, 칭따오 도시연합이고 공동해상공단이다. 1단계로 인천, 칭따오, 따렌의 도시연합과 공동해상공단이 이루어지면 2단계로 한반도, 랴오닝성, 샨뚱성 경제공동체로 발전시킬 수 있고 3단계로 중국 동부해안링크와 일본열도 서남해안링크를 더한 황해연합(YU)를 유럽연합(EU) 못지않은 콘텐츠와 입지를 가진 경제공동체로 만들 수 있는 것이다.

이를 위해서는 먼저 인천이 시작해야 한다. 허브공항이 있는 곳에서 시작하여 공동시장을 만들고 세 항만에 해상공단을 건설하여 자유경제지대를 이루면 허브공항과 공동시장을 중심으로 황해연합으로 가는 교두보를 구축하게 되는 것이다. 공동시장은 해상공단인 세 자유경제지대에서 바로 닿을 수 있는 허브공항 근처라야 한다.

공동시장은 해상공단과 바로 이어져야 하므로 토마스 모어(Thomas More)가 구상했던 '유토피아'와 같은 독립된 섬이라야 한다. 인천공항을 허브로 여러 도시가 해상공단화하여 시장과 공장을 공유하면 세계적 경쟁력을 가질 수 있다. 아직 세계 어디에서도 시도되지 않은 '허브공항＋공동시장'과 '자유경제지대의 세 해상공단'이 이루는 제조·물류동맹은 인천, 따렌, 칭따오가 역사적·지리적으로 가까운 이웃이면서 모두 인구 3천만 이상 배후도시의 관문도시이기 때문에 가능한 것이다. 황해연합이라는 희망의 프로젝트가 성사되려면 한반도, 랴오닝성, 샨뚱성 경제공동체가 먼저 이루어져야 하고 이는 인천, 칭따오, 따롄의 도시연합에서부터 시작되는 것이다.

역사의 흐름에는 결단의 시기가 있다. 중국 동부해안 링크가 완성되기 전 황해연합이 먼저 이루어져야 세계사의 흐름을 더 나은 미래로 이끌 수 있다. 국가를 넘어선 도시공동체가 중요한 역할을 할 수 있을 때 세계질서가 더 성숙해질 수 있는 것이다. 국민국가가 등장한 17세기 이후 세계는 끝없는 분쟁과 전쟁의 와중에 빠졌다. 두 차례의 세계대전으로 7천만명 가까운 사람이 죽었다. 국가의 틀을 유지한 채 국가를 초월한 도시공동체가 이중나선 같은 생명의 조직으로 국가간·도시간에 이루어지는 것이 인류 미래를 위한 바람직한 길이 될 것이다.

3

진져우 바다도시와
한반도 서해안 도시연합

세계 최대의 시장이며 공장인 중국과 세계 최대의 자본국인 일본과 화교제국 사이에서 한반도는 미묘한 중심의 역할을 수행할 수 있다. 한국과 중국의 경제협력은 한국이 종속적일 수밖에 없는 한중교류보다 황해공동체라는 새로운 판에서 이루어지는 것이 현재의 상황과 미래의 추세로 보아 현명한 방안이다.

황해경제공동체의 창설은 미래세계의 양극이 될 미국과 중국 사이에 중국과 한국과 일본의 도시군이 경제공동체를 이루어 완충지대를 형성하는 의미있는 전략이다. 인천특구, 진져우 바다도시, 새만금 바다도시 연합은 이러한 한반도 공간전략과 황해도시공동체라는 큰 명제하에 기획되는 것이다.

중국 동부해안의 경제성장이 1) 남
해안 선전의 경제특구에서 시작되
어 2) 해안을 따라 북상하고 3) 양
쯔강을 따라 서부로, 4) 해안링크
를 따라 동북3성으로 이어진다.

진져우 바다도시와 한반도 서해안 도시연합 │ 55

동북3성의 가능성

황해공동체에서 가장 유력한 경제권역은 샹하이와 삐이징·톈진과 랴오닝성이다. 개혁·개방 이후 중국은 꽝뚱성 션젼의 경제특구에 화교자본을 유치하여 경제성장을 시작했다. 션젼의 비약적인 경제성장을 바탕으로 두번째 단계로 샹하이 푸뚱(浦東)지구에 화교자본과 세계자본을 유치하여 신경제 신도시 중심을 건설하기 시작했다. 꽝뚱성과 샹하이의 성공을 바탕으로 세번째는 양쯔강의 대대적인 수리사업을 통해 해안에서 이루어진 경제성장을 내륙으로 확대하고 있으며, 네번째로 동북3성의 옛 중공업지구를 새롭게 일으키려 하고 있다. 랴오닝성, 지린성, 헤이룽쟝성의 동북3성은 네번째 국가 성장동력으로 2003년부터 중국정부가 강력한 개발정책을 시작한 곳이다. 세 차례의 국가적 경제계획에 한국의 참여는 한발 늦었다. 네번째 국가적 경제계획인 동북3성에는 오랜 역사적·지리적 연고가 있는 한국이 서둘러 참여해야 한다.

동북3성으로 가려 할 때 대부분 따롄·션양·챵츈·하얼삔 축을 생각하고 따롄을 동북3성의 관문으로 여긴다. 그러나 지금같이 삐이징·톈진 회랑이 21세기 지식정보사회의 성장축이 된 상황에서 동북3성의 발전축은 션양과 삐이징을 잇는 축이 우선시될 것이고, 관문도시도 보하이

 이미지 내 라벨: 러시아, 헤이룽쟝성, 지린성, 하얼삔, 동북3성, 창춘, 선양, 진져우, 랴오닝성, 삐이징, 텐진, 보하이만, 따렌, 황해

따렌, 선양, 창춘, 하얼삔으로 이어
지는 동북3성 발전축에 삐이징·텐
진에서 선양, 창춘, 하얼삔으로 이어
지는 발전축이 더해지면서 중국 최
북단 항만 진져우가 부상하고 있다.

만의 북쪽 만인 랴오뚱만(遼東灣)의 도시가 되어야 할 것
이다. 삐이징·선양축이 이루어지면 랴오뚱만을 내해로
한 해안공동체가 새로운 경제권역으로 일어설 수 있다.
따렌·선양·창춘·하얼삔과 삐이징·선양·창춘·하얼삔
의 두 축이 마주하는 랴오뚱만은 새로운 해안공동체의 가
능성이 큰 곳이며, 랴오닝성은 중화학공업의 초기 단계를
지나 중화학공업의 다음 단계로 가고 있는 한국과의 역할

분담과 산업연계를 필요로 하고 있다. 랴오뚱만 일원은 황해도시공동체에서 해안도시연합이 가능한 지역으로 한국의 중화학공업 클러스터가 도시적 규모로 진출할 수 있는 절호의 요지이다.

중국으로의 산업진출은 구미나 울산 같은 도시적 규모로 이루어져야 한다. 공단만이 아니라 대학, 병원, 호텔, 주거시설 등 모든 도시시설이 함께 진출하는 것이다. 중국으로의 산업이전이 도시건설로 이어지면 한국의 입장에서는 산업공동화(空洞化)가 아니라 산업창출이 되는 것이다. 그러기 위해서는 도시적 규모의 개발 여지가 있으면서 중국의 주요 도시군 네트워크의 핵심에 닿을 수 있는 곳을 찾아야 한다. 그러자면 방대한 규모의 토지를 얻을 수 있는 곳이어야 하고 앞으로 10년 안에 중국경제의 핵심이 될 수 있는 곳이어야 한다. 샹하이, 쑤져우(蘇州), 따롄, 칭따오는 이미 많은 기업들이 진출해 있어 도시 규모의 산업클러스터를 형성할 수가 없다.

중국의 네번째 성장동력인 동북3성 개발계획에 능동적으로 참여할 수 있고 동시에 뻬이징·톈진 메갈로폴리스로 진출하는 교두보가 될 수 있고 게다가 대규모의 해상공단을 만들 수 있는 곳이 진져우(錦州)다. 랴오뚱만은 현재까지 아무것도 이루어지지 않은 빈 바다이지만, 보하이만 해안링크가 뻬이징 메갈로폴리스와 동북3성으로 이어지는 어반링크와 접속하게 되면 비약적 발전이 가능한 곳이다. 진져우는 아직 아무도 그 가능성과 잠재력을 알지 못하지만, 동북3성과 뻬이징·톈진 메갈로폴리스를 연계하는 중간도시이며 동북3성이 보하이만으로 열리는 관문도시이다. 진져우는 제대로 항만을 구축하지도 못했고 국제공항도 없다. 이때 들어가야 한다. 홍콩과 샹하이도 과거에는 한낱 어촌에 지나지 않았다. 진져우는 당시의 홍콩이나 샹하이보다 더 큰 가능성을 가진 도시다.

진져우 바다도시

중국의 최남단 항만이 쟌쟝(湛江)과 마카오라면, 진져우는 중국의 최북단 항만이다. 아직 진져우에는 중국의 해신을 모시는 사당이 있다. 그러나 진져우는 명나라 이후 황해가 봉쇄되면서 북단 항만의 역할을 제대로 하지 못했다. 오히려 황해로 진출하려는 러시아가 따롄으로 나오고 동북3성으로 진출하려는 일본이 따롄을 통하려 했기에, 진져우는 역사에서 잊혀진 항만이 되었다.

예전에는 깊은 바다에 면한 돌출된 항만이 유리했지만 신기술에 의해 경제적 해상항만 구축이 가능해진 현재는 수심보다는 내륙과의 네트워크가 더 중요하다. 황해가 되

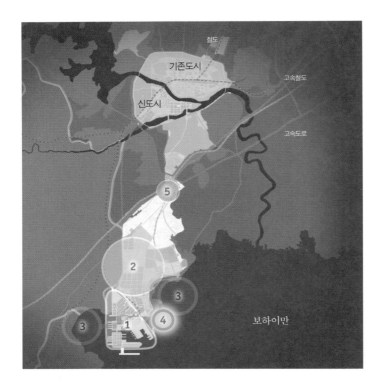

철도

기존도시

고속철도

신도시

고속도로

5

2

3

3   1   4

보하이만

진저우와 진저우만 도시연합.
1) 해상공단 2) 내륙공단 3) 해안 주
거도시 4) 해상특구 5) 터미널도시.

살아나면서 뻬이징과 동북3성과 보하이만의 접점에 자리
한 랴오뚱만 진져우가 새롭게 각광을 받기 시작하고 있다.

개방·개혁 이전 보하이만 일대의 항만이라 할 만한
것은 톈진과 따롄이었다. 중국 동부해안이 경제특구로 연
이어 개발되면서 샨뚱반도 이남은 해안링크를 이루고 있
지만, 아직 보하이만 일대에는 해안링크라고 할 만한 것
이 없다. 그러나 샨뚱반도와 톈진·뻬이징·랴오닝성을 잇
는 해안링크의 역할과 비중은 날이 갈수록 커질 것이다.

진져우가 황해의 북단 항만으로서 동북3성의 발전축과 해안링크의 중심에 위치한 것이 바로 가능성과 잠재력이다.

진져우시가 뻬이징과 동북3성을 잇는 고속철도의 시험운행에 맞추어 고속철도 터미널도시와 임해공단 마스터플랜을 완성하고 한국의 참여를 요청하고 있다. 그러나 한국의 산업이 그들의 공단에 그냥 들어가서는 의미가 없다. 당장의 필요 때문이라면 오히려 상하이, 쑤져우, 칭따오, 텐진으로 가는 게 낫다. 진져우는 뻬이징·텐진 메갈로폴리스와 동북3성의 관문도시이므로 임해공단이 아니라 바다도시가 되어야 자기 잠재력을 발휘하고 정체성을 찾게 된다. 한국기업도 선도산업을 중심으로 연관산업과 배후산업이 도시 규모로 들어가 홍콩 같은 도시를 만들어야 중국진출의 산업클러스터화를 이룰 수 있다. 그러자면 진져우 기술개발구가 지금 같은 항만과 공단이 병렬된 임해공단이 아니라 로테르담같이 항만이 공단이며 도시인 바다도시가 되어야 한다. 더불어 어떠한 산업군이 들어설지를 미리 기획하고 이에 맞추어 항만과 공단이 고속철도·고속도로·철도·국도와 유기적 네트워크를 구축해야 한다.

진져우 바다도시는 동북3성이 바다로 열리는 관문도시이므로 동북3성의 중화학공업의 두 축인 석유화학과 철강을 선도산업으로 하는 산업화가 선행되어야 할 것이다.

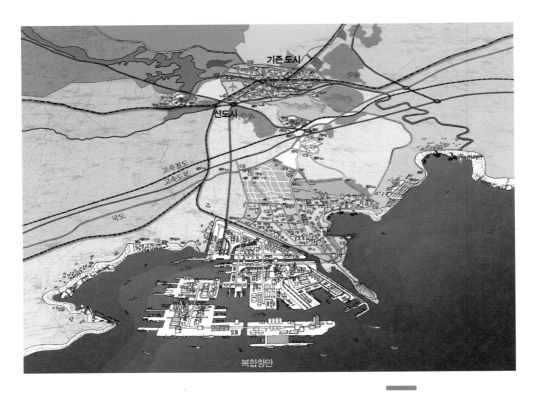

복합항만

기존도시

신도시

고속철도
고속도로

국도

석유와 철강, 조선과 물류의 해상공단과 자동차, 화학, 농가공, 기계의 내륙공단이 산업클러스터를 이루면 고속도로와 철도를 통해 동북3성과 뻬이징·톈진 메갈로폴리스로 이어지는 경제의 흐름을 이어갈 수 있다. 해상공단에 바다로부터 직접 접근하는 것이 필요한 석유화학과 철강과 조선과 물류 중심의 해상기지를 만들고, 내륙공단에는 네 산업의 연관단지와 자동차공단을 만들면 한반도의 해상공단과 짝을 이루는 도시간 분업이 가능할 것이다. 진

임해공단으로 계획된 진저우항을 해상공단과 내륙공단, 해안도시와 해상특구의 복합항만으로 다시 만든 진저우 해상공단 마스터플랜.

겨우 바다도시가 동북3성의 중심산업인 석유화학과 중공업의 해상공단을 중심으로 바다로부터 내륙으로의 단계적 발전의 흐름을 잇는 도시가 되어 해안을 따라 금융과 정보와 인구를 집합시키면 한반도와 랴오닝성간 도시연합의 교두보로 기능할 수 있다.

진져우 바다도시의 해상공단과 내륙공단에 한국기업이 도시 규모로 산업클러스터를 이루려면 바다도시는 독립된 무역자유지대가 되어야 한다. 한반도의 무역자유지대와 공동의 산업클러스터를 이루어 국가를 넘어선 도시연합의 장을 열게 되는 것이다.

한반도 서해안 경제특구

인천은 수도권의 관문도시로서뿐 아니라 자체의 규모로 세계도시로 비상하기를 꿈꾸고 있다. 동북아의 허브공항인 인천공항과 황해의 허브항만인 인천항을 기반으로 영종지구, 청라지구, 송도지구 세 곳에 경제특구를 만들어 세계자본을 유치하고 있다. 그러나 세계적 기업 대부분이 중국으로 가려 하고 한국기업도 중국으로 가려 하는 때에 인천 경제특구의 앞길이 밝지만은 않다. 항만과 공단으로 바다가 막히게 될 도시구조도 문제다. 공항 주변

인천공항, 인천항, 경인운하와 수도
권 고속화도로에 의해 하늘과 바다
와 육지를 잇는 3차원 네트워크.

과 송도특구 핵심지역에는 세계자본이 찾아오겠지만 세 경제특구 전체는 한국경제의 규모나 중국으로의 쏠림현상으로 보아 과도한 계획이다. 더구나 바다를 잃은 도시구조 개혁의 길은 험난하다. 이럴 때 일거에 난제를 해결할 특단의 방안이 황해공동체를 전제로 중국 해안도시와 도시연합 내지 동맹을 이루는 것이다. 이미 한국에서 산업공동화가 시작되고 있는 이때 인천 경제특구에 세계자본을 유치할 수 있는 길은 중국도시와 연합하는 것 이외에는 없다. 인천의 세 경제특구가 중국 해안도시특구와 공동의 산업클러스터를 이루면 세계기업은 중국의 시장과 노동력, 한국의 기술과 자본을 모두 대상으로 할 수 있고, 한국기업은 특구간 특성화된 분업을 통해 산업이전이 아닌 산업의 다변화와 고도화를 이룰 수 있어 새로운 도약의 계기를 맞을 수 있다.

바다는 거대한 인프라다. 유럽연합의 도시간 네트워크가 아무리 훌륭하다 해도 바다를 매개로 한 황해도시공동체의 네트워크보다 못하다. 진져우 바다도시와 인천 경제특구가 하나의 산업클러스터를 이룰 수 있는 것은 두 도시 사이에 바다라는 인프라가 있기 때문이다. 임해공단간의 도시연합은 제한적이지만 바다에서 바다로 직접 연결되는 해상공단간의 도시연합은 두 도시 사이에 하나의 산업클러스터 형성을 시도할 수 있는 것이다.

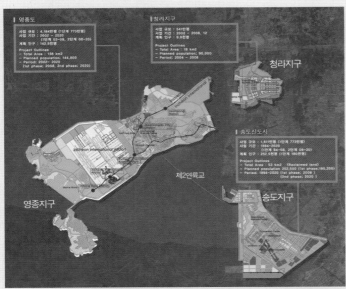

영종도
사업 규모 : 4,184만평 (1단계 773만평)
사업 기간 : 2002~2020
(1단계 02~08, 2단계 08~20)
계획 인구 : 142,9천명
Project Outlines
- Total Area : 138 km2
- Planned population: 144,800
- Period: 2002~2020
(1st phase: 2008, 2nd phase: 2020)

청라지구
사업 규모 : 541만평
사업 기간 : 2003~2008. 12
계획 인구 : 9.0천평
Project Outlines
- Total Area : 18 km2
- Planned population: 90,000
- Period: 2004~2008

청라지구

송도신도시
사업 규모 : 1,611만평 (1단계 773만평)
사업 기간 : 1994~2020
(1단계 94~08, 2단계 08~20)
계획 인구 : 252.5천명 (1단계 180천명)
Project Outlines
- Total Area : 53 km2 (Reclaimed land)
- Planned population 252,500 (1st phase:180,200)
- Period: 1994~2020 (1st phase: 2008)
(2nd phase: 2020)

영종지구

제2연륙교

송도지구

인천경제자유구역 지정 : 2003. 8. 11
면적 : 총 209km2(6,336만평)
- 송도(1,611만평) : 비즈니스, IT, R&D
- 영종(4,184만평) : 국제 물류, 관광
- 청라(541만평) : 국제 업무, 금융, 레저
계획인구 : 487,000 명
총사업비 : 147,610 억원(기반시설)
사업기간 : 2003~2020
~ 1단계 : 08년, 2단계 : 20년
- Designation : Aug.11,2003
- Area : 209 Km2
- Concept : Intelligent City
           Eco-Friendly City
           International Free City

청라지구

영종지구

제2연륙교

송도지구

N

SCALE
0 0.5 1.0   2.5   5.0 km

2003년 지정된 인천 경제자유구역. 영종지구, 청라지구, 송도지구의 세 경제자유구역은 인천, 인천항, 인천공항의 규모에 비해 과다하고 세 특구와 기존도시 간 네트워크와 분계영역이 모호하다.

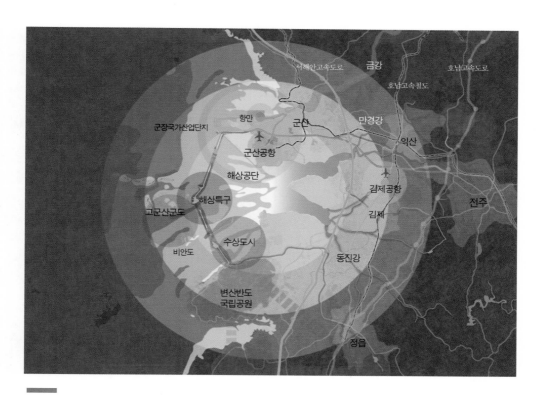

새만금 방조제를 해상공단, 수상도
시화하고 고군산군도에 황해의 허
브항만을 만들며 새만금 안바다를
해상특구로 지정하여 진져우 바다
도시와 도시연합을 이루는 안.

새만금 바다도시도 마찬가지의 경우가 될 것이다. 정
치공약으로 시작되어 생겨난 1억3천만평의 안바다에 해
상공단을 만들면 황해공동체 같은 바다중심의 경제공동
체에서는 강력한 경쟁우위를 지닌 경제권역이 될 수 있
다. 34km의 방조제로 바다를 완전히 막아 육지를 만들면
황해공동체의 변방이 되지만, 방조제를 다 막지 않고 안
바다를 살려 내부에 필요한 토지를 선별적으로 조성하면
갯벌도 바다도 육지도 모두 살릴 수 있다. 뿐만 아니라 세

계 최강의 경제권역과 직접 연계되는 합동공단을 만들어 호남평야가 중국 해안공단과 하나될 수 있는 길을 열 수 있는 것이다.

해안도시연합의 실행방안

진져우 바다도시가 황해도시공동체의 선구적 도시연합을 성공시키려면 해상공단으로의 변혁을 이루어야 하고 FTA의 경제특구가 되어야 하며 한반도의 해안경제특구와 하나의 산업클러스터를 이루게 하는 도시기획이 선행되어야 한다. 도시는 현실이다. 도시기획은 구체적 실행계획이 이어져야 한다. 진져우 바다도시에 한국기업이 산업클러스터를 이루며 진출하기 위한 마스터플랜의 수정과 FTA의 경제특구 지정을 전제로 세 가지 방안을 생각할 수 있다.

첫째는 민간차원에서 상공회의소, 전경련, 수출입은행, 산업은행 등이 기업들과 컨소시엄을 이루어 진져우시와 함께 공동의 경제특구를 만드는 방안이다. 이 경우 오랜 기획과 조정기간이 소요되고 그 기간 동안 진져우시가 기다려야 하는 어려움이 있다. 둘째는 랴오닝성과 진져우시가 한국의 해안경제특구와 하나의 산업클러스터를 이루기 위해 두 도시가 함께 세계화전략을 세우는 방안으로 진져우 해상공단과 인천 경제특구와의 도시연합, 혹은 진져우 바다도시와 금강·새만금의 도시연합을 생각할 수 있다. 세번째 방안은 정부가 특별기구를 만들어 한중 경제협력의 이상적 모델로 해안도시연합을 선언하고 진져우 해상공단과 서해안 해상공단 간의 도시연합을 추진하는 방안이다. 이 경우 특별법을 제정하여 도시연합의 재정·금융·산업 등 모든 분야에서 세부방안을 마련해야 한다.

중국으로의 과다한 집중은 중국에 예속되는 길일 수도 있다. 이런 때 중국 해안도시와 한반도 해안도시가 산업클러스터를 이루어 경제협력을 하면 중국도시의 비약은 물론 한국경제의 비상한 도약이 가능하다. 중국경제의 핵심지역인 동부해안도시와 도시 규모의 경제협력이 가능한 곳은 전세계에 한국 서해안도시밖에 없다. 황해공동체와 해안도시연합의 두 가지 키워드를 시험할 수 있는 길이 진져우 바다도시, 인천 경제특구, 새만금 해상도시 연합이다.

4

황해 해상특구연합과
디지털 철강도시

현재의 계획대로라면 우리는 2007년까지 20여개 나라와 무관세를 목표로 한 자유무역협정(FTA)을 맺을 예정이다. 유럽자유무역연합(EFTA) 및 캐나다와의 FTA는 올해 안에 체결하려고 하고 있다. 일본과의 FTA 협상은 연말 타결을 목표로 상반기중에 재개한다. 1억3천만명의 인구와 풍부한 천연자원을 보유하고 있는 아세안과는 내년까지 FTA를 맺을 계획이다. 미국과는 곧 예비실무협의를 개최하고 중국과는 올해 안으로 민간공동연구를 개시한다. 한국경제는 수출로 버티고 있기 때문에 지속적인 개방으로 국내산업의 경쟁력을 높이고 수출시장을 확대해야 하는데, 이 과정에서 농업, 재래 중소기업과 재래시장 등은 경쟁력을 잃어갈 수밖에 없다.

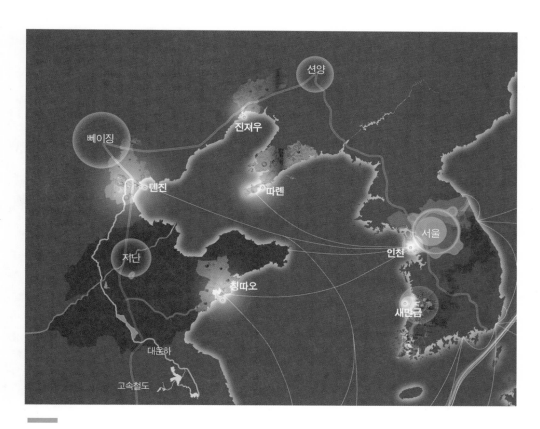

텐진, 따렌, 칭따오, 진저우 해상특
구와 인천, 새만금 해상특구가 이루
게 될 황해 해상특구연합.

이런 것들을 연착륙시킬 수 있는 대책을 확보해야 하
고 이에 따른 사회안전망도 시급히 마련해야 하지만 더
중요한 일은 FTA체제를 맞는 한반도의 하드웨어를 획기
적으로 전환하는 것이다. 황해연합은 한반도의 미래를 여
는 새로운 세계지만 아직 먼 미래의 일이다. 황해연합의
전 단계인 황해특구연합을 준비해야 한다.

FTA의 확대와 황해 해상특구연합

황해연합은 국가공동체인 유럽연합과 달리 국가를 초월한 도시공동체이다. 14억 중국과 초강대국 미국과 세계 2위 경제대국 일본과 자원대국 러시아 사이에 유럽연합만한 도시공동체의 공동지대를 만들려는 것이다. 그런데 도시연합인 황해연합은 국가의 장벽을 넘어선 공동체 구상으로 이상은 훌륭하지만 현실적 장애가 클 수밖에 없다. 외교는 국가간에 이루어지지만 경제는 도시간에 이루어진다. 도시연합이 국가간 외교의 장벽을 넘으려면 유럽연합의 초석이 된 프랑스·이딸리아·독일의 철강동맹처럼 구체적 사안을 중심으로 한 제한적 도시연합이 우선되어야 한다.

현재 해안도시간의 교류는 빈번하나 경제공동체로서 역할을 분담하고 공동작업을 하는 단계는 아니다. 인천과 톈진, 인천과 칭따오 등이 자매결연을 맺고 있으나 외교적 수사의 차원이지 실질적 경제협력의 수준은 아니다. 보하이만과 황해연안 도시들은 해안도시라 하지만 해안에 면한 부분은 항만 정도이지 정작 도시의 대부분은 내륙에 있다. 톈진에서 바다를 볼 수 없고 인천 도심 어디에도 바다는 없다. 로테르담 같은 바다도시가 아니라 모두 화물항과 공단이 바다를 가로막은 내륙의 도시다. 해안도시 네트워크가 이루어지려면 먼저 해안도시들이 바다도시가 되어야 한다.

황해연합을 이루기 전 성(省)과 특별도시, 광역시 간의 도시연합이 있을 수 있으나 서로간의 이해와 영역이 달라 쉽게 성사되기 어렵다. 양쯔강 델타에서 샹하이와 난징의 도시연합이 제기되었지만 두 도시간 역사와 지리와 인문환경이 서로 다르고 현실여건과 미래전망도 달라 결국 이루어지지 못했는데, 바다를 건너 서로 다른 나라의 도시가 연합하는 일이 쉬울 까닭이 없다. 해안도시간 네트워크를 구축하려면 그 핵심인 특별도시구역간의 네트워크를 먼저 구축해야 한다. 해안도시들이 그 도시의 윈도우가 될 특별도시구역을 만들고 이 특별도시구역간 특구연합을 만드는 길이 해안도시연합을 이루는 빠른 길이 될 것이다.

현재 보하이만·황해 일원의 해안도시간 교역과 교류는 역사상 어떠한 지역보다 크다. 이를 제대로 조직화하면 세계 최강의 경쟁력을 가진 경제권역을 이룰 수 있는데 그 첫걸음이 해안도시의 바다도시화된 특별도시구역간의 연합인 것이다. 해안도시의 특별도시구역간의 특구연합이 이루어질 수 있으면 세계를 상대로 한 황해경제공동체로 가는 빠른 길에 서는 것이다.

현재 텐진, 칭따오에 대한 최대투자국은 한국이며, 동

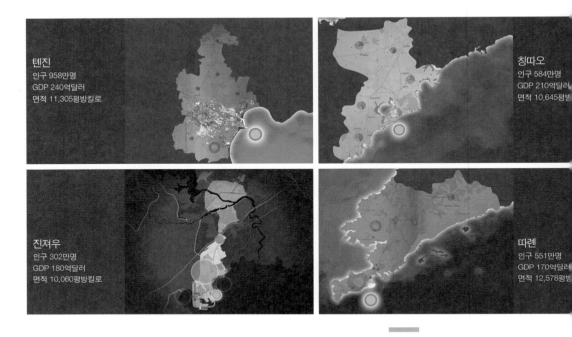

텐진
인구 958만명
GDP 240억달러
면적 11,305평방킬로

칭따오
인구 584만명
GDP 210억달러
면적 10,645평방

진져우
인구 302만명
GDP 180억달러
면적 10,060평방킬로

따롄
인구 551만명
GDP 170억달러
면적 12,578평방

북3성의 두 관문도시인 따롄 및 진져우와의 기술과 자본의 조합이 가장 이상적인 곳이 한반도다. 인천과 새만금 일대가 진져우와 공동의 합동공단을 이루는 안을 나는 이미 제안한 바 있다. 그러나 도시간 연합은 여전히 많은 문제를 안고 있는 것이 사실이다. 진져우의 경제특구와 인천의 경제특구가 하나의 공동특구로서 연합하는 일은 도시간 협약만큼 어렵다. 두 특구간의 공동특구화를 성사시키려면 특구가 모도시(母都市)로부터 분리되어야 하고, 두 특구를 잇는 별도의 해안링크가 형성되어야 한다. 그러자면 두 도시만으로는 어렵다. 서로가 서로를 필요로

텐진, 칭따오, 진져우, 따롄의 해상특구. 모두 모도시와 차별화된 바다도시이다.

하고 상대로 해서 더 큰 자본과 경쟁력을 얻게 되는 보완관계에 있는 다섯 개 이상의 도시연대가 필요하고 각 도시마다 도시를 대표할 수 있는 윈도우가 될 해상특구가 필요하다. 모두 도시의 핵심에 속하면서도 도시의 다른 부분과 차별화되고 차단된 특별도시구역이라야 네트워크의 거점이 되어 도시간의 링크를 이룰 수 있는 것이다. 그런 특별도시구역은 각 해안도시 산업클러스터의 핵심지역이 되어야 하고 바다를 통한 네트워크 구축의 기지가 되어야 하므로 기존 도시중심과 깊이 연결되어 있으면서 기존 도시로부터 자유로운 바다 위의 섬 같은 해상특구가 되어야 한다.

해상특구의 특징

인천 iCITY는 바로 그러한 해상특구로 시작된 황해의 허브시장과 관광의 IT도시이다.(제2부 4장 참조) 현재 인천 송도는 경제특구라고 하지만 기존 도시와 차별화·차단화가 이루어지기 어렵고 바다로 바로 이어지지 못하고 있다. 송도 경제특구 앞 인천공항에서 12.3km의 연륙교가 닿는 자리에 공항 배후도시이며 수도권 외곽순환 도시이며 송도 경제특구의 '용의 눈'에 해당하는 iCITY가 건설될 때 보하이만·황해 해안도시의 해상특구연합의 모델이 될 것이다.

인천뿐만 아니라 톈진, 칭따오, 따롄, 진져우 모두에 iCITY 같은 해상특구가 만들어지고 해상특구간의 네트워크가 이루어지면 이들 도시간의 강력한 해상도시연합, 산업클러스터를 이룰 수 있다. 인천은 동북아의 허브공항인 인천공항과 3천만평의 세 경제특구와 서울·수도권을 배경으로 한 물류와 시장의 허브를 해상특구로 구축할 수 있고, 톈진은 풍부한 석유자원을 바탕으로 중화학과 자동차, 조선산업의 iCITY를, 따롄은 동북3성의 철강클러스터 해상기지를, 칭따오는 전자와 IT산업의 해상특구를, 진져우는 동북3성의 물류해상공단을 각각 구축하는 것이다. 그리하여 이들 도시의 해상특구들이 모인 해상특구연합이 또 하나의 새로운 산업클러스터를 이루어 세계로 나아가도록 하는 것이다. 처음에는 인천, 새만금, 진져우, 따롄, 톈진, 칭따오의 도시연합이 아니라 여섯 도시의 해상특구가 해상특구연합을 이루는 것이지만, 결과적으로 해상특구라는 교두보와 윈도우를 통해 점차 여섯 도시의 연합이 이루어지게 되는 것이다.

특별도시구역인 해상특구는 여섯개의 특구가 모여 하나의 산업클러스터를 이루는 것이며 여섯 특구가 모두 각 도시의 윈도우가 되는 것이므로 해상특구간 코드를 일치

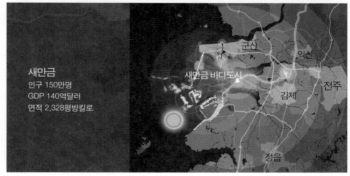

인천의 세 경제특구 및 황해 특구연
합의 교두보 역할을 할 인천 iCITY
(위)와 새만금 해상특구.

시켜야 한다. '디지털 철강도시'라는 새로운 도시건설과
관리의 모델이 필요한 것은 이러한 여섯 해상특구가 국가
와 도시를 초월한 공동공간이기 때문이다. 디지털 철강도
시는 모든 것이 전산화되어 사전에 기획제작된 도시의 부
분들을 특정 장소에서 만들어 해상의 인공섬에 장착시키
는 도시다. 공장에서 만들어져 바다를 건너 인공섬에 조
립제작된 디지털 철강도시는 황해와 보하이만을 중심으
로 한 황해도시공동체의 교두보이며 유비쿼터스

(ubiquitous, 사용자가 시간과 장소에 구애받지 않고 자유롭게 네트워크에 접속할 수 있는 정보통신 환경)의 도시이기도 하다.

산업사회에서의 경쟁력은 공단의 산업력과 도시의 금융·정보·물류의 집합에 있었으나, 지식정보사회에서의 경쟁력은 도시와 공단이 하나가 된 iCITY에 있다. iCITY가 기존 도시를 압도하는 경쟁력을 가지려면 도시 자체가 디지털화되어 도시의 건설과 관리가 유기적으로 이루어져야 한다. 수백년 걸린 월스트리트, 타임즈스퀘어 같은 고밀도 도시중심의 21세기형 모델이 바로 디지털 철강도시이며, 디지털 철강도시로 황해연합 최초의 네트워크 도시를 만들고자 하는 것이 바로 해상특구연합인 것이다.

디지털 철강도시

20세기 후반부터 현대문명과 현대도시에 대한 심각한 반성이 대두되고 있다. 20세기 문명은 역사상 어느 시기보다 광범위하고 심각하게 자연을 파괴하고 자원을 고갈시킨 문명이었다. 20세기 도시문명은 미래의 환경과 자원까지 파괴한 지속 불가능한 문명이었으며 그 선두에 선 것이 콘크리트와 자동차였다.

콘크리트는 철과 결합하여 철근콘크리트라는 인류문

콘크리트 구조물과 자동차로 이루
어진 현대도시의 환경파괴 현상 씨
뮬레이션.

명을 크게 변화시킨 도시건축 소재를 만들어냈다. 그러나
콘크리트는 자연과 인간을 차단하는 비가역적(非可逆的)
소재로서 지속가능성이 없다는 것이 현대도시의 가장 큰
문제라고 지적되고 있다. 따라서 콘크리트 정글이라는
이름의 현대도시는 도시공간 주소재의 대전환을 필요로
한다.

혁신적 개발방안의 필요성

서양의 도시는 벽돌을 쌓아 만든 도시다. 파르테논의
아름다운 돌기둥, 노트르담 성당의 대리석 벽은 도시공간
을 만들고 있는 벽돌·조적조(組積造) 건축의 겉모습이다.
유럽도시의 원형인 포로로마노(Foro Romano)는 거대한
벽돌의 성채다. 돌은 마감재이고 벽돌이 도시공간의 주요

구조재였다. 중세와 르네쌍스 도시도 모두 벽돌의 도시다. 피렌쩨의 두오모, 로마의 판테온, 아크로폴리스 파르테논 모두 벽돌로 만들어진 도시건축이다. 서양건축사는 조적조의 역사다. 조적조의 공간을 크게 하기 위해서 벽 사이에 기둥이 들어서고 도시에 면한 건축의 정면 즉 파싸드(façade)에 열주와 석조의 벽이 있어 석조건물 같은 인상을 주고 있으나 기본적으로 서양도시의 주재료는 벽돌이다. 벽돌은 벽이 되어 공간을 만든다.

한편 동양의 도시공간은 목재를 주소재로 한 가구식(架構式) 구조였다. 목재의 가구식 공간구조는 모든 부재(部材)를 사전제작해 현장조립하는 것이므로 벽돌을 하나하나 쌓아 만드는 조적조의 도시보다 훨씬 빠르게 만들어진다. 조적조의 건축이 벽돌로 벽을 만들고 벽 안팎에 돌기둥을 세우고 목재로 바닥과 지붕을 만들어 건축공간을 구성하는 데 비해 목가구의 건축은 기둥과 보와 지붕을 만든 다음 벽을 채운다. 벽은 아무것도 지지하지 않은 간벽(間壁)이다. 기둥과 보와 지붕은 모두 사전에 제작된다.

포로로마노를 만드는 데 백년의 시간이 걸렸고 2천년 동안 원래의 모습을 유지할 수 있었던 것은, 모든 것을 현장에서 하나씩 쌓아 만드는 공법이므로 건축에 긴 세월이 필요했던 것이고 중력을 받는 조적의 벽 자체가 주구조체였으므로 장구한 세월을 견뎌낼 수 있었던 것이다. 도시를 건설하는 일이 벽돌을 쌓는 일이었으므로 3천년 전에 세운 예루살렘의 유적이 남아 있는 것이다. 로마시대의 식민도시였던 런던, 빠리, 베를린에 옛 로마도시의 하드웨어가 아직 남아 있는 것도 벽돌을 쌓아 만든 조적조의 도시였기에 가능한 것이다.

동양의 도시는 사전에 기획된 대로 조립·제작되는 목가구의 도시였으므로 단기간에 만들어지기도 했지만 쉽게 무너지고 불타 사라지기도 했다. 진시황이 당시 세계 최대인 아방궁을 3년 안에 지었고 항우가 이를 석달 만에 지상에서 사라지게 했다는 것은 동양도시가 사전제작되는 목가구의 도시여서 가능했던 것이다.

이런 동서양의 서로 다른 도시구조 형식을 단번에 변

화시킨 것이 콘크리트다. 조적조인 서양 전통 도시건축과 목구조인 동양 전통 도시건축 모두와 다른 비가역적 소재인 콘크리트가 20세기 도시의 주소재가 된 것이다. 목구조, 조적조와 달리 일체식 구조형식인 콘크리트구조로 19, 20세기에 들어 도시구조를 완성한 현대도시들은 환경오염과 자원고갈을 가중시키고 있다. 동양도시들 중 서양문명을 따라간 일본과 한국, 홍콩과 타이완 등은 결국 서양문명의 현대도시가 간 길을 답습하였다.

만일 이제 건설되기 시작한 중국의 수천개 도시들이 20세기의 도시를 반복한다면 자연파괴와 자원고갈은 돌이킬 수 없는 상황에 이를 것이다. 앞으로 20년 안에 10~20만 인구의 도시 2천여개를 지속발전이 가능한 에너지 저소비형 환경친화적 도시로 만들려면 지금까지와는 다른 혁신적 방안이 나와야 한다.

새로운 전략: 특별도시구역

21세기 도시의 이상적 모델은 어떤 것일까? 20세기 도시의 모순은 도시하부구조인 인프라와 도시상부구조의 괴리가 만들어낸 부조화에서 비롯되었다. 도시계획의 기반인 인프라와 시장에 맡겨질 수밖에 없는 도시상부구조는 상충할 수밖에 없다. 도시상부구조는 자신의 필요와 이익을 추구하게 마련이므로 도시의 비효율과 에너지 과

소비구조를 낳았다.

　21세기가 추구해야 할 도시는 도시 전체의 이익과 개별 건축의 이해를 조화시키는 것이다. 자연에너지를 이용하는 지식정보사회의 디지털도시로 만들어야 도시의 하부구조와 상부구조의 상생과 조화를 꾀할 수 있다. 그러나 전 도시를 디지털화할 수 없고 기존 도시 모두를 자연에너지의 도시로 만들 수도 없다. 특별도시구역을 설정하고 이것을 디지털도시, 자연에너지의 도시로 만들어 도시 전체를 이끌어나가게 하는 방안이 모색되어야 한다.

　도시는 초거대 기업이다. 농경사회와 산업사회에서는 농촌과 공단이 생산기지이고 도시가 소비기지였으나, 지식정보사회에서는 도시가 바로 생산기지이다. 이제는 도시경쟁력이 산업경쟁력이고 국가경쟁력이다. 도시도 이제는 조직화되어야 한다. 도시 건설과 관리를 조직화할 수 있으면 경제기적을 이루어낼 수 있다. 초거대 기업인

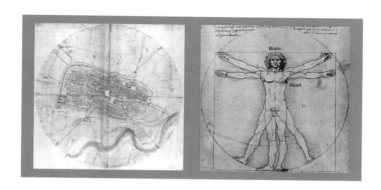

레오나르도 다빈치의 비뜨루비우스
인체비례도와 이상도시안.

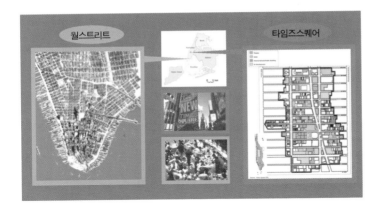

맨해튼을 세계도시가 되게 한 세계
화 도시구역인 월스트리트와 타임
즈스퀘어.

도시를 제대로 운영하려면 도시의 핵심지역을 철저히 조
직화하여 강력한 경쟁력을 갖는 디지털도시로 만드는 일
이 필요하다. 기존 도시의 구조개혁이나 신도시 건설 모
두에서 도시나 구역 자체가 바로 강력한 하드웨어인 디지
털도시의 스페이스 매트릭스(space matrix)를 건설·운용
하면 바로 그 지역이 월스트리트, 타임즈스퀘어, 웨스트
엔드 같은 특별도시구역이 되는 것이다. 한 도시의 경쟁
력과 쾌적성을 높이면서 도시건설·도시경영의 원가를 최
소화하려면 디지털방식으로 조직화된 특별도시구역을 선
정하고 그곳을 집중개발하는 전략이 필요하다.

디지털 철강도시 : 스페이스 매트릭스

단시일 안에 경쟁력, 쾌적성, 원가지표 모두를 뛰어나
게 하기 위해서는 재래의 도시건설이 아닌 새로운 방식의 도시하드웨어 창출이 필요하다. 도시하드웨어 창출을 위해서는 특별도시구역이 계량화되고 조직화되고 사전제작될 수 있어야 한다.

20세기 도시는 정부 주도로 인프라를 만들어놓고 그 위에 시장경제가 지배한 도시의 난개발이 문제였다. 특별도시구역의 경우는 인프라와 도시상부구조를 함께 기획·설계·제작함으로써 도시 경쟁력과 쾌적성을 높이면서 원가를 낮추는 방식이다. 계량화·조직화를 통해 사전제작이 가능하고 재생가능한 도시의 소재는 철강이다.

산업혁명 이후 철의 시대가 열리면서 도시의 주요 구조물들이 캐스트아이언(주철)으로 만들어졌다. 이 시대의 대표건축인 런던의 크리스탈팰리스, 빠리의 에펠탑 이후 철강이 20세기 도시의 새로운 소재가 되었으나 콘크리트에 의해 만들어지던 공간형식을 확대하고 고층화한 것일뿐 새로운 공간구조의 혁신을 이룬 것은 아니었다. 대공황 이후 맨해튼에 들어선 크라이슬러빌딩, 엠파이어스테이트빌딩 등은 대공황 이전의 도시건설 패러다임을 바꾼 철강도시의 시작을 예고한 수퍼스트럭처였지만 더 많은 부분이 콘크리트로 이루어졌다. 초고층건축은 지구상에 돌출된 캔틸레버(cantilever, 한쪽 끝은 고정되고 다른 끝은 받쳐지지 않은 들보를 말하는 건축용어)이므로 높을수록 비경제적일 수밖에 없다. 초고층건축의 가중된 중력은 뉴욕의 세

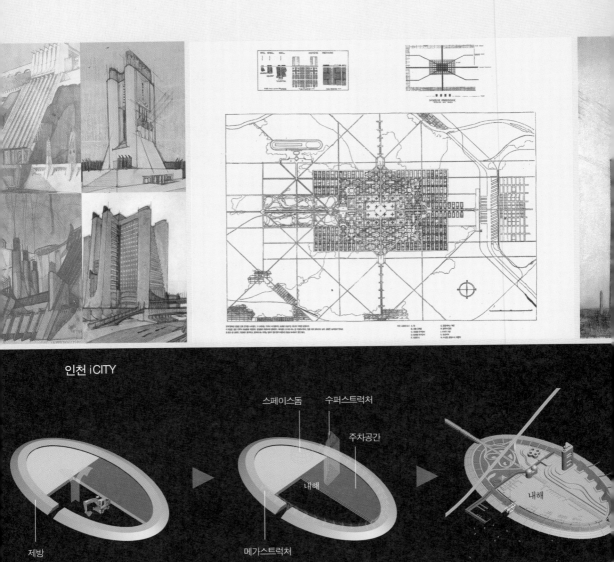

인천 iCITY

스페이스돔
수퍼스트럭처
주차공간
내해
제방
메가스트럭처
내해

역사상 도시와 건축을 일괄 건설하고자 했던 몇가지 사례로, 왼쪽부터 싼뗄리아의 미래도시, 르꼬르뷔지에의 빠리 혁신지구, 라이트의 마일하이 타워(위). 디지털 철강도시 인천 iCITY의 건설과정(아래).

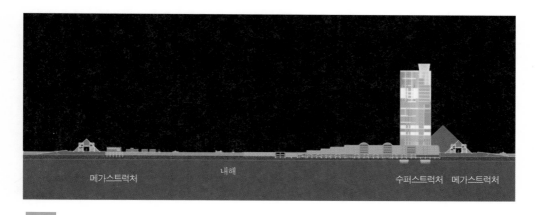

메가스트럭처　　　　　　　내해　　　　　　　　　　　　　　수퍼스트럭처　메가스트럭처

인천 iCITY의 단면구성 개념도.

계무역쎈터가 쉽게 무너진 원인이 되기도 하였다. 초고층건축은 같은 층을 한없이 반복할 뿐이어서 정작 내부공간은 저층건축과 다른 것이 없다. 수직의 대공간인 초고층과 대비되는 수평의 대공간인 스페이스 프레임(space frame)도 대표적인 철강구조물이다. 그러나 현대도시에서 철강은 초고층건축과 대구조물의 골조 역할만을 해왔다.

스페이스 매트릭스는 건축공간이 도시인프라와 연계되어 조직되는 건축과 도시가 하나가 된 도시건축(urban architecture)이다. 스페이스 매트릭스의 최종사용자는 스페이스 매트릭스의 3차원 토지 위에 최종적 건축공간을 만들게 되는 것이다. 지금까지 2차원의 도시인프라 위에 도시를 건설하던 것과 달리 도시인프라를 3차원으로 만든 것이 스페이스 매트릭스이므로 스페이스 매트릭스에서 건축은 도시의 외부공간이 아닌 스페이스 매트릭스의 내

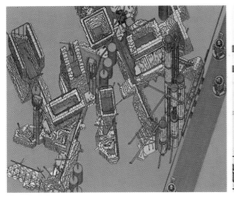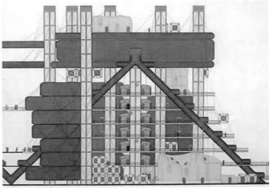

부 공간이다. 도시내 모습을 드러내고 도시와 접속하는
것은 스페이스 매트릭스이며 건축은 스페이스 매트릭스
의 싸이트로서 존재하는 것이다.

베네찌아의 섬 하나하나가 스페이스 매트릭스의 싸이
트고 베네찌아는 대운하(Canal Grande)를 중심으로 두
스페이스 매트릭스가 마주한 도시인 것이다. 베네찌아는
천년 동안 벽돌을 쌓아 만든 도시다. 현대도시로 베네찌
아 같은 도시를 다시 만들 수는 없다. 라스베이거스의 베
네찌아는 모조품이다. 스페이스 매트릭스를 디지털 철강
도시로 만들면 그것이 바로 현대의 베네찌아가 되는 것이
다. 초고층건축의 효시가 된 이딸리아의 싼지미냐노(San
Gimignano)도 벽돌을 쌓아 만든 스페이스 매트릭스다.
역사도시 가운데 아직 옛 모습 그대로 현대문명을 수용하
고 있는 도시는 모두 고유의 도시문법을 가진 성곽도시들

스페이스 매트릭스이기도 한 싼지
미냐노와 까르까쏜.

이다. 이딸리아의 싼지미냐노와 베네찌아, 프랑스의 까르
까쏜(Carcassonne) 모두 스페이스 매트릭스인 것이다.

디지털도시의 소재 : 철강

디지털화 도시건설의 주소재는 철강 이외에 다른 선택
이 없다. 철강은 디지털 방식의 도시구조에 맞는 강성과
가연성을 가진 소재다. 그러나 지금까지의 구조방식으로
는 스페이스 매트릭스라는 특별도시구역의 주공간 구조
소재가 되기 어렵다.

스페이스 매트릭스는 도시의 거주자들에게 2차원의
토지가 아니라 3차원의 공간을 제공한다. 이는 2차원의
토지보다 뛰어난 가능성의 공간이어야 한다. 스페이스 매
트릭스는 거대공간인 수평의 메가스트럭처와 수직의 수
퍼스트럭처와 스페이스돔(space dome)의 세 도시상부구

조가 도시하부구조와 집합하여 하나가 된 조직이다.

3~5층을 기본단위로 하여 만들어지는 스페이스 매트릭스에 최종적인 건축공간이 장착되는 것이다. 이러한 스페이스 매트릭스를 만들 수 있는 소재는 철강 이외는 없으며, 주소재를 철강으로 한 스페이스 매트릭스는 디지털 방식으로 건설·운용될 수 있어 다른 도시에 비해 더 큰 경쟁력과 쾌적성을 가질 수 있다.

20세기 도시 건설방식을 혁신하기 위해 도시하부구조와 도시상부구조를 일체화한 스페이스 매트릭스를 만들려면 철강의 가능성과 잠재력을 조직화한 철강도시의 문법이 필요하다. 인프라를 건설하여 토지를 만들고 건물을 짓던 재래의 도시 건설방식 대신에 인프라와 도시상부구조의 틀을 함께 건설하여 도시의 기본 결구(結構)를 이루게 하고 3차원 도시인프라 속에 건축공간을 채워나가는 도시 건설방식을 개발한다면 도시를 조직적으로 여러 단계에 거쳐 건설·관리·운영하는 씨스템을 구축할 수 있을 것이다.

도시인프라와 하나가 된 3차원의 스페이스 매트릭스를 철강으로 만들고 경량철골로 스페이스 매트릭스를 채워나가는 2원구조로 도시를 구성하면 도시요소들을 기획·설계·제작·조립할 수 있게 된다. 도시인프라와 메가스트럭처가 함께 만들어진 스페이스 매트릭스에 건축공

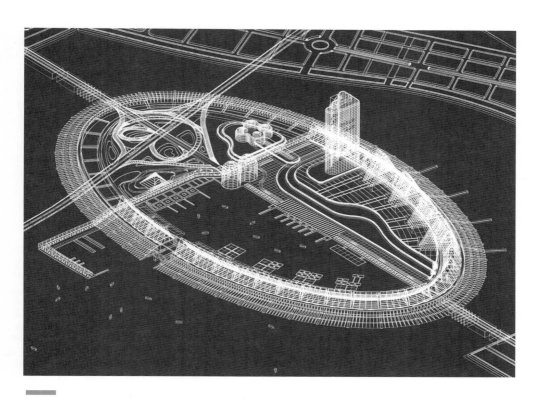

디지털 철강도시로 계획된 인천 iCITY의 와이어프레임(wire frame) 씨뮬레이션.

간을 내부공간으로 장착하는 건설방식일 때 도시건설을 디지털화할 수 있고 도시의 가장 중요한 요소인 물류와 인간의 흐름을 이상적으로 제어순환할 수 있게 되는 것이다.

그것을 가능하게 하는 씨스템이 디지털 철강도시이며 그렇게 사전에 기획되고 설계되고 제작된 도시에 유비쿼터스 개념을 도입하면 도시 자체를 유비쿼터스 디지털도시로 만들 수 있는 것이다.

해상특구와 해상특구연합과 디지털 철강도시

디지털 철강도시로 만들어진 해상특구가 톈진, 칭따오, 진져우, 따롄, 그리고 인천과 새만금의 기존 항만 바깥 해상에 만들어지면, 여섯 디지털 철강도시는 같은 방식으로 건설·운용되는 하나의 경제공동체, 하나의 FTA 영역이 됨으로써 각 해상특구의 모도시를 포함한 여섯 도시의 도시연합으로 자연스럽게 이어지게 될 것이다.

제2부

한반도 구조개혁: 수도권전략

1

한반도 구조개혁과 신행정수도

중국, 일본, 미국, 러시아 사이의 지리적 요충지를 차지하고 있는 한반도의 상황과 입지로 보아 세계경제의 강력한 두 축인 유럽연합 및 북미경제공동체와 함께 새로운 축을 이루게 될 황해공동체에서 한반도의 미묘한 중심의 역할을 전제로 새로운 공간전략을 추진해야 할 때다.

　　한반도 공간전략은 중국 동부해안도시군과 동북3성과 한반도와 일본열도 서남해안도시군이 이루는 황해공동체를 전제로 한반도를 재조직하는 방향이 되어야 한다. 황해공동체는 국가를 초월한 도시경제권역들이 이루는 공동체이므로 이를 전제로 한 공간전략은 한반도의 경제권역을 어떻게 분할조정하느냐에서부터 시작될 것이다. 황해공동체에서 주체적 역할을 할 수 있는 경제권역이 되려

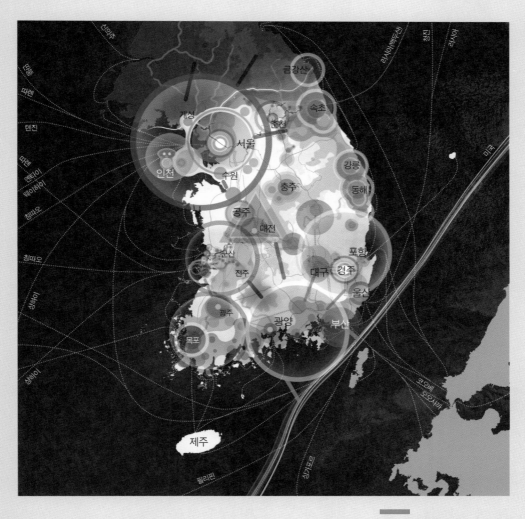

수도권 세계화와 지방권 자립화를 위한 조직화 방안.

면 적정 규모의 토지와 인구와 정보와 산업이 조직화되어
야 한다.

수도권 세계화와 지방권 자립화

한반도의 중심권인 수도권은 서울을 중심으로 한 메갈
로폴리스(megalopolis)가 될 수밖에 없다. 서울·수도권
은 황해공동체에서의 경쟁상대인 뻬이징·텐진과 샹하
이·양쯔델타의 각기 3천만 인구의 경제권과 겨룰 수 있
도록 규모와 콘텐츠를 새롭게 구축해야 한다. 이럴 때 수
도권 집중을 부정할 것이 아니라 메갈로폴리스의 특성을
적절히 활용하고 문제점을 해결하는 방향으로 나아가야
한다. 이는 곧 수도권을 확대하여 농촌을 포용하고 외곽
도시들을 포괄하는 방식이다. 확대된 수도권이 과대도시
(hyperpolis)로 변하지 않으려면 거대도시와 주변도시와
농촌이 역할을 분담하는 재편이 이루어져야 한다. 인천이
서울을 중심으로 한 수도권에 부속되어 있으나 황해공동
체 속에서 물류의 허브 역할을 하면서 경제특구를 통해
국제경쟁력을 강화하며 독자적 영역을 키워가려는 계획
을 진행중인 것처럼, 평택과 수원 등도 서울에의 종속이
아닌 서울과의 연대를 이루어 메갈로폴리스에서의 역동

적 역할을 찾는 것이 필요하다.

　메갈로폴리스에는 강력한 핵이 있지만 거기에 흡수되기보다는 강력한 구심력에서부터 분리되는 스핀오프(spin-off) 정책을 펴는 것이 필요하다. 예컨대 원주에서는 연세대 분교를 중심으로 한 산학클러스터의 움직임이 있어 수도권 외곽도시의 강점을 살리고 있고, 천안도 외곽도시로서 수도권 중추 기능의 분산을 다방면에서 진행하고 있다. 개성 역시 개성공단을 통해 시도되는 남북 경제협력의 장으로 인해 장차 새로운 가능성을 안게 되었으며, 춘천도 중부지방의 거점도시로서의 역할을 모색하고 있다. 메갈로폴리스에서 중심도시만이 아니라 외곽도시들도 동등한 경제력을 갖는 곳으로 키워나가야 중간에 있는 농촌이 몰락하지 않고 특유의 역할을 할 수 있게 되는 것이다. 수도권이 지금처럼 제한된 형태로 밀집되어 있을 때는 과다한 밀집에 의한 부작용과 경쟁력 저하를 낳지만 수도권을 확대해서 농촌을 포용하고 외곽도시들을 스핀오프의 산업권역으로 포괄하면 수도권 내의 자연스러운 분산과 함께 경쟁력 강화를 이룰 수 있다.

　또한 지방권은 황해공동체라는 새로운 판에서 세 바다를 중심으로 내륙의 도시연합과 해안링크가 함께 새로운 산업클러스터를 일으켜 각각의 독특한 경제권역을 이루는 것이 한반도의 새로운 전략이 되어야 한다. 지방을 자

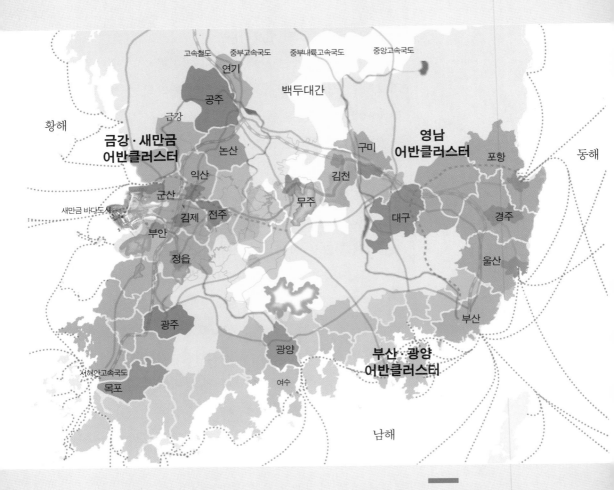

지방권의 자립을 위한 세 권역의 어반클러스터.

립적 경제권역으로 분할한다면 세 권역으로 나누어볼 수 있다. 지방권의 비약을 이루려면 금강·새만금 어반클러스터, 부산·광양 어반클러스터, 영남 어반클러스터를 새로운 국가중심으로 일으키는 안을 생각해야 한다. 즉 지방권을 서해안링크와 충남·전북·전남의 도시연합을 어우르는 금강·새만금 어반클러스터, 여수·광양에서 통영·부산에 이르는 해안링크와 옛 가야의 도시연합이 이루는 부산·광양 어반클러스터, 대구·울산·포항·구미·경주 등의 도시연합이 해안링크를 따라 동해로 북상하면서 일본의 세또나이까이로 들어가는 영남 어반클러스터 등 세 권역으로 재조직한다는 구상이다.

수도권과 지방권이 모두 세계경쟁력을 갖도록 하려면 서울·수도권은 전세계를 상대로 하는 한반도의 중심이 되게 하고, 금강·새만금 어반클러스터는 샨뚱성 및 보하이만 일대와 짝을 이루며, 부산·광양 어반클러스터는 세계에서 가장 큰 물류의 흐름인 동아시아와 미대륙을 잇는 물류의 중심이 되게 하고, 영남 어반클러스터는 세또나이까이를 통해 후꾸오까에서 시모노세끼와 오오사까로 이어지는 해안링크와 접속하도록 해야 한다.

황해공동체는 바다를 가운데 둔 대도시와 국제항만과 국제공항 중심의 경제공동체이다. 그래서 황해공동체 안에서 교역과 교류가 확대되면 확대될수록 대도시를 중심으로 한 도시집합이 이루어지게 마련이다. 지금은 대도시를 중심으로 한 메갈로폴리스화와 함께 중소도시간의 도시연합이 일어나고 있는 단계인데, 그것이 한단계 더 진전해서 대도시와 중소도시들이 집합하면서 농촌과 도시의 벽을 허물어 하나가 되는 어반클러스터로 가는 길이 한반도 공간전략의 새로운 키워드가 될 것이다.

거대도시를 중심으로 한 메갈로폴리스는 쉽게 조직화되지만 중소도시들의 도시연합은 기존 도시간 이해가 엇갈릴 수밖에 없으므로 특정도시 중심보다 통합신도시를 매개로 하는 방안이 현실적이며 해안링크와 강력한 연대를 구축하여 도시집합을 이루는 것이 중요하다. 뻬이징·상하이·오오사까·서울 등의 대도시 중심 메갈로폴리스에 대항하여 지방의 중소도시들이 도시와 해안링크를 집합한 어반클러스터를 이룰 수 있으면 황해공동체는 국가가 기본 단위인 유럽연합보다 더 강력한 경제공동체가 될 것이다.

한반도 구조개혁은 한계에 다다른 우리 경제의 새로운 하드웨어를 구축하기 위한 것이며 그간의 압축성장으로 야기된 국토의 불균형발전과 수도권집중을 한단계 높은 차원에서 해결하려는 것이다. 뿐만 아니라 중국의 개혁·개방 이후 과제로 떠오른 새로운 국제관계 정립에 능동적으로 대처하기 위한 것이다.

국가의 하드웨어계획은 기존 사회간접자본(SOC)과 거대 규모의 네트워크를 조화롭게 통합해야 한다. 기존의 사회간접자본을 최대한 이용하고 네트워크 속에서 미래의 가능성과 잠재력을 찾아야 경쟁력 강화와 균형발전을 이룰 수 있다. 수도권의 사회간접자본은 세계 최강 수준이므로 수도권에 집중하는 것이 당장에는 가장 효과적이다. 그러나 전국적인 네트워크 속에서 보면 서해, 남해, 동해 모두 서울·수도권 못지않은 가능성과 잠재력을 갖고 있다.

제한된 재원이다보니 수도권에 집중하게 된 것인데 이제는 과감한 세계자본 도입을 전제로 한 새 전략이 필요하다. 중국의 현대화는 세계자본이 이룬 것이다. 한반도 제2의 도약은 세계자본을 끌어들이는 데서 시작되어야 한다. 우선 비교적 자본조달이 용이한 수도권에는 국내자본이 투자하고 세 권역의 어반클러스터에는 국가가 나서 인프라를 구축하고 도시상부구조의 청사진을 제시하여 대기업과 세계자본이 오게 해야 한다. 지방권의 자립에는 세계자본이 달려들 만한 마스터플랜을 만드는 일이 우선시되어야 한다.

한반도 공간전략

신행정수도 예정지였던 공주·연기는 수도권과 세 어반클러스터의 중간지대에 해당하는 곳이다. 공주·연기로 행정수도를 이전하는 일은 현명하지 못한 올인전략이고 한반도의 가능성을 축소하는 방안이었다. 수도권과 세 어반클러스터의 중간지대인 공주와 부여 일대에는 네 경제권역 모두의 중심이 될 대학을 집합시키는 일이 최고의 선택이 될 것이다. 관악산으로 서울대를 통합·이전하고자 했을 때 현재의 과천 정부청사까지 이어지는 대학도시 안을 제안하면서 충청권도 후보지로 생각했었다.

국토균형발전의 핵심요소는 대학이다. 서울에 대학이 모여 있어서 사람들이 우선 서울로 올라온 것이다. 행정도시를 옮겨봐야 자동적으로 이동할 인구는 20만 정도다. 과천으로 정부 부처를 일부 옮겼을 때 인구이동이 거의 없었다. 천도(遷都)와 행정도시 이전은 다르다. 조선이 개성에서 한양으로 수도를 옮긴 것은 천도이고, 서울에 있던 주요 행정부가 과천으로 옮긴 것이 행정도시 이전이다. 천도는 국가의 중심을 바꾸는 일이고, 행정도시 이전은 행정부의 주요 기능 일부를 이전하는 것이다. 개성에서 서울로 천도했을 때는 모든 것이 변했지만, 서울의 주요 행정부서가 과천으로 갔을 때는 별로 달라진 것이 없었다. 여전히 모든 일은 서울에서 일어났고 공무원들만 과천으로 출퇴근했을 뿐이다. 서울에서 과천으로 옮긴 행정도시를 충청권으로 다시 옮기는 것이야말로 오십보 백보의 일이다.

여기서 적극 고려해볼 만한 방안은 한반도를 수도권 중심으로 세 어반클러스터로 재조직하면서 중간지대인 공주·부여 일대에 국립대학 통합학부를 만들고 몇개의 사립대학을 추가 유치하여 세계적 대학도시를 건설하는 것이다. 물론 국립대학 통합학부를 금강유역에 둔다는 것은 대단히 어려운 일이다. 지방 국립대학 다수가 학부 없이 전문대학과 대학원으로 자립할 정도의 능력이 있다고 보기 어렵다. 이름뿐이었던 학문공동체 서울대학을 관악산으로 통합이전할 때 인문·사회·자연 기초학부와 전문대학으로의 이원조직화와 대학원 중심대학으로의 혁신이 시도되기도 했으나, 완강한 현실의 벽에 부딪혀 대학입시를 계열화하는 데 그쳤다. 결국 기득권을 인정한 단과대 중심의 공간공동체로 만족할 수밖에 없었다. 30년이 지난 지금에 와서 당시의 논의가 다시 거론되는 것이 대학교육의 현실이므로 국립대학의 학부 통합은 또다시 큰 저항에 부딪힐 것이다.

그러나 지식정보사회의 핵심역량인 대학의 개혁은 반드시 이루어야 할 국가적 과제이다. 국가균형발전과 한반도 제2도약을 위해서 인문·사회 계열을 중심으로 국립대학 학부를 통합하고 이공계열은 지방에 두는 과도기적 대안도 고려할 수 있다. 부여·공주 사이 금강유역은 이러한 국립대학 통합학부를 만들 수 있는 최고의 입지와 흐름을 가진 곳이다. 한반도 이남의 중심지역인 금강유역에 국립대학의 인문·사회계 통합학부를 두고 각 국립대학의 이공계 대학과 전문대학과 대학원의 전국적 네트워크를 구축하는 일은 국가균형발전을 위해 행정수도를 옮기는 것보다 더 시급하고 효과가 큰 일이며, 충청권으로서도 국가 백년대계의 큰 역할을 하게 하는 일이다.

수도권 메가폴리스의 세계화와 지방권의 어반클러스터화를 이룬 한반도 4분지계(四分之計) 속에 그 중간지대에 네 경제권역의 대학연구 중심을 현실화하면 국가경쟁력 제고와 국토균형발전을 동시에 이룰 수 있다.

한반도 공간전략의 다음 단계는 각 권역을 중심으로 도시와 농촌, 대기업과 소기업, 재래산업과 지식산업을 하나의 장으로 통합하는 일이다. 도시와 농촌을 함께 살리자면 산업과 기업 구조의 대전환이 필요하다. 도시와 농촌으로 토지이용이 이원화된 상황에서 시장경제는 소득 불균형과 도시집중에 따른 부동산으로의 자본쏠림 현상을 낳을 수밖에 없다. 대도시와 소도시, 도시와 농촌의 벽을 허물어 도시와 농촌의 토지를 하나로 총괄하는 전국토의 산업화전략이 필요하다. 농촌의 상당부분을 과감히 도시로 편입하여 도·농을 포괄하는 도시계획의 대상구역으로 만들며, 이렇게 도시화된 농토를 공유화(公有化)하면 부동산 불로소득을 막을 수 있다. 세계경쟁력이 떨어진 농촌은 농업의 기업화, 농촌의 도시화, 농민의 지식정보화를 통한 공간구조 개혁을 요구하고 있다.

수도권을 제한한다고 수도권으로 인구와 자본이 유입되는 것을 막을 수는 없다. 오히려 수도권의 외연을 확대하고 도시와 농촌의 벽을 허물어 수도권 일극집중을 다극화하며 지방권은 농업의 도시산업화를 이루어야 수도권과 지방권 모두 자립경제를 달성할 수 있다. 도시와 농촌, 대기업과 소기업, 재래산업과 신산업을 통합한 토지정책과 산업정책의 전면적인 개혁이 한반도 4분지계와 함께 이루어지면 도시문제·산업문제·농촌문제를 동시에 혁신하는 길이 열릴 것이다.

한반도 공간전략의 마지막 단계는 WTO체제와 FTA가 확대되는 상황에서 시장과 토지와 인구가 부족할 수밖에 없는 한반도가 중국대륙과 경제자유구역을 공유하는 일이다. 중국이라는 거대한 나라와 국가 대 국가로 FTA협정을 맺는 것보다 특정지역간의 공간공유가 효율적이며 실현가능성도 높다. 한국경제의 지속적 성장은 미국·일본의 기술과 자본을 적절히 이용하고 미국과 일본을 비롯한

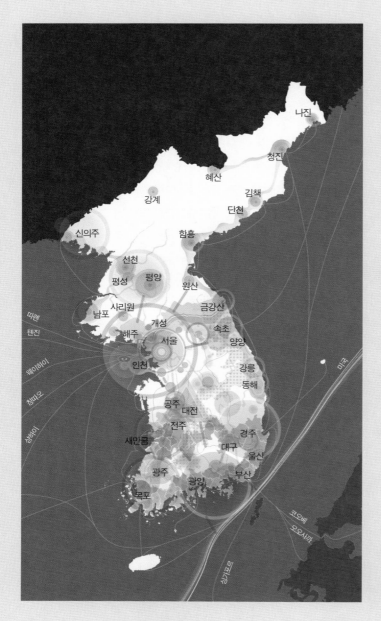

떠롄
톈진
웨이하이
칭따오
상하이

나진
청진
혜산
강계
김책
단천
신의주
함흥
선천
평성 평양
원산
사리원
금강산
남포
개성
해주
서울 속초
인천 양양
강릉
동해
공주
대전
전주
경주
새만금
대구
울산
광주
광양 부산
목포

마귀

코오베
오오사까

싱가포르

도시연합과 어반클러스터 방식에
의한 남북경제공동체 구상.

세계시장을 확보할 수 있었기에 가능했다. 오늘날 중국은 거대한 시장인 동시에 공장이고 정보와 인간의 거대한 광장이다. 해방 이후 지금까지의 경제정책이 일본·미국의 자본과 기술도입을 활용한 정책이었다면, 이제는 그러한 정책을 필요한 만큼 지속하면서도 중국과 한국 사이의 경쟁과 협력을 강화하는 것이 새로운 시대의 흐름에 부합하는 일이다. 이를 위해 한국의 경제자유구역과 중국의 경제자유구역 간의 공간공유 전략이 필요하다. 중국 동부 해안의 경제자유구역과 한반도 서부해안의 경제자유구역이 하나의 합동공단을 이루면 세계적 경쟁력을 확보할 수 있다. 바다라는 천혜의 인프라를 통해 중국과 이러한 공간공유를 이룰 수 있는 곳은 한반도 서해안도시 이외는 없다.

그리고 무엇보다 한반도 공간전략의 핵심은 남북통일이다. 남북통일을 단번에 이루려 하지 말고 우선 남한과 북한이 —— 중국과 한국의 공동자유구역이 공간공유를 이루는 것처럼 —— 경제권역간 공간공유를 시도해야 한다. 수도권과 세 지방권역 간의 강력한 연계를 전제로 한반도 동부는 일본과, 서부는 중국과, 남부는 미국과 우선적 네트워크를 구축하고 세 네트워크를 수도권으로 집합시킨 후 해안링크를 따라 북쪽의 경제권역과 자연스럽게 연대하도록 해야 한다. 금강·새만금 어반클러스터가 해주·남포·신의주 해안링크와 내륙의 개성·평양을 잇는 경제권역을 만들고, 영남 어반클러스터는 해안링크를 따라 동해·속초·원산·함흥·나진으로 계속 이어가 동해경제권을 만들면 남북한이 자립할 수 있는 네 개의 경제권역으로 조직될 수 있다. 서독과 동독이 급격한 통일 대신에 동서독간 도시연합을 진행했더라면 유럽공동체에서 더 큰 것을 얻고 또 줄 수 있었을 것이다. 남북한이 황해공동체의 새로운 판에서 어반클러스터의 연대를 강화하는 길이 통일 후의 문제를 사전에 풀어가는 길도 될 것이다.

신행정수도의 문제와 대안

수도권과밀과 지역불균형은 한반도의 하드웨어에 문제가 있다는 것을 뜻한다. 25년 전 유신정권 당시 추진한 행정수도 이전계획은 남북대결 상태에서의 국가안보와 서울·수도권의 과밀문제를 해결하려는 임시수도 방안이었다. 참여정부가 주도한 행정수도 이전은 수도권의 일극집중과 과밀을 해소하고 불균형발전을 개선할 국가 하드웨어 구축을 위한 국토개조개혁이다. 행정수도 이전안은 대선공약으로 받아들여지고 국회에서 압도적으로 통과되었음에도 국민적 동의가 불투명하고 반대론이 확산되다가 결국 헌법재판소의 위헌판결을 맞게 되었다. 그러나 신행정수도 자체가 좌절된 상황일지라도 참여정부의 신행정수도나 유사한 방안이 과연 수도권 일극집중의 문제를 해결하고 경쟁력과 희망을 잃은 지방을 다시 세우기 위한 최선의 길인지 근본부터 재고해볼 필요가 있다.

신행정수도는 도시의 콘텐츠가 불분명하고 도시경쟁력과 삶의 질을 좌우할 산업의 비전이 마련되지 않은 상황에서 추진되었다. 중앙정부가 신행정수도로 간다고 하더라도 그 도시는 정부만의 도시일 수 없다. 신행정수도의 인구 규모를 50만이라 하는데 정부관련 기관만으로는 50만 인구를 감당하지 못하므로 나머지 인구가 살아갈 새로운 산업이 있어야 한다. 워싱턴DC에도 정부보다 큰 산업군이 있다. 대표적 행정수도인 워싱턴DC의 산업을 보면 행정수도의 경쟁력을 어디서 찾아야 할지를 알 수 있다. 워싱턴DC 지역에는 2000년 현재 연간 매출액이 백만 달러 이상인 인터넷관련 기업들이 3천개도 넘게 밀집해 있다. 지난 30년 동안 연방정부 빌딩만 즐비하던 지역에 민간기업들이 들어와 지역경제를 확연히 변화시켰다. 공공부분은 전체 고용부분에서 38%에 불과했지만 이제 22%로 떨어졌다. 신행정수도가 공공부분의 일자리 30%, 민간부분의 일자리 70% 정도로 균형을 잡으려면 민간부분의 산업이 무엇이 되어야 할지를 생각해야 한다. 행정수도 또는 행정도시만으로는 경쟁력이 있을 수 없다. 워싱턴DC의 경쟁력은 민간부분에서 생긴 것이고 근래에 IT에 의해 더 강화된 것이다.

국토균형발전의 계기가 되려면 신행정수도나 행정중심도시가 아니라 '신대학도시'가 되어야 하고 대기업 중심의 산업구조를 소기업 중심으로 바꾸는 산업도시가 되어야 한다. 한국경제의 강점과 약점, 가능성과 한계는 대기업 주도에 있다. 수도권 일극집중 해소와 국토균형발전을 이루려면 제조업 중심의 경제를 지식첨단산업으로 변화시키는 대학도시 건설이 우선되어야 한다. 미국도 1980년까지는 대기업이 주도하는 산업경제 사회였으나 1979년을 기점으로 소기업 주도의 지식기반산업이 국가경제의 체질을 바꾸었다. 미국의 경우 1979년 이전 500대 기업이 GNP에서 차지하는 비중이 58%였다. 그후 15년 동안 100대 기업의 일자리는 25%나 줄었지만 소기업이 새로운 일자리를 만들어 500대 기업이 줄인 일자리보다 많은 일자리가 창출되었다. 소기업이 거대기업의 고용규모를 역전시킨 것이다.

우리의 경우 다수 대기업의 쇠퇴가 전반적인 경기침체와 내수부진으로 이어진 것은 소기업을 창출하지 못했기 때문이다. 소기업 중심의 경제는 부의 전국적 분산을 이룬다. 균형발전의 요체는 재정을 통한 분배보다 소기업의 창출에 있는 것이다. 산업사회인 20세기에는 공단이 도시화를 이끌어왔다. 울산, 포항, 구미, 창원 모두 공단으로 오늘의 도시를 이룬 것이다. 지식정보사회인 21세기에는 지식과 정보와 금융이 모이는 도시 자체가 발전의 근거지이고 새로운 도시인구의 중심에 대학이 있는 것이다. 충청권에 신행정수도 대신 신대학도시가 들어서 소기업의 인큐베이터가 되고 중소도시의 발전모델이 되고 스핀오프의 중심이 되어야 충청권이 발전하고 전국의 균형발전모델이 되는 것이다.

한반도를 자립할 수 있는 복수의 경제권역으로 재조직하고 각 경제권역이 세계적 경쟁력을 갖출 수 있는 방안을 생각해야 한다. 한반도를 4개의 자립적 경제권역으로 재조직하는 일은 기존의 정치·사회·문화의 기반을 흔드는 일인만큼 일단 현재의 지방자치구도를 유지한 채 지방자치단체가 연합하여 자립가능한 경제권역을 모색하는 방안이 우선시되어야 할 것이다.

충청권에 수도권의 핵심기능을 이전하려는 수준의 특단의 대책을 모든 경제권역이 할 수 있으면 신행정수도 이전이라는 애초의 문제의식을 국토균형발전이라는 위대한 연습으로 승화시킬 수 있을 것이다. 전국의 자립가능한 경제권역 모두가 도시연합과 해안링크와 어반클러스

터라는 새로운 패러다임을 통해 네트워크를 갖추어 규모
를 키우고 경쟁하며 역할을 분담할 수 있을 때 이들에게
중앙정부 기능의 일부를 담당하도록 하는 것도 중요한 선
택이 될 수 있다.

2

수도권 세계화와 지방권 자립화

수도권집중이 과밀과 비효율을 낳고 국가불균형발전을 초래하고 국가경쟁력을 약화시켜왔다는 것이 정치권의 시각이다. 경제권에서는 오히려 수도권 과잉규제와 지방의 한계를 지적한다. 모두가 한국경제의 입지를 현재에 국한시켰을 때의 논리다. 북한과 연합하고 중국과 연대하는 가능성을 외면한 시각에서 한반도를 보고 있는 것이다. 성장이냐 분배냐라는 대립구도보다는 우리의 시야를 남한에 국한하느냐 아니면 북한과 중국으로 확대해서 보느냐가 좀더 의미있는 접근방법이다. 행정수도 이전(또는 행정중심도시 건설)과 지방분권은 황해공동체를 전제로 한 한반도 공간전략의 입장에서 접근해야 제대로 된 시각을 얻을 수 있다. 수도권은 남한만의 수도권이라는 한계를 넘어야 하고 지방은 수도권에 많은 것을 빼앗긴 땅이라는 피해의식에서 벗어나야 한다.

수도권은 지난 30년 동안 한국 대부분의 에너지를 집합하여 세계로 나아간 중심지역이다. 한국이 이만한 경제성장을 이룬 것은 대부분 지방에서 올라온 수많은 사람들의 피와 땀이 맺힌 것이지만, 무엇보다 국가의 자원과 에너지를 수도권에 집중하고 지방은 주어진 나름의 역할을 해온 데서 얻어진 것이다. 1970년까지 1천달러 미만이던 일인당 국민소득이 1만달러를 돌파하고 세계12위의 경제강국으로 일어섰을 때, 곧이어 2단계의 도약을 위한 국가혁신과 개조개혁이 이어졌어야 하는데 우리는 이 작업을 게을리했다. 제2의 도약을 위해 수도권과 지방을 재조직하여 국가 하드웨어의 혁신을 이루어야 할 때, 문민정부는 세계화라는 이름의 허장성세에 바빴고 국민의 정부는 제2건국이라는 이름의 자기최면에 빠졌다.

그후 집권한 참여정부는 수도권 일극집중에 의한 국가경쟁력 상실과 불균형발전을 시정하기 위한 특단의 대책으로 충청권으로 행정수도를 이전한다는 전략을 내세웠고 역시 표를 의식한 거대야당의 찬성으로 국회의 동의까지 얻었다가 결국 위헌판결에 이르고 말았다. 그후 행정수도에 관한 후속대책에서도 논란이 계속되고 있다.

이제는 누구를 탓하고 변명을 할 때가 아니다. 무엇보

다 먼저 한국이 지난 10년의 정체를 딛고 제2의 도약을 위해 무엇을 할지 생각해야 한다. 현재의 한반도 하드웨어로는 더이상의 성장은 무리다. 판을 키워야 하고 내용을 바꾸어야 한다. 수도권을 이대로 방치한 채 집중이 지속된다면 과밀과 비효율을 초래하고 수도권과 지방격차가 갈수록 확대되어 불균형발전과 국가경쟁력 저하로 이어질 수밖에 없다. 그렇다고 해서 수도권과 지방의 평준화를 주장하는 것은 무엇을 먼저 하고 무엇을 나중에 해야 하는지도 모르는 일을 하는 셈이다.

지금이야말로 수도권의 세계화와 지방의 제2건국이라 할 수 있는 지방권 자립화가 시작되어야 할 때이다. 수도권의 세계화는 수도권이 한반도를 벗어나 세계로 판을 키워가는 것을 말하는 것이며, 지방의 제2건국은 지방이 수도권에서 무엇을 얻으려 하기보다 스스로 떨치고 일어나 자립할 수 있는 길을 모색하는 것이다.

▌수도권 세계화전략

수도권의 사회간접자본은 상당부분 세계화되어 있다. 서울-인천을 중심으로 한 수도권 인프라는 세계 어느 도시 못지않게 충실하다. 정작 수도권의 약점은 세계화의 콘텐츠가 부실한 데 있다. 수도권 경계를 확대하고 수도권 외곽에 기업도시, 산업도시, 자족도시를 만들면 수도권 과밀과 비효율을 해결할 수 있다. 뉴욕, 토오꾜오, 런던, 뻬이징의 도시중심에 비해 서울 중심부의 밀도는 오히려 낮다. 수도권 과밀이란 결국 비효율적 토지이용이 빚은 교통의 과잉에서 기인하는 바 크다. 그러한 과밀과 비효율은 수도권영역을 확대하여 수도권 중심기능을 외곽으로 이전하고 수도권과 지방권 중간에 수도권 외곽중심을 구성하여 수도권의 토지 이용패턴을 획기적으로 개

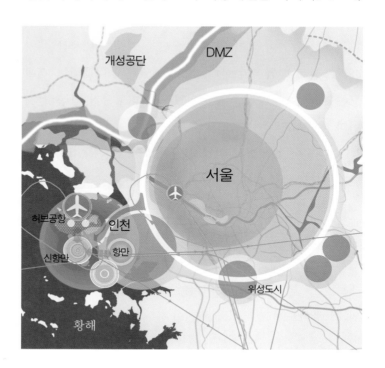

서울과 인천의 위성도시들.

선해서 해결할 문제이지 행정수도 이전으로 해결할 문제가 아니다.

정작 수도권의 세계경쟁력을 떨어뜨리고 있는 가장 큰 문제는 수도권이 경제규모에 비해 세계화되지 못한 데 있다. WTO체제하에서 세계도시가 아닌 도시는 뒤처질 수밖에 없다. 세계도시는 다국적기업도시를 뜻하며 세계화된 특별도시구역을 가진 도시를 말한다. 서울에는 다국적기업의 지사만 있을 뿐 본사나 아시아본부도 없고, 무엇보다 세계도시가 갖고 있는 세계금융도, 세계를 상대로 한 세계화구역도 없다. 서울·수도권이 세계적 경쟁력을 가진 도시권역이 되기 위해서는 판을 키우고 내용을 채워 세계도시로 만들어야 한다. 지금 수도권에 대해서는 거대도시가 가진 문제점만 부각되었지 거대도시가 가진 잠재력과 가능성은 무시되고 있다.

수도권의 세계화를 위해서는 우선 수도권을 적정 규모로 확대하고, 수도권 토지이용과 교통체계를 전면적으로 재조직하고, 세계와 지방과의 강력한 네트워크를 구축해야 한다. 수도권 확대는 북으로는 개성, 동으로는 춘천, 남으로는 평택, 서로는 인천 바깥 해안링크까지 이어지는 새로운 판을 구축하는 것이어야 한다. 서울·인천·경기도의 세 광역도시권 행정체계를 유지하더라도 경제기획, 공간기획의 면에서는 수도권을 하나의 도시경제권으로 한

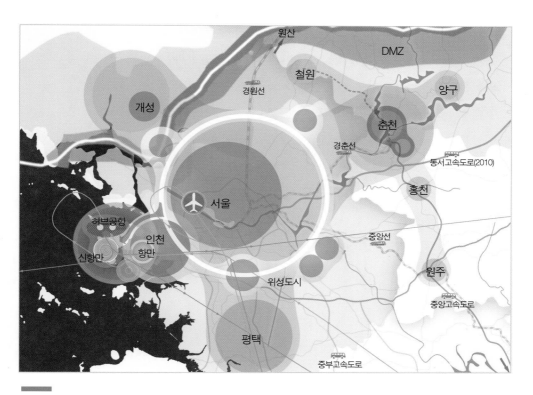

원산

DMZ

철원

양구

경원선

개성

춘천

경춘선

동서고속도로(2010)

홍천

✈ 서울

허브공항

인천
항만

신항만

중앙선

원주

위성도시

중앙고속도로

평택

중부고속도로

DMZ와 서울·수도권과 춘천, 평택
등의 외곽도시들.

통합마스터플랜을 마련해야 한다. 현재 수도권과 서울을
넘나드는 1일 2백만대 이상의 차량으로 발생하는 교통문
제는 서울과 수도권 사이의 위성도시와 수도권 외곽도시
가 자립자족도시가 되도록 기업, 산업, 교육문화 기능군
을 적절히 배치함으로써 충분히 제어할 수 있다.

수도권 전략은 외연의 확대, 콘텐츠의 재조직, 세계화
도시구역 구축의 세 방안을 중심으로 이루어져야 한다.
외연의 확대와 콘텐츠의 재조직은 지방권과의 연계와 역

할분담이 전제되어야 하며, 세계화 도시구역은 황해도시공동체·황해연합을 전제로 창출되어야 한다. 인천공항과 여의도를 잇는 선형도심으로 한강과 서해를 잇는 계획이 그린벨트 조정과 함께 이루어지면 수도권에 세계기업의 아시아본부가 모이는 황해의 금융중심과 IT산업의 세계화 도시구역을 만들 수 있다. 여의도·용산·난지도를 한강을 인프라로 하여 세계화 도시구역으로 만들고, 이를 경인운하를 통해 인천공항과 인천항으로 잇는 수상선형 도심이 서울의 신도시 중심이 되어 수도권을 끌고 가야 한다.

지방권 자립화전략

지방분권과 국토균형발전은 수도권전략과는 다른 차원의 전략이 되어야 한다. 우선 지방분권을 이루려면 수도권과 세 지방권의 한반도 4분지계가 먼저 이루어져야 한다. 지방권 자립화는 행정수도 이전 같은 수도권 기능의 이전을 통해 이루는 것이 아니라 70, 80년대 수도권이 했던 것과 같은 인구와 금융과 정보를 집중해서 강력한 중심을 구축하는 방식이 되어야 한다. 그러기 위해서는 지방인구의 서울 이동을 막도록 수도권 대학을 대대적으

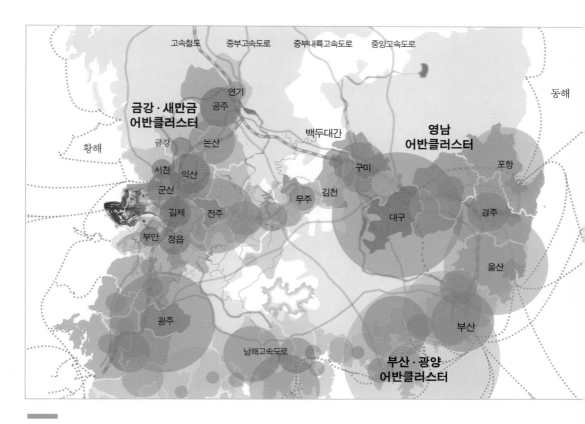

한반도 4분지계 전략하의 수도권과
대응하는 세 지방권 어반클러스터.

로 지방으로 이전하고 대기업이 함께 움직여 산학클러스
터를 이루는 통합신도시를 만들고 이를 중심으로 분권화
된 지방국가를 이루어 중앙정부로부터 자립할 수 있도록
경제규모를 키워야 한다.

　　지방의 획기적 발전은 단기적으로는 지방자치단체의
각개약진식일 수밖에 없으나 장기적으로는 한반도 공간
전략에 따른 거시적인 디자인으로 이루어져야 한다. 중국이 현대화를 추진하면서 국가급, 성급, 시급 등 여러 단계의 마스터플랜을 겹쳐 진행하여 결국 전국토의 난개발로 거대한 혼돈과 끝없는 반복을 넘어서지 못하고 있는 것에서 교훈을 찾아야 한다.

한국은 과거에는 수도권에 집중하고 일부 지방권 산업 클러스터에 특수한 역할을 집중시키는 정책을 썼으나, 최근 10여년간은 지방의 균형발전을 기한다고 하면서 도시사업을 정치적으로 시행하여 경쟁력 없는 공단을 도처에 만들었다. 광주 싸이언스파크, 대불공단, 새만금 간척사업, 양양국제공항 같은 지역발전전략은 이제 더이상 반복되어서는 안된다. 지방분권과 국토균형발전 프로젝트의 첫 작업은 실패한 투자를 되살리는 일이어야 한다. 광주 싸이언스파크, 새만금, 대불공단, 양양국제공항을 살릴 수 있어야 지방분권, 국토균형발전을 시작할 수 있다. 좌절한 사업을 일으키는 방안을 만들고 이를 성공시키는 일이 선행되어야 한다. 무너진 프로젝트를 희망의 프로젝트로 만드는 일이 수도권 세계화와 지방분권을 전제로 한 제2건국의 마스터플랜의 시작이 되어야 한다.

1970년대 이후 비약적 경제성장으로 남북이 분단되었음에도 불구하고 우리는 역사상 가장 강력한 경제를 이루었으나 수도권집중과 지역간 불균형이 가중되면서 성장의 하드웨어가 더는 진전하지 못하여 결국 한계에 부딪혔다. 새로운 도약을 위해서 수도권 세계화전략과 지방권 자립화를 말하는 것은 수도권과 지방이 별도의 마스터플랜을 가져야 한다는 의미이고, 수도권은 한반도를 벗어나고 지방은 준독립국가적 발전계획을 가져야 한다는 의미이다. 그러자면 수도권은 세계를 상대로 규모와 콘텐츠를 확대해야 하고 지방은 자립가능한 규모와 콘텐츠를 갖게 재조직해야 하는 것이다.

수도권 세계화와 지방권 자립화는 우리의 재정만으로는 어렵다. 이를 위해서는 중국보다 더 빨리 세계자본을 유치해야 한다. 중국시장이 한국시장보다 크지만 한국시장이 아직은 중국시장보다 우수하다. 가진 것을 나누기보다 새로운 것을 만들어가야 할 때다. 수도권 세계화, 지방권 자립화를 이루는 사업을 세계자본과 함께 할 수 있으면 기업과 시중의 부동자금 400조원이 가세하게 될 것이다. 세계자본이 경쟁적으로 들어오게 하는 수도권 세계화계획, 지방권 자립화계획 마스터플랜을 만들어 세계자본이 오게 하는 일이 세계화이고 제2건국인 것이다.

3

서울 비전플랜 2020

거시적인 차원에서 서울·수도권에 새로운 질서를 부여하는 작업이 시작되어야 한다. 미래도시에서는 기술과 자연, 가상세계와 현실세계의 상생원리가 실현되어야 한다. 이 제안은 서울의 정도(定都) 당시 도시원리를 기반으로 현대도시의 이상을 서울에 실현하려는 계획이다. 옛 서울이 성리학에 기반한 철학적 원리와 풍수지리를 근거로 한 윤리와 자연의 도시였던 데 비해 현재의 서울은 무분별한 산업화가 원칙없이 만든 도시다. 현 서울은 상업자본의 욕망이 지배하는 윤리적이지도 미학적이지도 않은 도시다. 서울은 스스로의 정체성을 상실한 비구조화된 도시가 되고 말았다.

무질서의 늪에서 벗어나기 위해서는 새로운 접근이 필

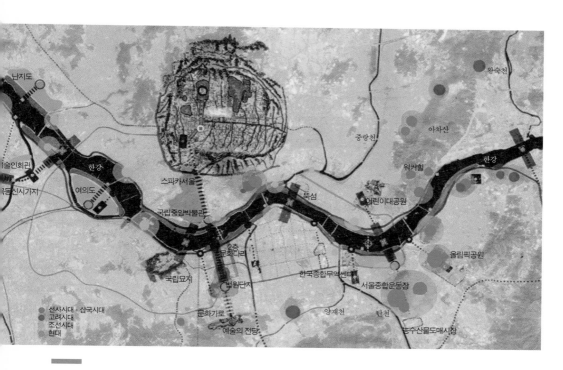

한강을 중심으로 한 선사시대와 삼
국시대, 고려시대와 조선시대의 서
울 역사지도를 위성사진 위에 겹친
그림.

요하다. 서울은 한강을 중심으로 한, 자연과 함께하는 도
시가 되어야 한다. 천만도시 서울은 움직임의 혼돈, 자연
과의 괴리, 기억장치의 소멸, 문화인프라의 부족, 세계도
시구역의 부재 등 다섯가지 큰 문제를 가진 도시다. 사대
문안 서울의 구조개혁과 같은 서울·수도권 전역의 그랜
드 디자인이 필요하다. '서울 비전플랜 2020'으로 제안하
는 새로운 디자인의 두 축은 움직임의 질서를 회복하는
일과 잃어버린 자연을 다시 살리는 일이다.

움직임의 재창출

현 서울은 5백년 지속해온 옛 서울보다 50배 이상 커진 도시다. 사대문안 옛 도성은 이미 서울의 도시중심이 아니며, 비슷한 규모의 여러 도시중심이 한강을 사이로 강남과 강북에 산재한다. 서울은 경제적·문화적·사회적 도시인프라를 공유하면서도 서로 비자립적인 강남과 강북의 두 도시로 나뉘어 있다.

천만 인구의 도시의 한가운데 자리잡은 한강이 서울을 비자립적인 두 도시로 분할하고 있어 정작 도시중심이어야 할 한강은 도시의 변방지대가 되어 있다. 한강은 고속화도로와 강변 고층아파트군에 의해 도시 내부와 차단되어 있다. 한강에는 주 도시기능이 없다. 한강은 도시의 중심에 있으면서 중심의 역할을 못하고 있는 것이다. 더 큰 문제는 한강변의 어떤 지역도 서울의 중심구역이 되지 못하고 있는 점이다. 한강 한가운데 있는 여의도조차 한강을 등지고 있다. 동부이촌동, 반포, 압구정동, 잠실 등 한강에 면한 중요한 지역들도 한강과 상관없는 도시형식을 이루고 있다. 움직임의 질서를 만들기 위해서는 한강이 도시기능과 도시흐름의 기반이 되어야 한다. 서울의 주기능과 주동선이 한강을 중심으로 재구성되어야 한다. 한강이 서울의 일번가로, 서울의 중심가로가 되어야 서울의

서울과 수도권 일대를 내려다본 인공위성 사진. 한강이 휴전선에 막혀 바다로 이어지지 못하고 있다.

질서가 시작된다. 여기에는 두가지 길이 있다.

먼저, 모든 공공기능과 문화인프라가 한강에 면하거나 직접적으로 연결되도록 해야 한다. 한강을 중심으로 주요 도시기능군을 집합시키고 도시 내부의 주요 기능군을 한강과 직접 연결시켜 교통체증의 원인인 한강을 넘나드는 교통량을 대폭 줄이고, 한강을 통한 남북의 흐름을 동서로 통합하는 새로운 동선체계를 실현해야 한다. 이럴 때 한강은 한강이 가진 도시적 가능성의 최고단계를 담당하게 되는 것이다. 육상교통과 수상교통의 연계와 새로운 순환궤도교통을 집합하여 한강이 서울의 중심가로의 역할을 수행하게 해야 한다. 도시의 흐름과 도시기능군이 상생의 원리로 집합할 때 움직임의 질서와 입지의 질서가 하나가 되는 것이고 이것이 도시질서의 기본이 되는 것이다.

한강은 서울·수도권 일대의 척추 같은 역할을 해야 한다. 도시중심부와 한강을 연결하고 한강이 전 도시교통의 주축이 되게 해야 하며, 공공주차장을 한강변에 만들어 육로와 수로의 연계를 이루어야 한다. 한강은 넘어야 할 강이 아니라 도시의 움직임을 통합조정하는 원점이 되어야 한다.

자연의 재창출

서울은 경제규모나 인구에서 세계적인 도시의 하나이면서도 반환경적이고 반인간적인 도시다. 천혜의 자연과 등진 도시구조는 서울을 견디기 힘든 도시로 만들고 있다. 도성 밖으로 확대된 서울은 고층건축군과 자동차로 가득한 비조직화된 도시다. 인구밀도 기준에서 문화인프라의 양은 세계의 주요 도시 중 가장 낮다. 자연친화적이었던 서울은 녹지공간이 사라진 콘크리트와 자동차의 정글이 되어가고 있다. 도시 도처를 흐르던 수많은 개천과 도성안 172개의 다리는 모두 콘크리트로 덮였다가 이제 겨우 일부가 복원되려고 하고 있다. 혁신적인 변화가 없으면 서울은 갈수록 살기 힘든 도시가 될 것이다. 사람이 더 많아지고, 더 많은 차가 다니고 더 많은 길이 생기고

북악산의 경복궁과 우면산의 예술
의 전당을 잇는 서울의 상징가로를
남북축으로 하고 한강을 동서축으
로 한 서울의 그린네트워크.

더 높은 건물들이 올라가면서 도시공간과 녹지는 갈수록
더 피폐해지고 있다. 변화가 절실히 필요하다. 옛 도시구
역의 자연회복과 같은 구체적이고 실천적인 녹지체계의
창출이 필요하다. 전도시를 관통하는 자연의 흐름이 살아
있고 모든 사람이 이 자연의 흐름에 닿게 하는 획기적인
방안이 마련되어야 한다.

　서울을 동서로 관통하는 한강이 녹지의 기본축이 되어
야 한다. 한강과 지천이 일상생활의 터가 되려면, 유수지
와 수심조절장치를 두고, 하상(河床)을 조정하여 홍수를
대비한 수변안정화를 선행하고, 한강변에 나무를 심어야
한다. 그에 더하여 남북녹지축을 구성해야 한다. 북한산
일대의 자연이 북악산과 응봉을 타고 내려오면서 사대문
안 옛도성의 자연을 광화문−남대문간 세종문화대로와 종
묘−남산간 에코브로드웨이를 통해 남산에 닿게 하고, 남

산에 닿은 북한산의 흐름을 용산공원과 한강의 그린브리지를 통해 둔치의 강변공원을 지나 서초대로를 통해 우면산·관악산 일대에 닿게 하는 것이다. 이렇게 남북녹지축을 형성해 한강녹지축과 함께 서울을 네 녹지권으로 재구성하는 것이다.

한강에서부터 안양천·불광천·중랑천·탄천에 의해 수변축(水邊軸)이 도시 내부로 이어지고 남북녹지축으로부터 각각의 권역에 동서녹지축이 조성되면, 네 녹지권은 다시 열여섯의 녹지권으로 분화하여 모든 녹지권은 수변축 및 녹지축과 접속하게 된다. 그린벨트를 남북녹지축과 동서수변축으로 사분하고 다시 남북녹지축과 동서수변축에서의 2차녹지축과 수변축을 도입하면, 서울의 모든 지역이 옛도성에서 관악산에 이르는 녹지축과 서해바다에서 내륙에 이르는 수변축에 닿게 된다.

다시 이 녹지권 하나하나를 녹지축과 수변축이 만나는 녹지·수변축의 교차점에서 4분하면 서울을 64개의 녹지권으로 재조직할 수 있다. 64개의 녹지권은 바로 6백년 전 정도전(鄭道傳)이 이룬 윤리의 도시·자연의 도시 서

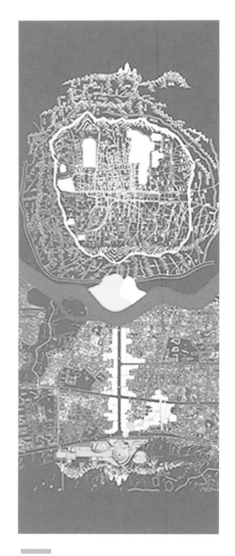

사대문안 서울과 용산공원과 예술의 전당을 잇는 서울의 상징가로.

울의 원형인 것이다.

다섯가지 제안

1. 서울 상징가로

북한산과 관악산을 이어 한강을 십자로 가로지르는 서울의 상징축으로서 첫번째 특별도시구역인 서울 상징가로를 제안한다. 이는 경복궁에서 시작된 도성의 흐름이 남대문과 용산공원의 국립박물관을 거쳐 동부이촌동 한강둔치에 닿고, 이곳과 반포의 한강둔치를 연결하는 리빙브리지가 서초대로를 지나 예술의 전당이 자리한 우면산과 관악산에 닿게 하는 서울의 상징가로이다.

한강 남북을 잇는 녹색문화가로인 서울 상징가로는 옛 서울의 중심가로인 세종문화대로가 남산을 지나 서울역과 용산공원을 거쳐 한강을 건너 우면산·관악산에 이르는 남북 관통의 도시축이 될 것이며, 이 중심축상에 서울의 공공시설·문화시설이 집합하는 것이다. 자연친화적인 보행전용의 리빙브리지에는 여러 종류의 문화공간과 장치가 들어설 것이다. 상징가로의 모노레일이 한강다리의 교각 위 터미널과 연결되면 서울 상징가로와 한강을 지나는 서울의 주흐름이 한강 한가운데에서 서로 만나게 될

북악산 녹지가 사대문안 서울과 용
산 미군기지를 지나 한강의 보행전
용 다리를 거쳐 서초대로를 타고 우
면산에 이르는 서울의 문화인프라.
경복궁, 남대문, 국립박물관, 국립
도서관, 대법원, 예술의 전당 등 주
요 공간이 도시인프라와 접속된다.

것이다.

세종문화대로와 서초대로가 용산공원과 한강을 통해 이어져 서울의 상징가로를 형성하면서 기왕의 문화공간을 축상에 결집시키면 문화공간과 도시인프라가 하나된 문화인프라를 이루게 될 것이다. 서울 상징가로에는 승용차는 가능한 한 배제되고 공공교통이 주요 교통수단이 되어야 한다. 이 축은 남북을 잇는 서울의 척추 같은 역할을 수행하여 강남과 강북으로 분단된 두 도시를 통합하는 도시가로가 될 것이다.

2. 서부한강의 신도심

서울의 두번째 특별도시구역은 두 씨티코어(city core)와 강변인프라로 이루어진다. 두 씨티코어는 용산·여의도 씨티코어와 난지도·상암동 씨티코어이며 이를 잇는 강상(江上)도시와 강변인프라를 통해 새로운 도시중심으로 구축될 수 있다. 용산·여의도와 난지도·상암동이라는 대응적인 두 씨티코어를 통합하는 한강변 인프라로 이루어지는 두번째 특별도시구역은 첫번째 특별도시구역인 서울 상징가로가 문화인프라의 도시권인 데 비해 국제업무 중심권이 될 것이다.

두 씨티코어 중 현재 개발이 완료된 곳은 여의도다. 여의도는 70년대에 신도시로 개발된 곳이다. 국회의사당이

차이나타운
고속철도역
난지도
하이테크파크
호제천
강상
도시
월드컵경기장
목동
용산
여의도 금융지구
안양천
한강

여의도를 중심으로 용산 신도시와 난지도·상암 신도시를 잇는 한강의 신도시중심.

있으며 서울의 금융중심으로 증권거래소 등 금융관련 기능군이 모여 있다. 여의도는 섬이면서도 수상도시가 아니다. 여의도의 중심을 한강에 면하게 하여 용산의 신도심과 통합해 여의도와 용산 씨티코어를 강상의 도심권으로 만들어야 한다. 차량기지로 쓰이고 있던 용산 일대를 여의도와 짝이 되는 중심업무지구로 개발하여 여의도와 용산을 하나의 씨티코어로 개발하자는 것이다.

두번째 씨티코어는 한강 하류의 난지도·상암동 지역이다. 이 지역은 내부순환선에 닿아 있는 도심권의 유일한 빈 땅이다. 한강 하류의 평평한 섬이었던 난지도는 20년간 서울의 쓰레기가 쌓여 100m 높이의 산이 되었다. 거대한 쓰레깃더미의 난지도를 환경친화적 생태공원으로 만들려는 계획이 진행중이다.

난지도 안쪽은 이미 개발계획이 진행중이다. 월드컵

주경기장과 신공항철도가 머무는 수색역과 난지도 사이에 하이테크파크와 차이나타운과 여러 종류의 주거단지가 입안되고 있다. 여기에 더하여 난지도 앞 둔치를 강변도로와 분리시켜 섬으로 만든 강상도시를 다국적기업군이 독립적으로 도시구역을 이루는 국제도시구역으로 제안하려 한다. 아직 서울에는 세계기업의 동아시아본부가 들어서지 못하고 있다. 여의도·용산 신도심구역과 난지도·상암동 하이테크파크를 하나의 도시구역으로 하여 세계를 상대로 한 국제업무지역을 세우자는 것이다.

난지도·상암동 지역과 여의도·용산 지역이 한강을 중심으로 세계적 경제권역을 형성하면 국제경쟁력을 갖춘 도시영역을 이룰 수 있으며, 이를 집합시키고 매개하는 중간도시로서 강상의 수상도시를 제안하는 것이다.

여의도·용산 국제업무지구와 난지도·상암동 하이테크파크를 잇는 강상의 수상도시는 서울·수도권의 가장 중요한 씨티코어 중의 하나가 될 것이다. 내부순환선, 공항고속도로, 강변도로 등 주요 인프라가 접속하며 경인운하를 통해 인천공항과 항만에서 가장 먼저 닿는 도시구역이 될 것이며, 용산역과 수색역에 고속철도가 닿고 공항과 연결되며 바다에서 강으로 이어지는 서울의 첫 관문이 되는 지역이므로 가장 유력한 제2의 신도심구역이 될 것이다.

3. 동부한강의 신도심

사대문안 서울과 서초대로를 잇는 서울 상징가로의 서측 신도심은 난지도·상암동, 여의도·용산 구역이 될 것이고 동측 신도심은 삼성동·뚝섬·잠실 구역이 될 것이다. 동측 신도심 역시 앞의 두 신도심처럼 씨티코어군과 이를 잇는 강변인프라의 세 부분으로 이루어진다. 첫 씨티코어는 테헤란밸리와 삼성동의 코엑스 그리고 아셈(ASEM)쎈터가 될 것이다. 삼성동 일대의 씨티코어는 강 건너의 뚝섬과 함께 여의도·용산의 경우처럼 국제업무지구로서 한강변 도시권역을 이루게 될 것이다. 세번째 신도심 역시 서울의 중심축, 서측 신도심과 하나가 되기 위해 강으로 열린 도시가 되어야 한다.

뚝섬과 압구정, 아차산과 잠실을 잇는 한강을 중심으로 한 동부서울 도심.

테헤란밸리, 코엑스, 아셈, 뚝섬과 대응하는 씨티코어인 역사단지는 동측 한강 상류지역이다. 삼국시대 백제의 수도였던 하남 위례성으로 추정되는 몽촌토성과 풍납토성이 바로 이곳에 있으며, 상류 쪽으로 더 가면 선사시대의 유적지가 나타난다. 국제업무지구와 역사지구를 묶는 강변인프라에는 올림픽 주경기장과 잠실선착장, 강변도로, 한강둔치 등이 집합할 것이다. 역사지구와 국제업무지구가 강변인프라로 이어져 동부서울의 중심지역이 되면서 서울 상징가로를 중심으로 서부서울의 중심지역인 여의도·난지도·용산 신도심지구와 음양의 조화를 이루게 될 것이다.

4. 운하도시

한강과 인천항을 잇는 경인운하는 영조 때부터 시작된 대역사(大役事)였다. 한강의 하구는 길고 넓어 물류에 문제가 많았다. 하구의 하상이 높고 하구 자체가 비무장지대에 묶여 한강은 이제껏 바다가 아니라 DMZ에 닿는 정치적 호수와 같은 흐르지 않는 강이 되어왔다. 한강 하류에 댐을 건설하여 수면을 일정하게 하고 바다와 균일한 수면을 유지하게 하면 서울 도처가 모두 바다로 연결되는 셈이다. 경인운하를 통하면 육로를 거치지 않고 인천공항에 갈 수 있어 물류만이 아니라 사람의 흐름도 더욱 다양

한강과 청라지구 경제특구를 연결하는 경인운하와 인천측 청라 신도시와 굴포 신도시.

한 경로를 갖게 될 것이다.

부산 다음의 최대 항구인 인천은 중국과의 교역이 확대됨에 따라 더 큰 가능성을 지니게 되었다. 바다와 운하가 만나는 자리와 바다와 강이 만나는 곳이 단순한 물류의 집합지가 아니라 새로운 운하도시로 발전할 가능성을 모색해야 한다. 현재의 바다항구는 물류 중심일 수밖에 없지만 운하는 물류만이 아니라 뛰어난 자연조건을 갖춘 수변의 도시요소이므로 바다에 면한 운하도시는 서울과 인천을 잇는 가장 아름다운 도시구역이 될 것이다.

한강에 접한 운하도시는 서울의 관문이기도 하고 일산 지역과 함께 수변도시를 이루는 바다로 열린 관문이기도 하며, 서울·수도권을 집합하는 도로인 외곽순환선에 닿아 있어 교통의 요지이기도 하다. 바로 이곳이 순환도로와 강변도로를 통해 서울 도심과 수도권 신도시가 연결되고 인천공항과도 고속철도로 닿고 운하와도 직접 이어지는 삼각지가 되는 것이다. 바다에 면한 운하도시와 한강에 면한 내부 운하도시 사이를 잇는 운하 좌우의 그린벨트에는 바다와 강과 운하가 만드는 환경친화적 생태공원을 조성하여, 두 운하도시를 바다로 잇는 또다른 수변의 그린벨트를 이루게 된다.

5. 한강문화단지

선사시대로부터 한강은 서울의 중심이었다. 6백년 전 정도 이후 한때 사대문안으로 한정되었던 서울이 20세기 후반 사방으로 확대되면서 원래의 형국인 한강유역으로 돌아왔다. 다시 한강이 서울의 중심이 되도록 도시 공공기능과 문화시설을 재조직해야 한다. 도시는 언어형식이라기보다 공간형식이므로 논리와 수사 대신 형상언어인 상형문자로 접근해야 한다. 우선 시간공동체·공간공동체로서의 한강과 서울을 상형문자로 표현할 수 있어야 하고, 이를 바탕으로 당대의 필요를 넘어 역사적 필연으로 서울의 미래를 기획할 수 있어야 한다.

서울의 도시기능군 조직은 파행적이다. 도시공간은 삶의 제1공간과 일의 제2공간 그리고 비일상적인 제3공간으로 구성된다. 서울에는 제3의 공간이 절대적으로 부족

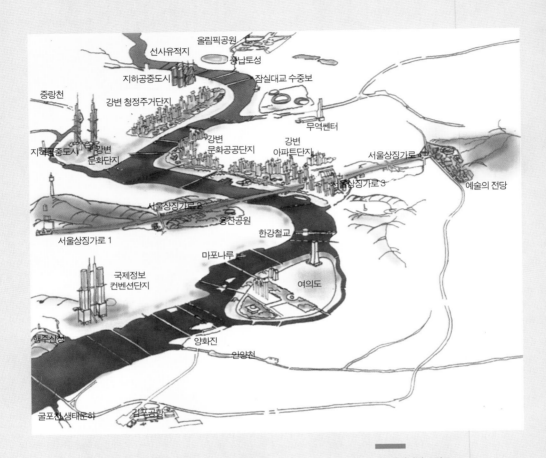

올림픽공원
선사유적지
풍납토성
지하공중도시
잠실대교 수중보
중랑천
강변 청정주거단지
무역쎈터
강변
지하공중도시
문화공공단지
강변
아파트단지
서울상징가로 4
강변
문화단지
서울상징가로 3
예술의 전당
서울상징가로 2
용산공원
서울상징가로 1
한강철교
마포나루
국제정보
컨벤션단지
여의도
행주산성
양화진
안양천
굴포천 생태운하
김포공항

한강문화단지 조감도.

하다. 사람이 사람을 위해 만든 공공공간이 상대적으로 모자라고 더구나 자연과 괴리되어 있다. 문화단지란 자족적 도시 규모를 지닌 제3의 도시구역으로서 도시 전체를 대상으로 한 도시 공동시설군의 집합체를 뜻한다. 한강문화단지는 서울의 가장 큰 자연인 한강에 도시 공공공간을 집중시켜 시민들에게 제3의 공간을 자연과 함께 누릴 수 있도록 하려는 계획이다. 기존의 도시 공공시설을 한강으로 집합시키고, 한강에 새로운 토지를 창출하고 한강에 새로운 도시적 흐름을 조성함으로써 한강문화단지가 서울의 문화적 중심구역이 되도록 유도하려는 것이다.

기존의 도시 공공시설을 한강에 집합시키는 계획은 두 가지이다. 하나는 경복궁에서 용산 국립박물관과 사법단지 그리고 예술의 전당으로 이어지는 서울의 상징축이 한강을 가로지르도록 하는 것이다. 이러한 상징축이 도시 공공기능을 집합할 수 있으려면 대대적인 구도시의 구조개혁이 이루어져야 한다. 상징축의 전환점이 되는 남대문을 부활시켜야 하고 남대문에서 한강까지 가시적 거리를 느끼게 하는 도시적 장치를 만들어야 한다. 샹젤리제(Champs-Elysées)나 스빠까 나뽈리(Spacca Napoli) 같은 도시구조개혁이 이루어져 경복궁이 남대문을 지나 한강에 가시적으로 닿도록 해야 한다. 한강에 닿는 옛 도시구역은 강을 건너 사법단지를 지나 예술의 전당에 이르는 서울의 상징가로로 확대될 것이다.

다른 하나는 운하와 공중회랑과 지하광장에 의해 무역센터와 올림픽공원, 여의도광장 등의 기존 도시시설이 한강변과 연결되도록 하는 계획이다. 운하인 수로는 물의 흐름만이 아닌 사람의 흐름이 있는 길이며, 공중회랑은 도로 위에 모노레일을 만드는 것이고, 지하광장은 지하의 도시가로이다. 이 세가지 도시하부구조에 의해 기존 공공시설이 한강 둔치에 닿는 장소에 수변 가든을 조성한다. 이것은 한강으로 나온 기존 시설의 교두보이기도 하고 한강변의 워터프런트(water front)이기도 하다.

기존 도시시설을 한강으로 끌어오는 계획과 함께 진행될 다른 계획은 한강문화단지의 동서에 새로운 문화공간단지를 구성하는 것이다. 뚝섬 경마장과 압구정을 잇는 지역과, 목동 양화진과 난지도를 잇는 지역이 두 거점이다. 두 장소는 한강의 흐름이 휘돌아가는 천혜의 토지형국에 위치하고 있다. 한강 둔치 바깥 강쪽에 돌출된 인공토지를 조성하고 두 인공토지를 보행전용 다리로 연결하면 230만평의 둔치가 새로운 강상도시로 이어지는 접근로의 역할을 할 것이다. 두 강안의 문화단지가 문화가로로 이어져 하나의 거대한 문화공간단지를 이루도록 하려는 것이다.

다음으로 청계천이 한강에 이르는 뚝섬 일대와 압구정

지역을 이어 하나의 단지로 만들고 목동 안양천, 양화진 일대와 난지도를 잇는 다른 한 단지를 만들어 이 두 단지 사이를 한강문화단지로 조성하려는 것이다. 양화진·난지도와 뚝섬·압구정의 문화활동군을 집합하여 한강문화단지의 두 핵심이 되도록 한다. 난지도와 양화진 사이는 국제교류의 장소로서 컨벤션쎈터를 주축으로 세계로 향하는 한국의 상징구역이 되며, 뚝섬과 압구정 지역은 복합문화공간구역이 되는 것이다. 양화진·난지도 지역의 컨벤션쎈터는 국제적 모임을 수용하는 국제단지로 개발한다. 20세기 뉴욕의 상징구역인 맨해튼의 배터리파크씨티(Battery Park City) 개발도 세계무역쎈터의 토사로 매립한 토지 5ha가 기반이 되었다.

뚝섬·압구정 지역의 복합문화공간군은 미술관·박물관·도서관과 특수영상단지로 조성한다. 한국문화의 과거와 현재, 미래를 볼 수 있는 미술관·박물관·도서관 단지에 세계 각국의 문화관이 함께 모이는 문화단지를 기획하는 것이다. 빠리의 루브르박물관, 뽕삐두쎈터, 오르쎄미술관의 연간 이용객이 1천만명이 넘는다. 동과 서에 도시공공시설과 문화공간의 영역을 구축하고, 그 사이에 기존의 공공시설을 연계하여 한강 전체를 거대한 강안 공공단지로 만드는 한강문화단지가 이루어지면 서울시민 누구나가 서울의 주인임을 느끼게 될 것이다. 강변도로와 강변으로의 접근로가 수많은 다리의 흐름과 함께 하나의 흐름으로 강 위로 이어지면 한강문화단지는 자연스럽게 시민 모두의 장소가 될 것이다. 이 정도의 규모이면 가히 세계 최고의 문화적 명소가 될 수 있다.

　밤과 낮, 아침과 저녁, 봄과 여름 어느 때에라도 이곳은 우리의 꿈과 현실이 하나가 된 서울의 중심구역이 될 수 있을 것이다. 한강은 남의 강이 아니라 나의 강, 서울의 심장이 되는 것이다. 한강문화단지를 통해서 한강은 서울의 가장 중요한 장소로 부각될 것이다. 한강이 서울을 강남과 강북으로 분단하는 장소가 아니라 살아 움직이는 서울의 중심이 되게 하는 한강문화단지는 서울을 동북아의 문화중심도시로 만드는 혁신지구가 될 것이다.

4

인천 iCITY

6천년 전부터 사람이 거주해온 인천 해안과 열도의 역사적·지리적 사실에 대해 아직 자세한 내용이 밝혀지지 않고 있다. 인천이 고려왕조 때 한반도의 해외 관문으로 세계에 '코레아'란 이름을 퍼뜨리게 된 도시라는 것도 잘 알려진 사실은 아니다. 황해공동체 중심도시권의 하나로서 인천이 갖는 가능성에 대해서도 모르고 있다. 인천의 과거와 미래를 모르고 있는 셈이다. 우리 역사학계는 역사를 시간형식으로만 볼 뿐 아직 공간형식으로는 보지 못하는 것 같다. 영국왕립도서관에 소장되어 있는 영국해군이 제작한 인천 일대의 해도와 러시아가 1902년 만든 제물포항만 계획도에서 근대 인천의 시작을 찾을 수 있어야 한다. 바로 그때가 인천이 도시로 일어서던 시기이기 때

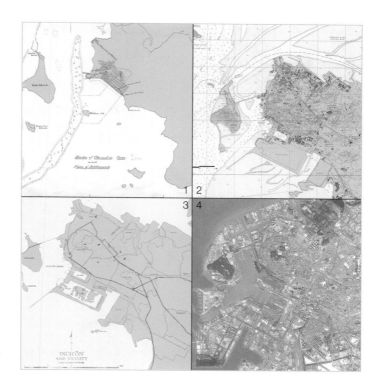

1. 1902년 러시아의 제물포항 계획.
2. 1946년의 인천항.
3. 1950년의 인천항.
4. 2005년의 인천항. 공단과 창고로 인천을 바다와 차단하고 있다.

문이다.

　오늘의 인천은 옛 인천이 아니다. 농경세력인 온조 백제에 대해 해양세력 비류 백제의 수도 미추홀이 인천이었다는 데서 드러나듯이, 인천은 해양세력의 거점이었다. 해양세력이 부상한 고려시대에 중추도시로 자리잡은 인천은 해양봉쇄정책을 폈던 조선조에 이르러 수도 서울을 방어하는 요새도시로 축소되었다. 1883년 개항 당시 인천부(仁川府)는 세계열강과의 수호조약 체결의 무대와 통상의 중심지가 되어 각국의 영사관이 설치되고 근대적 항만 시설이 축조되면서 국제도시로 발전하기 시작했다. 해방 후 인천시가 되고 1981년 직할시로 승격, 다시 1995년 광역시가 되면서 강화도 전역과 옹진군 대부분을 편입하여 인구 250만이 넘는, 바다와 육지를 아우르는 거대한 해양 도시가 되었다.

황해공동체와 인천의 미래

인천의 미래를 알자면 해안도시 인천과 수많은 섬으로 이어진 인천열도를 알아야 한다. 인천은 한반도에서 중국 대륙과 가장 가까운 자리에 위치하면서도 바다와 육지를 잇는 규모의 도시권역을 이룬 적이 없고 한반도의 중심권에 있으면서도 뉴욕이나 보스턴 같은 도시권을 형성하지 못하였다. 바다로 열린 국가였던 고려 때는 한반도의 관문 역할을 했으나 명나라 이후 황해가 봉쇄되면서 내륙을 방어하는 요새에 머물고 말았다.

그러나 이제 인천은 제물포가 아니다. 광역도시 인천은 단순한 행정구역상의 도시확대에 머물지 말고 인천 해안과 열도와 강화도·김포평야를 하나의 도시권역으로 포괄하는 어반클러스터의 중심이 되어야 한다. 이딸리아의 베네찌아가 세계도시가 될 수 있었던 것은 내륙의 베네또(Veneto)와 내해인 라구나와 아드리아 해안을 하나의 도시권역으로 할 수 있었기 때문이며, 항져우(杭州)와 쑤져우(蘇州)가 장난(江南)의 중심도시가 될 수 있었던 것도 양쯔강을 통해 바다의 길을 내륙에 닿게 하면서 주변도시와 도시연합을 이루었기 때문이다. 아직 인천은 강화도와 인천열도 그리고 내륙으로의 네트워크를 자기 것으로 하지 못하고 있다. 인천이 한반도의 중심항이 되고 외국의 조계가 생기면서 국제화가 시작되었을 때도 인천은 샹하이 같은 국제도시로 일어서지 못하고 식민지 항구도시로 머물렀다. 해방후 중국의 공산화로 황해가 정치이데올로기에 의해 닫힌 바다가 되면서 인천은 해양공동체의 거점도시가 아니라 바다로 물류가 연결된 공단도시로 변하고 말았다.

해안의 공단도시와 내륙과 해외의 네트워크를 가진 항만도시는 다르다. 뉴욕이 보스턴과 필라델피아를 제치고 세계도시로 부상했던 것은 내륙의 주요 공업도시로 연결되는 이리운하(Erie Canal)를 건설하여 해외와 국내를 잇는 금융과 무역 중심도시로 성장할 수 있었기 때문이다. 인천이 중국대륙과 한반도를 잇는 도시로 부상하지 못한 것은 9m가 넘는 간만의 차이가 만든 광대한 갯벌과 내륙으로 이어지는 지나치게 휘돌아간 한강 때문이었다. 심한 간만의 차이로 바다와 내륙을 잇는 해상네트워크를 구축하지 못하고 서울의 변방도시로 머물 수밖에 없었던 것이다.

이러한 연유로 개성이 한반도의 중심이었을 때는 인천이 스스로의 도시 규모를 유지할 수 있었으나, 서울이 조선조의 수도로 자리잡으면서 오히려 서울의 변방으로 전락한 것이다. 몽골과의 전쟁중 한반도가 유린되면서도 강화도에서 항전할 수 있었던 것은 해안과 열도를 장악할 수 있었기 때문이고, 임진왜란과 병자호란 때 외적의 북상을 방치할 수밖에 없었던 것은 인천 해안과 열도를 이용하지 못했기 때문이다. 반면에 6·25전쟁 때 인천상륙을 계기로 전세를 반전시킨 것은 인천이 한반도에서 가진 가능성을 극적으로 보여준다.

이제는 세계로부터의 흐름이 한반도에 효과적으로 닿으려면 인천열도와 해안을 통해야 한다. 강화도와 김포 일대와 인천열도를 아우른 해양공동체의 중심도시로서 동북아시아의 허브공항인 인천국제공항을 갖게 되면서 인천이 천년 만에 처음으로 세계도시로 웅비할 수 있는 기회를 맞게 되었다. 그런데 이러한 사실은 다들 알고 있으나 정작 구체적 전략은 아직 세우지 못하고 있다. 인천 해안과 열도와 강화도와 김포를 잇는 네트워크의 마스터플랜이 아직 없으며 중국의 개혁·개방과 함께 엄청난 속도로 증가하는 교역과 교류에 대비한 투자가 항만 확대에

2004년 베네찌아 비엔날레 특별도
시전에 제안된 황해공동체와 인천
iCITY 관련 전시물.

만 머물러 있다. 따라서 국제공항과 모도시와 항만을 잇
는 해상과 내륙의 네크워크가 이루는 도시개발 가능성을
살리지 못하고 있다. 인천공항은 2천만 인구를 가진 수도
권의 국제기능을 담당하는 인프라로서만이 아니라 5억 황
해연안 인구의 가장 유력한 허브공항이며, 인천과 인천열
도는 황해공동체의 강력한 해상도시가 될 수 있는 잠재력
을 지닌 지역이다.

인천과 수도권을 잇는 어반네트워크를 서울과 인천공항을 잇는 철도와 도로만으로 생각해서는 또다시 인천을 서울의 주변도시로 머물게 하는 것이다. 신공항·신항만이 도시중심과 직접 이어지는 새로운 도시중심을 만들어야 한다. 뉴욕이 내륙과 이어지는 운하를 개설하고 항만을 연계하여 유럽의 무역로를 장악하면서 항만과 공항을 하나로 묶어 퀸즈, 브루클린에 해안공단을 완성하고 맨해튼을 금융·무역도시로 일으켜세운 것이 지난 백년 사이의 일이다. 지금 세계는 지난 백년보다 더 큰 변화를 겪고 있고 인천은 동북아의 허브공항으로 인해 황해공동체 중 가장 가능성이 큰 도시권역이 되었다. 서울과 인천열도를 맨해튼 같은 도시중심으로 잇지 못하면 다시 백년을 기다려야 할지 모른다. 인천에 한반도의 미래가 있다. 인천국제공항과 송도신도시 건설을 계기로 인천의 비전에 대한 논의가 활발히 이루어져야 한다.

용유도와 무의도 중간의 갯벌과 바다 사이에 세우고자 했던 동북아의 관문도시가 될, 주역의 원리를 바다에 심은 아쿠아폴리스 계획은 이런 꿈의 시작이었으나 현실적인 벽이 너무 커서 더 진행하지 못하였다. 그러던 중 인천공항과 송도신도시를 잇는 제2연륙교가 착공되었다. 황해공동체의 허브공항인 인천공항과 송도경제특구 간의 연륙교가 단지 두 공간을 잇는 역할만 해서는 뜻이 없다. 인천을 동북아시아의 관문도시, 서울·수도권의 세계로 열린 창이 되게 하려면 연륙교가 송도 경제특구에 닿는 지점에 세계를 향한 특별도시구역이 형성되어야 한다.

송도신도시, '용의 눈' 계획

송도신도시 특별도시구역은 이러한 인천 마스터플랜의 구체적 실행계획이다. 인천이 중국의 해안도시군과 하나의 경제권역을 이루게 될 황해공동체에서의 역할을 지금부터 준비해야 하며 그러기 위해서 미래를 여는 특단의 프로젝트를 시작해야 한다.

영종지구, 청라지구, 송도지구를 경제특구로 선언하는 방식으로는 이제 더이상 성공하기 어렵다. 인천이 세계도시가 되려면 인천의 세계화를 이룰 수 있는 특정지역을 집중 개발함으로써 도시 전체를 견인하는 것이 필요하다. 인천에서 세계도시구역을 만들 가능성이 있는 곳은 공항과 직접 연결되고 항만 기능을 갖고 있으면서 기존 도심과 하나가 될 수 있는 지역이다. 그런 지역이 인천항이다. 그런데 갑문식 항만 인천항은 이미 국제경쟁력이 없는 화물항이다. 인천항은 인천의 핵심적 위치에 있어 오히려 도시를 바다로부터 차단하고 있으며, 인천 한가운데를 가

고속도로

국도

김포공항

청라지구
계획기간 2004~2008

영종지구
계획기간 1차 2002~2008
2차 2008~2020

인천국제공항

철도

인천항

제2연륙교

인천 iCITY

송도지구
계획기간 1차 1994~2008
2차 2009~2020

인천국제공항 · 인천항과 영종지
구 · 청라지구 · 송도지구 등 3개의
경제특구.

제2연륙교

송도유원지

인천 iCITY

송도

인천공항에서 연결되는 제2연륙교
가 송도 경제특구에 닿는 지점에 기
획한 인천 iCITY.

로지르며 인천의 정상적인 도시발전을 저해하고 있는 경
인고속도로 역시 문제이다. 가장 중요한 도시인프라인 인
천항과 경인고속도로가 인천을 가로막고 있는 것이다.

 인천항을 바다로 열린 국제자유지역으로 만들고, 인천
항에 닿는 고속도로를 우회시키고 기존 고속도로를 간선
도로로 만들어 인천시의 주 기능군이 인천항에 닿게 하
고, 인천항을 새로이 도시중심화하여 중국과 황해공동체
로 열린 자유항으로 만들어야 한다. 그러나 인천항 이전
계획은 단시일에 실현하기 어렵고 인천시가 자유롭게 계

획할 수 있는 지역이 아닌데다가 다른 항만계획과 연계되어 있기 때문에 장기계획이 될 수밖에 없다. 그에 대한 대안으로 고려할 수 있는 것은 경제자유지역으로 선포하였으나 아직 개발의 실마리를 풀지 못하는 송도신도시를 일거에 일으킬 수 있는 특별도시구역을 만드는 것이다.

송도신도시와 제2연륙교가 연결되는 지점은 대단한 가능성과 잠재력을 가진 곳이다. 공항에서 송도에 닿는 연륙교의 인터체인지 부분을 단순한 방조제와 녹지대로 만들 것이 아니라 여의도만한 인공섬을 만들어 송도신도시의 핵이 되도록 해야 한다. 연륙교가 닿는 방조제를 타원형으로 넓히고 타원 안에 맨해튼 남단지역만한 특별도시구역을 만들면 공항 배후지역이면서 송도 경제자유구역의 관문도시가 되어 그곳을 동북아시아의 관문도시로 만들 수 있다. 다시 말해 직선으로 바다와 송도를 가로막고 있는 방조제를 타원으로 건설하고 그 사이에 90만평의 토지와 20만평의 새로운 도시공간을 만들려는 것이다.

송도의 '용의 눈'에 해당하는 인천 iCITY는 인프라와 토지를 하나로 만들어 도시공간과 인프라가 일체가 되게 하는 계획이다. 도시와 건축, 도시콘텐츠와 도시인프라가 일체가 되는 새로운 도시건설의 패러다임을 제안하는 것이다. 기존의 도시건설은 토지를 정하고 인프라를 만들고 거기에 건축공간을 구축하는 방식이었다. 실제로 상당부

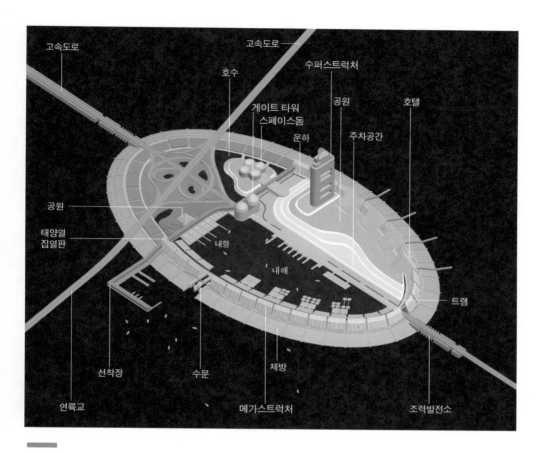

고속도로　고속도로　수퍼스트럭처

호수　공원　호텔

게이트 타워
스페이스돔

운하　주차공간

공원

태양열
집열판

내항

내해

트램

선착장　수문　제방

연륙교　메가스트럭처　조력발전소

제2연륙교 인터체인지에 타원의 인
공섬을 만들고 3차원의 스페이스
매트릭스로 인천 iCITY를 건설하는
계획.

분의 건축공간은 도시공간의 일부일 수밖에 없다. 터미
널, 시장, 창고 등을 도시인프라와 일체가 되게 건설하고
특정기능을 상부구조화함으로써 도시건설의 싸이클을 완
전히 바꾸는 개념을 제안한 것이다. 그렇게 해서 생긴 20
만평의 도시공간에 국제시장을 만들어 2008년 뻬이징올
림픽과 2010년 샹하이엑스포 때 동북아의 허브공항인 인

천공항을 통해 세계인을 불러모을 수 있도록 하는 것이다.

인천 iCITY는 인천공항에서 직접 연결되는 자리이고 내부에 바다로부터의 접근이 가능한 또 하나의 바다가 있는 수상도시로서 수도권 일대의 도시인프라가 접속되는 곳이기 때문에 수도권을 대표하는 황해공동체의 허브시장이 될 수 있다. 따라서 국제박람회와 견본시를 유치할 수 있고 월마트, FedEx 같은 세계기업의 아시아본부를 오게 할 수 있는 곳이다. 세계적 장터가 만들어지면 관광산업과 IT산업을 유치할 수 있다. 자연을 상대로 하는 관광이라기보다 도심의 시장 위에 관광이 형성되는 것이다. 뉴욕의 타임즈스퀘어, 런던의 웨스트엔드, 그리고 베네찌아가 세계 최고의 관광도시가 될 수 있는 것은 도시 한복판의 시장 한가운데 보고 즐길 거리가 있기 때문이다. 세계 최고의 시장도시를 만들고 허브시장과 관광을 IT화하면 전세계를 대상으로 하는 새로운 산업의 창출이 가능하게 되는 것이다.

그러기 위해서는 단순한 방조제 도시만으로는 부족하다. 방조제 안에 다시 바다가 있어야 한다. 인공섬을 만들면서 도시공간을 창출하고 공항과 바로 연결되는 동북아의 허브시장을 만들고 그 위에 관광의 상부구조를 만드는 데서 나아가 바다로 열린 수상도시가 되게 하여야 한다. 배가 인공섬 안으로 들어와야 하고 공항과 인공섬이 하나

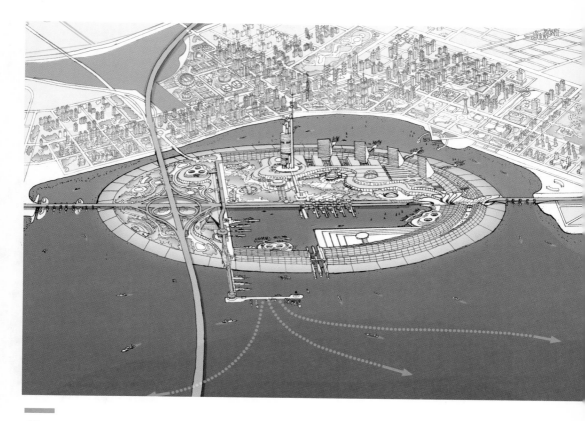

인천 iCITY 조감도.

의 공간으로 연결되어야 인천 iCITY가 송도 경제자유지역의 특별도시구역이 되어 인천을 세계도시로 만드는 역할을 할 수 있는 것이다.

인천 iCITY안은 지난 2004년 진져우 시장 등 진져우시 간부들 및 베네찌아대 교수팀과 함께한 인천-진져우 바다도시 전시회에 처음 선보였고 베네찌아 비엔날레 특별 도시전에 초대되어 특별상을 받았다. 중국측 주요 인사들

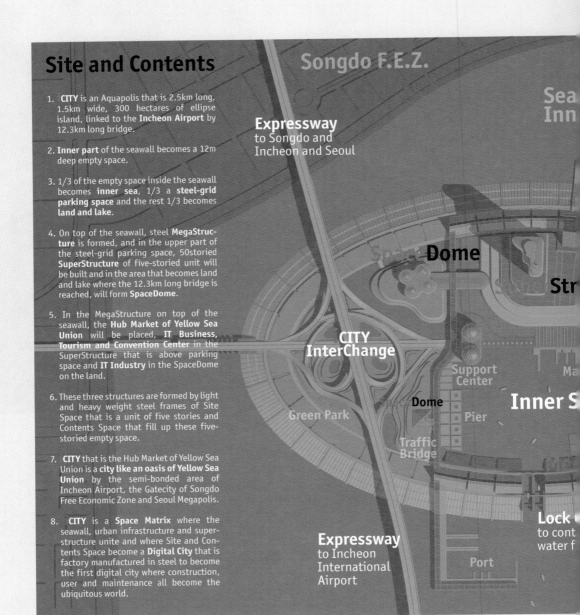

Site and Contents

1. **CITY** is an Aquapolis that is 2.5km long, 1.5km wide, 300 hectares of ellipse island, linked to the **Incheon Airport** by 12.3km long bridge.

2. **Inner part** of the seawall becomes a 12m deep empty space.

3. 1/3 of the empty space inside the seawall becomes **inner sea**, 1/3 a **steel-grid parking space** and the rest 1/3 becomes **land and lake**.

4. On top of the seawall, steel **MegaStructure** is formed, and in the upper part of the steel-grid parking space, 50storied **SuperStructure** of five-storied unit will be built and in the area that becomes land and lake where the 12.3km long bridge is reached, will form **SpaceDome**.

5. In the MegaStructure on top of the seawall, the **Hub Market of Yellow Sea Union** will be placed, **IT Business, Tourism and Convention Center** in the SuperStructure that is above parking space and **IT Industry** in the SpaceDome on the land.

6. These three structures are formed by light and heavy weight steel frames of Site Space that is a unit of five stories and Contents Space that fill up these five-storied empty space.

7. **CITY** that is the Hub Market of Yellow Sea Union is a **city like an oasis of Yellow Sea Union** by the semi-bonded area of Incheon Airport, the Gatecity of Songdo Free Economic Zone and Seoul Megapolis.

8. **CITY** is a **Space Matrix** where the seawall, urban infrastructure and super-structure unite and where Site and Contents Space become a **Digital City** that is factory manufactured in steel to become the first digital city where construction, user and maintenance all become the ubiquitous world.

Songdo F.E.Z.

Sea
Inn

Expressway
to Songdo and
Incheon and Seoul

Dome

Str

**CITY
InterChange**

Support
Center

Ma

Inner S

Dome

Green Park

Pier

Traffic
Bridge

Lock
to cont
water f

Expressway
to Incheon
International
Airport

Port

Land Use Plan

FUNCTION	LAND AREA (sq.meter)	PERCENTAGE
Cultural	370,000	12.4 %
Market+Exhibition +Hotel	390,000	13.1 %
Office	130,000	4.4 %
Marina and Port	91,000	3.1 %
Green	555,000	18.6 %
Water	510,000	17.1 %
Expressway	75,000	2.5 %
Road+LockGate	250,000	8.4 %
Sea Dike	605,000	20.4 %
TOTAL	2,976,000	100.0 %

Lock Gate

Outer
Metropoitan
Ringroad #2
(planned)

Marina

Boulevard

Seawall
also as foundation
of megastructure

ting Units
ximize
ility

ellow Sea

Floor Area by Function

FUNCTION	LAND AREA (sq.meter)	PERCENTAGE
Cultural+Festival	1,103,000	27.3 %
R&D and Office	1,202,000	29.7 %
Convention+ Exhibition	725,000	18.0 %
Hotel	157,000	3.9 %
Commercial	140,000	3.5 %
Business Support	128,000	3.2 %
Road, etc.	45,000	1.1 %
Car Parking	537,000	13.3 %
TOTAL	4,037,000	100.0 %

인천 iCITY 마스터플랜. 해외자본 유치를 위
한 영문안내서. 각각의 구역과 콘텐츠에 대한
설명, 토지이용과 기능별 면적이 나와 있다.

과 해상특구연합의 파일럿 프로젝트로 검토하고 있으며 화교자본 등 국제자본의 참여를 논의하고 있다. 인천국제 공항이 가진 가능성과 잠재력의 불꽃을 인천 iCITY에서 중국과의 상징적 공동프로젝트로 일으켜야 한다.

한반도 공간기획: 지방권 전략

금강·새만금 어반클러스터

행정수도 논란과 새만금 딜레마를 함께 해결하는 방안

신행정도시와 새만금 문제는 앞으로 나아갈 수도 뒤로 물러설 수도 없게 된 난제 중의 난제다. 그러나 좀더 넓은 시각에서 보면 두 난제를 일거에 해결할 수 있는 방안을 찾을 수 있다. 바로 그것이 금강유역 도시연합과 새만금 도시연합을 산업클러스터화하여 서울·수도권과 겨룰 수 있는 자립적 경제권역으로 만드는 금강·새만금 어반클러스터 안이다. 워낙 큰 주제들이 겹쳐 있는 문제라 하나씩 단계적으로 정리하고자 한다.

헌법재판소의 위헌판결 이후 최근 논의되고 있는 신행정수도 대안은 국가균형발전을 위한 방안이 아니라 정치적 타협안에 가깝다. 신행정수도 대안은 크게 세가지로 논의되었다. 청와대·사법부·입법부는 서울에 남고 중앙부처를 모두 이전하는 행정특별시안과, 청와대와 외교·안보부처는 서울에 남고 나머지 행정부처를 연기·공주로 이전하는 행정중심도시안, 그리고 교육·과학관련 중앙부처와 산하기관이 선별적으로 이전하는 교육·과학 행정도시안이 그것이다. 하지만 문제는 여전히 해결되고 있지 않다. 세계의 정치수도를 겸한 워싱턴DC에서조차 정부기능이 차지하는 비중은 20% 남짓에 불과하고 나머지 부분은 도시산업이 담당하고 있는데, 인구 50만명 규모의 신도시를 만든다면서 정작 80%의 비중을 차지하는 도시의

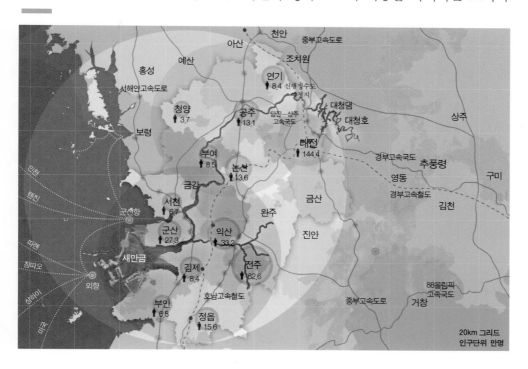

금강유역과 새만금유역 도시군의
인구분포.

콘텐츠와 당초의 문제의식이던 수도권 과밀해소와 국가 균형발전은 생각도 하지 않고 행정부처 이전계획만 논의하고 있는 것이다.

신행정수도 논의의 가장 큰 문제는 수도권 과밀과 불균형발전의 원인이 국가권력과 기관의 서울 집중에 있다고 하여 이를 지방에 분산 이전하여 지방권의 성장동력으로 삼자는 것이다. 그래서 행정부를 충청권에 옮기고 공공기관을 전국 각처에 분산배치하려는 것이다. 그러나 그것보다 먼저 지방의 성장동력이 될 인프라를 구축해야 하고 신산업을 일으키고 거기에 맞추어 행정부처와 공공기관을 옮겨야 하는 것인데 일의 선후가 바뀌어 있다. 충청권 자립을 위한 방안에는 충청권을 도약시킬 수 있는 획기적인 인프라 구축과 신산업 창출이 우선되어야 한다.

수도권 과밀해소를 위해서는 수도권 인구를 끌어낼 방안을 마련해야 하고, 균형발전을 위해서는 지방도시와 농촌에 신산업을 일으켜 대도시 중심의 발전전략을 대체해야 한다. 그런데 대도시와 산업공단 중심의 발전전략과 달리 지방도시와 농촌에 단순한 산업공단이 아닌 신산업 클러스터를 이루려면 대규모의 인프라 투자가 필요하여 여태껏 지방권에서는 감히 엄두도 내지 못해왔다. 행정수도 이전비용으로 충청권에 서울·수도권보다 더 나은 도시인프라를 구축하고 신산업을 일으켜 구미·울산·포항 못지않게 만든다면 국가균형발전과 수도권 과밀해소를 동시에 이룰 수 있는 방안이 되는 것이다.

금강의 부활

백제는 건국, 천도, 멸망, 해외로의 유랑 등의 역사에서 서글픈 사연으로 점철되었다. 고구려 유민들이 한강 유역에 나라를 세웠다가 금강으로 천도하여 2백년 동안 지속하였으나 나당연합군에 의해 멸망하고 유민들은 중국과 일본으로 흩어져갔던 것이다. 한국문명 중 가장 아름답고 서정적인 문명을 꽃피웠던 백제의 영역이 부여와 공주 일대이다. 금강은 백제의 강이다. 당나라 소정방이 5만 대군을 이끌고 들어온 길이 바로 금강이고, 백제가 중국에서 문명을 받아들이고 일본에 그들 문명을 전한 것도 금강을 통해서였다. 백제가 망하자 금강도 죽었다. 통일신라 이후 육로로 중국과 교류하면서 금강도 서해안도 서서히 한반도에서의 역할을 잃어갔다. 백제 멸망 이후 1천3백년 동안 금강은 닫힌 강이었던 것이다. 중국의 개혁·개방 이후 한반도 서해안에 새로운 가능성이 열렸으나 금강의 역할은 아직 없다. 신행정수도 대안은 백제의 슬픈 역사를 아름다운 미래로 만들 수 있는 방안이어야 한다.

백제의 영역을 다시 살리려면 먼저 금강의 부활이 전제되어야 하고 금강유역의 군산·부여·논산·공주 등이 주변 일대의 농촌과 함께 새로운 도시권역을 형성해야 한다. 금강유역에 새로운 도시권역을 이루려면 금강을 도시 인프라의 기축으로 삼아 신산업을 일으켜야 한다. 금강 부활은 금강을 서해안과 한반도 중부권의 물류와 써비스 중심으로 만들고 창조적 신산업이 가능한 인구 기반을 조성하는 데에서 시작되어야 한다. 금강 하구와 만경강 하

금강 주운계획. 하구둑과 부여와 공주 사이에 두개의 수중보를 설치하여 금강을 운하로 만들면 금강유역을 수상도시화할 수 있다.

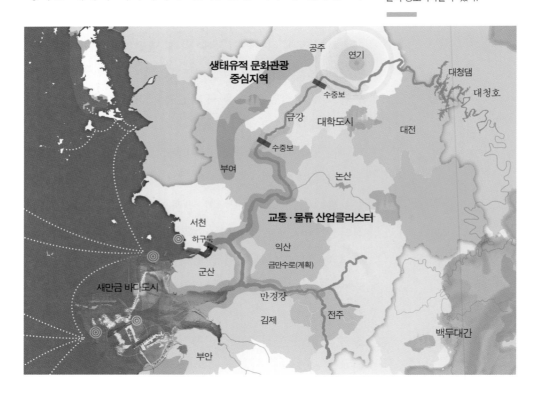

구를 연결하면 금강유역 도시군이 새만금 바다도시로 이어져 신백제의 대공간을 이룰 수 있다. 이렇게 된다면 한반도는 수도권 못지않은 또하나의 세계도시구역을 갖게 될 것이다. 그러기 위해서는 금강을 살려야 하고 옛 백제의 영역을 하나가 되게 할 금강과 새만금을 잇는 대공간을 만들어야 한다.

도시연합과 어반클러스터

수도권 일극집중과 대도시 중심의 산업화전략으로 수도권 과밀과 불균형발전이 초래되었다. 그렇다고 수도권과 대도시가 이룬 것을 지방이 나누어 갖는 것은 좋은 방도가 아니다. 수도권 과밀과 불균형발전을 함께 해결하려면 복수의 도시와 농촌이 한 도시권역을 형성하는 도시연합을 만들고, 산업클러스터와 연대하여 세계경제를 상대할 수 있는 어반클러스터를 이루어 수도권과 경쟁할 만한 도시권역을 형성해야 한다. 충청권 신행정수도가 수도권 과밀해소와 국가균형발전을 이루는 방안이라고 생각하는 사람은 과천으로 행정부 대부분을 옮긴 것이 과연 문제해결에 어떠한 도움을 주었는지 생각해보아야 한다. 고속도로시대의 과천과 고속철도시대의 충청권은 비슷한 거리의 수도권 외곽지대이다. 수도권 과밀과 국가균형발전을 동시에 해결하려면 수도권과 겨룰 수 있는 지방의 독립적 경제권역화를 이루어야 한다. 바로 그 방안이 세계를 상대할 수 있는 규모와 콘텐츠를 갖도록 다수의 도시와 농촌이 도시연합을 이루고 다시 산업공단간 산업클러스터를 통합하는 어반클러스터의 형성이며, 이것이 지방권 자립화를 위한 방안이다.

　이제 경제단위는 국가가 아니라 도시권역이다. 경쟁력과 삶의 질 등 중요한 도시지표는 국가나 지방이 아닌 도시권역 단위로 나타나고 있다. 아직까지 서울·수도권과 영남권 이외에는 도시권역이 제대로 이루어지지 못하고 있으며, 서울·수도권이나 영남 산업클러스터도 대도시와 소도시와 농촌이 상생과 조화를 이루지 못하고 있다. 소도시와 농촌들은 대도시에 종속되고 비자립적이 되었다. 수도권 세계화와 지방권 자립화를 위해서는 소도시와 농촌지역에 세계화된 특별도시구역을 전략적으로 육성해야 한다. 인천, 대구, 대전, 부산, 울산 등 광역시 중심의 경제구조도 결국 대도시 중심으로 주변도시와 농촌을 아우르지 못한 채 지방권 몰락을 가속화하고 있다. 국토균형발전과 지방권의 도약을 이루려면 신행정수도가 아니라 대도시와 경쟁할 수 있는 자립적 규모로 도시와 농촌이 도시연합을 이루고 산업단지가 산업클러스터를 이루며

라인동맹
13C 유럽의 경제공동체

발틱해

루베크

브레멘

헝가리

로테르담 네덜란드

라인강

뒤셀도르프

벨기에

아헨

뒤스부르크

쾰른

독일

코블렌츠

프랑크푸르트

**라인동맹 최초의
4개 도시연합**(1254)

빙엔

마인츠

보름스

오펜하임

만하임

마인강

뉘른베르크

레겐스베르크

체코

도나우강

로테르담

RMD운하

도나우델타

프랑스

슈트라스부르크

바젤

100 km GRID

쮜리히

스위스

RMD 운하
Rhein-Main-Donau

오스트리아

운하와 강을 잇는 주운으로 유럽 중부의 강력한 도시연합을 형성한 라인동맹.

함께 모인 신개념의 도시권역인 어반클러스터가 대안인 것이다. 라인강을 중심으로 도시와 농촌이 도시연합을 이루어 산업클러스터를 집합한 라인동맹이나 이리(Erie)운하 유역의 도시와 농촌이 도시연합을 이루며 내륙의 산업클러스터와 함께 이룬 도농집합체가 어반클러스터이며, 일본 세또나이까이 일대의 도시군과 농촌지역이 이루는 경제권역이 어반클러스터의 사례이다. 지금까지 한반도

도시정책은 대도시가 주변도시와 농촌을 병합 종속시킨 공단제조업과 대도시 써비스산업의 두 축을 기본으로 했다. 그러나 세계경제의 축이 공단제조업에서 도시의 창조적 신산업으로 이동하면서 대도시 중심정책의 대전환이 필요하게 된 것이다.

신행정수도의 대안으로 금강유역의 도시연합이 이루어지고 금강 도시연합이 새만금·호남평야 도시연합과 함께 금강·새만금 어반클러스터가 되어 한강의 기적 같은 금강의 기적이 일어나야 국가균형발전의 기반이 마련된다. 옛 신라의 영역에서 일으켜진 울산·포항·구미의 세계적 산업클러스터에 버금가는 신산업클러스터가 금강과 새만금·호남평야 도시연합과 함께 일어나면 신행정수도 논의의 창조적 돌파구를 열게 되는 것이다.

금강유역의 창조적 신산업

오늘의 경제는 창조적 경제다. 선진국들은 이미 정보기반의 지식경영경제로 이동하고 있다. 창조적 경제의 핵심산업인 R&D, 출판, 소프트웨어, 텔레비전과 라디오, 디자인, 음악, 영화, 게임, 광고, 건축 등 전세계 15개 창조적 분야의 연간 수입은 2조 2400억 달러에 달한다. 미국은 9600억 달러의 소득으로 단연 세계 최고의 창조적 경제국가다. 일본과 독일에 덜미를 잡혔던 미국경제가 일어선 것은 제조업분야의 생산성 향상보다 이러한 창조적 분야의 우위 때문이다. 금강유역에는 신행정수도보다 창조적 신산업이 더 필요하다. 창조적 신산업이 일어나기 위해서는 창조적 집단이 있어야 한다. 1980년대와 1990년대 전세계 도시들은 하이테크파크를 건설하고 벤처캐피털 투자를 시작했다. 그들의 신도시 산업전략은 하이테크 기업을 육성하거나 다른 도시에서 기업을 끌어오는 것이었다. 그러나 창조적 집단의 특성을 간과한 그런 방법은 대부분 실패했다. 사회변동의 원동력은 기술이 아니라 창조적 집단에 있다는 것을 간과한 것이다. 빌 게이츠가 세계 최고기업 마이크로소프트도 상위의 창조적 소수 30인이 이동하면 무너질 수 있다고 한 말의 뜻을 알아야 한다.

기술·경제적 창조성은 예술·문화적 창조성과 상호작용한다. 여러 학문분야가 함께 있는 대학이 창조적 집단의 산실이며 창조적인 집단에 접근하는 것이 현대 비즈니스의 특징이다. 창조적 집단이 금강에 모이게 해야 한다. 창조적 집단이 모여들었던 고대의 아테네와 로마, 르네쌍스시대의 피렌체, 근대의 런던, 현대 미국의 맨해튼 등 특정지역은 항상 교육과 문화, 기술과 경제가 모인 강변도시였다.

그들은 무엇보다 창조적 인간으로서의 그들의 독자성을 확인할 수 있는 장소와 기회를 원한다. 신경제는 지역보다는 특정공간에서 일어나며, 시간이 갈수록 더 많은 경제적 거래가 이 새로운 공간으로 이동할 것이다. 창조적 도시의 성패는 '무엇이 있는가, 누가 있는가, 무슨 일이 일어나고 있는가'에 달려 있다. 기존도시를 개혁하고 농촌을 기업화하고 그들과 함께 새로운 경제를 일으킬 어반클러스터의 요체는 바로 창조적 집단인데, 문제는 서울·수도권에 모여 있는 창조적 집단은 지방으로 가려 하지 않는다는 점이다. 지방분권 성공의 요체는 지방에 창조적 집단이 가고 싶어할 공간을 만드는 것이다.

두 자릿수의 실업률, 정체된 수입, 두뇌유출로 인해 장기적인 경제불황에 시달리고 있던 아일랜드는 지금 OECD국가 중 가장 빠르게 성장하고 있다. 아일랜드의 기적은 창조적 공동체 만들기에서 시작되었다. 역동적인 창조적 집단과 그들이 원하는 생활중심지를 만들기 위해 제임스 조이스, 윌리엄 버틀러 예이츠, 버나드 쇼 등 아일랜드인 특유의 역사와 지리와 인문의 잠재력과 가능성에 근거한 문화공동체를 건설한 것이 아일랜드의 신산업전략이었던 것이다.

울산·포항·구미의 산업공단이 산업화시대의 한국을 이끌어온 거대한 장치산업 클러스터였다면, 군산·부여·

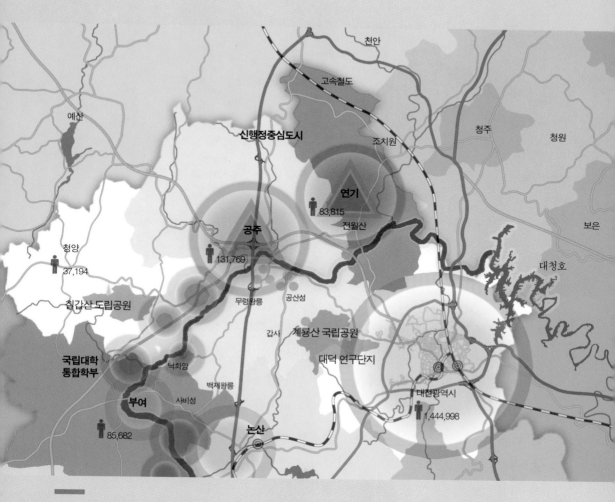

천안

예산

신행정중심도시

고속철도

조치원

청주

청원

연기

보은

83,815

전월산

청양

대청호

37,194

공주

131,769

칠갑산 도립공원

무령왕릉

공산성

국립대학
통합학부

낙화암

갑사

계룡산 국립공원

대덕 연구단지

대전광역시

부여

사비성

백제왕릉

85,682

논산

1,444,998

부여 공주 사이의 역사 · 지리 · 인
문지도.

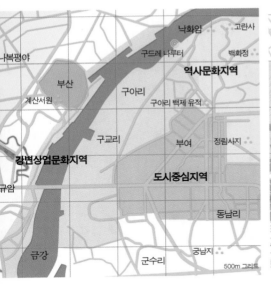
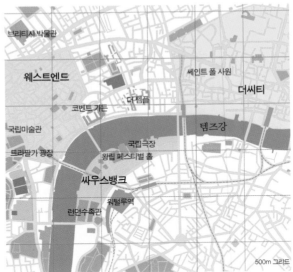

금강유역과 템즈강유역 비교.

공주는 창조적 인간군이 모여드는 지식정보사회의 신산업클러스터가 되어야 한다. 미국 동부와 서부가 서로 다른 산업을 일으켜 획기적인 경제발전을 이루었듯이 새로운 산업클러스터로 한반도 산업지도의 새 비전을 열어야 한다. 금강유역과 새만금에 교육기관, 연구기관, 문화예술쎈터가 자리를 잡고 창조적 신산업의 도시연합을 이루면 산업클러스터로서는 세계경쟁력을 가진 영남권 도시연합에 버금가는 국가발전의 또다른 초석이 되는 것이다.

국립대학 통합학부와 R&D 도시

　금강유역의 도시들이 창조적 신산업의 요람이 되어 대규모의 창조적 집단이 모이게 하는 획기적인 방안은 국가균형발전을 전제로 한 교육혁신에 있다. 서울대 이외의 지방국립대는 세계적 경쟁력이 없다. 지금은 대학이 산업의 중심이 되는 지식정보화시대인데 지방국립대들은 단지 교육기관에 머물고 있어 기업연구소만한 연구도 못하고 있다. 교수들은 대부분의 시간을 학부교육에 바치고 독자적 연구와 산학협력은 생각도 못하는 처지이다.

　국립대학 통합학부안은 창조적 집단이 가고 싶어할 창조적 공동체를 금강유역에 만들려는 계획의 첫단계이다. 대학별 특성은 전문대학과 대학원에 있다. 대학과 대학원, 교육기능과 연구기능을 과감히 분리하여 교육기능을 전국적으로 통합하고 대학원과 전문대학과 연구소를 지방별로 특화하여 산업클러스터와 연대한 산학클러스터를 이루게 해야 대학도 살고 기업도 산다. 국립대학 통합학부와 각 도시의 지방국립대 대학원과 연구소를 통합 조정할 중앙 R&D본부를 남한의 중심공간인 금강유역에 두고 각 지방국립대에 대학원과 전문대학과 연구소를 두는 대학교육 혁신방안은 국토균형발전의 초석이 될 뿐 아니라 수십년 실패를 거듭한 입시개혁의 방안도 될 것이다.

국립대학 학부입학은 금강유역의 국립대학 통합학부로 일괄하게 하고 2년과 4년 후 두 번에 걸쳐 각자의 연고와 능력에 따라 전국의 국립대학으로 가게 하면 대학교육 정상화도 이룰 수 있다. 국립대학 학부를 통합하고 기존의 국립대학들은 대학원·전문대학의 산학클러스터를 이루게 하는 국립대학 혁신방안과 모든 것을 자율에 맡기는 사립대학 자유화방안이 바로 교육개혁과 국가균형발전의 길이라 본 것이다. 국립대학 모두가 공유하는 부분을 통합하여 금강유역에 국립대학 통합학부를 만들면, 각 지역

금강·새만금 어반클러스터.

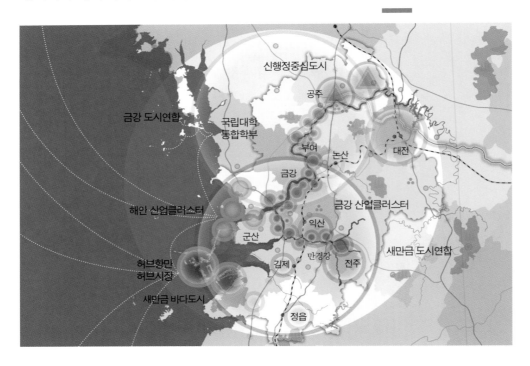

제3부 한반도 공간기획: 지방권전략

의 국립대학은 필요한 연구공간을 이전대상 기초학부 공간으로 대체할 수 있고 금강유역에는 10만의 국립대학 통합학부가 들어설 수 있게 되는 것이다. 10만의 대학 인구면 창조적 대군이다. 10만의 창조적 인간군이 모인 금강유역에 세계적 R&D집단을 만들고 전국 국립대학의 대학원, 전문대학, 연구소와 연대한 산학클러스터의 네트워크를 만들면 창조적 신산업의 기반이 되는 창조적 공동체를 이룰 수 있는 것이다. 10만의 대학인구는 전국의 국립대학, 전문대학, 대학원으로 가거나 이곳의 R&D 클러스터를 선택하게 될 것이며 그것이 한반도 인적 자원의 가능성을 가장 크게 하는 길이기도 하다. 국립대학 통합학부가 세계적 R&D군과 창조적 공동체를 이루어 금강유역의 수상도시군에 신산업클러스터 기반을 만드는 일이 행정수도 이전보다 나은 길이다.

앞으로 10년 안에 사립대의 붕괴와 구조조정이 몰아닥칠 것이다. 이미 지방사립대의 통폐합이 현실화되고 있다. 국가균형발전의 축이 될 지방대가 시장원리에 의해 몰락하고 있는 것이다. 국가균형발전은 몰락해가는 농촌을 살리는 데서 시작해야 하고 또한 동시에 무너져가는 지방의 대학교육을 일으키는 데서 시작해야 한다. 그러기 위해서 국립대학의 구조개혁을 전제로 대학교육과 한반도 공간구조개혁을 함께 이루어내야 한다. 그 방안의 하나로 국립대학의 학부통합과 지방국립대의 전문대학·대학원 중심의 특성화작업을 제안한 것이다. 지방국립대의 문제는 경계권역의 규모나 콘텐츠와 상관없이 지방마다 국립대를 둔 데서 나왔다. 게다가 모든 지방국립대가 격식은 다 갖추다 보니 있을 것은 없어도 없는 것은 없는 종합대학이 된 것이다.

대학혁신이 국립대학의 인문·사회학부를 중심으로 한 통합학부와 이공계를 중심으로 한 각 경제권역별 산학클러스터의 두 축을 근간으로 할 때, 통합학부를 어디에 둘 것인가 하는 문제는 한반도 공간기획의 핵심과제이다. 수도권 세계화와 지방권 자립화 방안을 전제로 할 때 금강유역이 네 경제권역의 배치로 보아 이상적인 선택이다. 통합학부가 인문·사회계 중심이라 하나 기초과정부의 자연계가 당연히 포함되므로 10만 가까운 국립대학 학부가 들어서면 주요 행정부서 모두가 가는 것보다 파급효과가 더 크게 마련이다.

국립대학에 가고자 하는 사람은 모두 금강유역에 가야 하는 것이다. 국립대학 통합학부의 신도시 효과는 서울대와 연·고대를 이전하는 것보다 크다. 국립대학 통합학부는 모든 학생의 기숙사 생활을 전제로 한 명실상부한 대학도시이므로 인구 20만명 규모의 도시를 쉽게 일으킬 수 있다. 이에 더하여 금강유역에 지방사립대의 연합학부를 만들어 국립대 통합학부와 상응하도록 하고, 지방사립대는 이공계를 중심으로 한 산학클러스터의 장으로 전환시키면 지방대학을 신산업의 요람으로 승화시킬 수 있다.

이런 때에 대학의 이러한 혁신방안을 실현할 수 있는 금강유역과 새만금이라는 희한한 대공간이 나타난 것이다. 국토균형발전, 지방분권을 목표로 한 두 대표적 국가사업인 '행정수도 충청이전'과 '새만금 농지화계획'은 선거전략 차원의 일이고 둘다 앞이 보이지 않는 길로 들어선 상황이지만, 그 둘을 다른 지평에서 하나가 되게 할 때 상상치 못한 대전환을 이룰 수 있다.

금강을 주운이 가능한 운하로 만들어 금강유역을 도시연합화하고 이를 새만금과 연결해 새만금 도시연합과 군산·익산·전주 산업클러스터와 함께 금강·새만금 어반클러스터를 이루는 것, 그리고 이곳으로 국립대학 통합학부와 신행정수도를 이전하여 국토균형발전과 지방분권을 실현하면 새만금과 신행정수도 이전이 희망의 한반도 프로젝트가 될 수 있다. 물론 국립대학 통합학부 논의는 세계의 전문가들과의 더 많은 토의가 필요한 일이지만 미래의 대공간으로 금강유역과 새만금 바다도시를 만드는 일은 행정수도 이전에 할 수 있고 해야 하는 일이다.

부여와 공주 사이 하폭 350~1400m인 금강에 저수로 220~650m를 준설하고 양안 유제부(有堤部)와 저수로 사이에 수상 대학도시와 세계 최고의 R&D 통합단지를 함께 만들어 이 통합단지를 전국 각 국립대학 R&D와 네트워크화하고, 부여와 군산 사이, 공주와 대전 사이 금강유역에 도시와 농촌이 신산업클러스터와 함께 어반클러스터를 만들어 창조적 집단이 모이게 해야 한다. 금강유역의 도시연합이 이루어지고 금강 도시연합이 새만금·호남평야 도시연합 및 신산업의 산업클러스터와 함께 금강·새만금 어반클러스터를 이루어 수도권과 경쟁하며 세계를 상대하는 방안을 생각해야 한다.

행정수도 충청권 이전의 가장 큰 문제는 결국 좌절할 수밖에 없는 이 계획이 국가균형발전에 오히려 장애가 되고 충청권을 돌이킬 수 없는 상황으로 몰고 갈지도 모른다는 점이다. 한반도 제2도약과 국가균형발전을 위한 길이 무엇인지, 충청권 발전의 길은 과연 어디 있는지를 먼저 생각해야 한다. 충청권 스스로가 국가백년대계를 전제로 한 충청권 발전의 비상한 전략을 내어야 한다.

새만금과 금강유역을 하나되게 하는 일은 한반도의 새로운 가능성을 여는 대사다. 한반도 하드웨어의 약점은 강이 도시화되지 못하고 도시외곽으로 전락한 데 있다. 세계의 유수한 도시는 모두 강이 도시의 중심이 된 도시다. 런던의 템즈강, 빠리의 쎈느강, 뉴욕의 허드슨강 모두가 도시 그 자체다. 강이 도시의 중심이 되려면 바다와 주운이 이어져야 한다. 더구나 세계적 경제권역이 되고 있는 황해로부터의 흐름을 내륙에 닿게 하는 강을 중심으로 한다면 그 도시는 가능성이 매우 크다. 황해를 면한 안바다만큼 큰 잠재력을 가진 곳이 없다. 샹하이는 루챠오(蘆潮)에 육지를 파서 안바다를 만들고 있는데 우리는 10년에 걸쳐 만든 거대한 새만금 안바다를 땅으로 메우려 하고 있다. 황해가 세계의 중심이 될 때 큰 역할을 하게 될 금강은 배가 다니지 못하는 강이 되었고, 황해의 가장 큰 안바다인 새만금은 무의미한 육지로 변해버릴지도 모른다.

금강으로 황해의 물류가 이어지고 새만금에 황해공동체의 물류를 집합시키려면 금강과 새만금 안바다와 황해를 하나로 터야 한다. 금강과 새만금과 황해가 하나가 되면 황해경제공동체의 공동시장과 허브항만이 될 수 있다. 그럴 때 금강·새만금에 한반도의 새로운 행정수도가 이전한다면 서울·수도권 못지않은 세계화 경제권역을 이룰 수 있을 것이다. 행정수도가 가서 세계도시가 될 수 있다면 누가 이를 막을 것인가. 금강과 새만금이 이룰 수 있는 미래를 지금의 행정수도 이전과 새만금 간척사업이 그르치고 만다면 이는 한반도의 희망을 부수는 일이다.

2

경주 통합신도시와
영남 어반클러스터

경주는 그나마 우리에게 남은 유일한 천년도시다. 동양보다 도시문명의 역사가 길지 않은 유럽에는 도처에 천년도시가 있는데 우리는 경주 이외 어디에도 천년도시가 없다. 고구려와 백제의 수도였던 평양, 부여 등은 이름만 남은 채 지상에서 사라진 거나 다름없다. 고려의 수도 개성도 고고학적 역사유적으로만 남았고 6백년 역사도시 서울은 왕가의 공간인 종묘와 고궁으로만 남았다.

　한민족의 성공은 세계화에서 시작되었다. 한국 역사의 세계화를 이룬 최초의 국가가 바로 신라였다. 삼국 중 가장 약세였던 도시국가 사로국(斯盧國)이 영남 일대를 통합하고 동해, 남해, 서해에 해상교두보를 만들어 세계로 나아갔으므로 신라가 삼국을 통일할 수 있었던 것이다.

통일신라의 수도 경주는 세계화된 중세 최고의 불교도시였다.

지금 우리는 남북통일과 경제 재도약이라는 과제 앞에서 시련의 시기를 맞고 있다. 이런 때일수록 한국문명의 정체성을 기반으로 한 진정한 세계화가 다시 시작되어야 한다. 그런데 경제도약을 가능케 했던 자기 문명과의 교감이 없는 단순한 외형적인 성장으로는 더이상의 비약이 어렵다. 우리가 저개발국이었을 때는 그렇지 않았더라도 선진국과 경쟁해야 하는 지금은 우리 문명과 연계된 내연의 성장으로 나아가지 않으면 한계에 부딪힐 수밖에 없다. 인류역사상 경제성장이 문화적·문명적 성장과 동떨어져 지속된 예가 없다. 단명했던 문명의 전철을 밟지 않기 위해 우리가 이룬 경제성장을 문화와 문명의 성장으로 이어가야 한다.

천년도시 경주

한국의 옛 도시에는 문화와 문명이 함께 있었다. 한국의 옛 도시를 아는 일은 세계를 아는 일만큼 중요하다. 한국문명의 집단적 DNA는 지난 천년의 시간과 공간이 남아 있는 옛 도시에 있다. 역사의 현장이던 옛 도시를 알 수 있으면 역사의 흐름이 남긴 시간과 공간을 알 수 있다. 21세기는 국가보다 도시가 인간공동체의 기본단위가 되는 도시문명의 세기가 될 것이다. 도시의 세기인 2000년대에 한국이 세계에 자기를 드러내는 데 천년도시 경주만 한 곳이 없다.

경주라는 이름은 신라시대의 것이 아니다. 경주는 왕건이 신라를 멸하고 수도 서라벌을 마지막 왕 경순왕 김부의 식읍(食邑)으로 내려주면서 지은 이름이다. 경주의 원형인 사로국은 4세기 중반 지금의 경북 일대를 아우른 도시국가였으나 세력은 미미했다. 5세기 후반에야 고구려의 영향에서 벗어나면서 방리제(坊里制)를 정비하고 사방으로 통하는 도로망과 시장을 설치하여 도시국가로 성장할 발판을 마련하였다. 6세기말 신라 왕경(王京)에는 서천, 북천까지 민가가 빈틈없이 들어섰다. 동쪽으로 토함산, 남쪽으로 남산, 서쪽으로 선도산에 둘러싸인 중심부의 3면을 감싸듯 형산강 지류가 흐르는 경주분지가 사로국이 자리잡은 곳이었다. 신라 왕경에 무엇보다 큰 변화를 가져온 것은 불교였다. 불교는 전 신라인을 하나의 이념의 틀 속에 포괄하였다. 경주를 알자면 세계적 불교도시였던 경주의 생활상을 아는 데서 시작해야 한다. 8세기에 절정에 이른 신라는 9세기말 경주 일대를 제외한 지역은 후백제와 고려에 예속되고, 결국 멸망하게 되었다. 그후 경주는 원래의 사로국으로 축소된 채 천년 동안 쇠락의 길을 걸어왔다. 천년 후 경주는 대부분 지상에 사라졌고 바로 그 위에 오늘의 경주가 겹쳐 세워지고 있는 것이다.

세계의 도시 대부분은 옛 도시 위에서 이루어졌다. 로마, 이스탄불, 빠리, 뻬이징 모두가 그러했다. 현재의 로마는 다신교 국가였던 로마제국의 수도가 아니라 제국의 로마를 부수고 세운 교황의 도시이자 르네쌍스의 도시이며, 우리가 아는 이스탄불은 기독교 도시인 콘스탄티노플이 아니라 이슬람의 도시 이스탄불이며, 빠리는 중세도시 빠리가 아니라 프랑스혁명 이후 중세도시 위에 세운 나뽈레옹 3세의 신도시이며, 뻬이징 역시 따따르의 도시 위에 세운 중국의 도시이다.

절이 별같이 많고 탑이 기러기처럼 이어지던 형이상학적 도시 경주가 지상에서 사라진 후 천년이 흐르고 우리는 아직 옛 도시의 윤곽조차 알지 못하고 있다. 대부분 천년도시에는 옛 도시와 현 도시가 공존하고 있으나 경주에는 옛 도시가 사라지고 일부의 유적만이 과거와 단절된 채 산재할 뿐이다. 우리는 천년도시의 도시구역이 어디에서 어디까지였는지도 모르면서 그 위에 새로운 도시를 건설하고 있다. 옛 경주 중심구역에 고층아파트가 들어서고 경주의 원형(原形)공간인 남산과 선도산과 토함산으로 도시가 확대되고 있다. 지상에서 사라진 천년도시는 지하에 기억장치를 남기고 있으므로 아직은 땅 속에 실재하지만 그 위에 새 도시가 들어서면 천년도시는 영원히 사라지는 것이다. 경주는 지하에 남아 있던 도시 규모의 기억장치마저 소멸되어가고 있다.

경주의 역사지도

역사도시를 개발하려면 먼저 옛 도시지도를 만드는 일을 시작하여야 한다. 해도가 있어야 바다를 지날 수 있고 항로도가 있어야 하늘을 날 수 있듯이, 옛 지도가 있어야 옛 도시의 개발과 보존이 시작될 수 있다. 삼국시대, 통일신라시대의 경주와 같은 도시였던 예루살렘, 로마, 시안(西安), 이스탄불에는 모두 역사기록과 고고학적 발견을 도시적 논리로 재구성한 역사지도가 있다. 뽐뻬이는 2천년 만에 원래의 모습을 드러냈고, 예루살렘은 정도 3천년 만에 다윗의 옛 도시를 발굴하고 있다. 모스끄바는 수차례 초토화되었어도 다시 원형을 회복하였다.

로마에는 로마제국의 도시중심인 포로로마노와 교황의 도시 바띠깐과 르네쌍스의 도시구역인 까삐똘리노(Capitolino), 나보나(Navona)광장이 공존하고 있다. 다른 고대도시와 마찬가지로 로마제국의 도시구역도 지하에 묻혀 있었다. 로마제국이 멸망한 후 천년이 지나서야 고대로마의 유적들이 자갈층과 두꺼운 흙더미 속에서 모습을 드러냈다. 콜럼버스가 신대륙을 찾아나설 때 예술가·학자들은 고지도를 근거로 옛 로마의 원형을 찾는 작업을 했다. 16세기에 들어와 그들은 천년 전에 사라진 로마의 도시설계도와 고고학적 유적을 발견했다. 19세기에 포룸, 아삐아 가로, 까따꼼베 같은 중요한 학술적 발굴이 이루어졌다. 고대로마의 발견은 장장 4백년에 걸친 고고학과 역사도시 연구의 결실이다.

경주는 아직 천년 넘게 묻혀 있다. 신라 멸망 이후 왕궁과 공공건물은 사방으로 이전되었고 그나마 남은 건축물 대부분은 몽골의 침입으로 파괴되고 약탈되었다. 그러나 경주는 파묻히고 파괴되었지만 옛 도시의 기본구조가 완전히 사라진 것은 아니다. 아직 사로국 경주의 역사와 지리는 현존한다.

경주의 역사지도가 아직 만들어지지 않고 있다는 것은 부끄러운 일이다. 인공의 기하학적 질서와 자연의 유기적 질서를 하나로 한 중세의 불교도시 경주의 역사지도를 제작할 수 있어야 경주의 오늘과 내일을 말할 수 있는 것이다. 역사기록과 고고학적 자료를 중심으로 원(原)경주의 도시구조를 추정한 역사지도를 우선 그려야 한다. 당시 도시화의 모델이 되었던 중국의 시안(옛 長安)이 좋은 참

위성사진 위에 기록과 유적을 근거로 만든 통일신라시대의 경주 지도.

고가 될 것이나, 개성과 서울의 경우에서 보듯이 한국은 일본과 달리 중국도시를 일방적으로 따르지 않고 자연의 흐름을 더 중요시해온 것이 명백하므로 시안의 도시원리와 경주 일원의 지리를 함께 보아야 할 것이다. 경주의 역사지도를 작성하기 위해서는 우선 경주 일원의 위성사진 위에 역사기록과 고고학적 발견을 입력한 기본도를 작성하고 그 위에 도시생태학의 논리로 옛 도시를 재구성하는 작업을 진행해야 한다. 17만여 가구가 어떻게 분포했는지를 검토하여 정치·경제·사회·문화의 모든 측면에서 원 경주의 도시생활을 공간형식으로 재구성해야 한다. 화석과 뼈를 단초로 공룡의 모습을 되살리듯 경주의 옛 모습을 되찾아야 한다. 우리가 제작한 경주 역사지도는 3년여에 걸쳐 도시학자·역사학자·지리학자들의 도움을 얻어 중세의 불교도시 경주의 윤곽을 그려본 것이다. 이것은 완성이 아니라 시작이다. 이 지도가 완성되면 절대보호구역과 상대보호구역, 개발억제구역과 개발유도구역을 구분하는 준거가 마련되므로 이제부터라도 경주 고지도제작을 시작해야 한다. 경주의 역사지도를 완성한 후, 지상에서 사라진 문화인프라 위에 과거와 현재와 미래를 잇는 미래도시 경주의 건설을 시작해야 한다.

천년도시의 복원과 신도시의 건설

'경주 이대로는 안된다' 하는 것은 누구나 아는 일이다. 점증하는 개발수요를 역사도시 보존과 공존시키는 일은 한계에 도달했다. 필연적인 개발수요의 확대는 역사구역의 파괴로 이어질 수밖에 없다. 원래 이 신도시 구상은 고속철도 경주노선이 문화유적 훼손이라는 반론을 불러일으켰을 때 경주 외곽을 우회하고 적절한 위치에 역사

(驛舍)가 입지한다면 역사도시 경주의 보존과 개발이라는 상충하는 두 입장을 조화시켜 막다른 골목에 온 경주문제를 일거에 해결하는 방안이 될 수 있다고 보아 제안했던 것이다. 고속전철의 경주통과 노선이 문제되었을 때 대부분 논의는 매장문화재에 관한 것이었다. 문명이 있던 곳에는 매장문화재가 있게 마련이다. 모든 문명의 궤적을 다 보존할 수는 없는 일이다. 역사는 문명의 끊임없는 더함으로 이어지는 것이어서 보존과 개발의 상충이 일어나게 마련이므로 이 문제는 매장문화재 차원에서 나아가 역사도시 복원과 신도시 건설의 두 입장을 조화하는 차원에서 해결되어야 한다고 보았다.

세계적으로 고대와 중세를 거쳐온 역사도시가 현대도시로 제대로 이어진 경우는 드물다. 그러한 역사도시가 살아남은 것은 예외없이 원래의 구도시 외곽에 신도시를 만들어 현대도시가 요구하는 개발수요를 신도시에서 수용한 경우이다. 개발과 보존의 상충된 요구를 함께 충족시킬 수 있었기 때문이다. 리도(Lido)섬과 내륙의 메스뜨레(Mestre)시를 개발하여 바다도시를 유지한 베네찌아와 신도시 라데팡스 건설로 구시가지 보존과 신도시 개발을 이루어낸 빠리, 그리고 구예루살렘과 신예루살렘의 두 도시를 병존케 하여 역사 보존과 신도시 개발을 함께 이루어온 예루살렘은 성공적인 사례이다. 이에 비해 세계 최

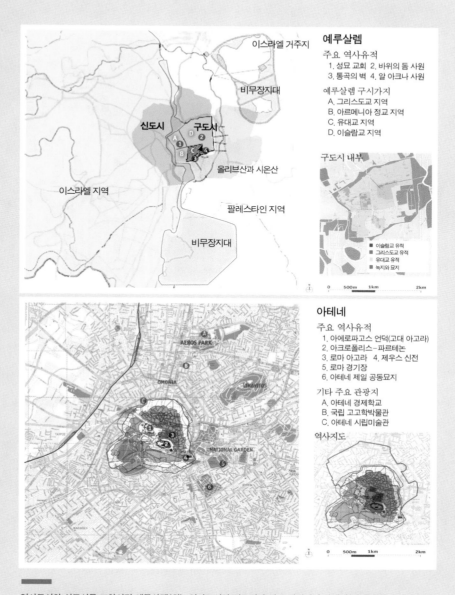

예루살렘

주요 역사유적
1. 성묘 교회 2. 바위의 돔 사원
3. 통곡의 벽 4. 알 아크나 사원

예루살렘 구시가지
A. 그리스도교 지역
B. 아르메니아 정교 지역
C. 유대교 지역
D. 이슬람교 지역

구도시 내부

■ 이슬람교 유적
■ 그리스도교 유적
■ 유대교 유적
■ 녹지와 묘지

0   500m   1km   2km

아테네

주요 역사유적
1. 아에로파고스 언덕(고대 아고라)
2. 아크로폴리스−파르테논
3. 로마 아고라 4. 제우스 신전
5. 로마 경기장
6. 아테네 제일 공동묘지

기타 주요 관광지
A. 아테네 경제학교
B. 국립 고고학박물관
C. 아테네 시립미술관

역사지도

0   500m   1km   2km

역사도시와 신도시를 조화시킨 예루살렘(위). 역사도시와 신도시가 서로 얽혀버린 아테네(아래).

고의 도시로 명성을 날리던 중국의 시안과 그리스의 아테네는 구도시 위에 신도시가 겹쳐 구도시 보존에 실패한 경우이다.

경주를 역사도시로 보존하기 위해 경주 외곽에 신도시를 세우고 기존 경주의 중심부를 이전하는 일은 경주 자체의 경제력으로는 불가능한 일이다. 고속전철과 국제공항을 연계하고 경주뿐 아니라 대구, 구미, 울산, 포항, 경주의 다섯 도시를 모도시로 하는 통합신도시로 신경주를 개발해야 경제적으로 합당한 규모를 가지게 된다. 신경주는 천년도시인 원경주 보존과 복원을 목적으로 시작된 발상이지만 이제부터는 다섯 도시의 통합신도시라는 관점에서 접근하는 일이 중요하다. 고속철도 경주역을 거점으로 울산, 포항, 대구, 구미와 직접 연계될 수 있고 고속철도와 고속도로와 다섯 도시의 공동공항이 될 신국제공항이 네트워크를 이룰 수 있으며 다섯 배후도시의 개발수요를 만족시키는 신도시가 되어야 한다. 각각의 도시가 개별적으로는 갖기 힘든 통합주거교육도시, 국제자유도시, 정보화기업도시의 세 도시구역을 성공적으로 포괄할 수 있는 규모를 확보해야 하는 것이다. 이때 통합주거교육도시에 경주 구도심의 인구를 우선적으로 이주하게 하면서 원경주의 중심부를 절대보호구역으로 지정하면, 신도시 건설과 천년도시 복원을 함께 시작할 수 있다. 옛 경주를 세 구역으로 나누어 적극적으로 보존하여 원형을 최대한 복원해야 하는 지역, 옛 도시의 기본틀 정도만 보존해도 되는 지역, 유적을 조사·발굴한 후 개발을 유도할 수 있는 지역으로 설정하는 것도 하나의 방법이다. 경주가 신라 때 이미 대구, 구미, 울산, 포항을 아우르고 있었던만큼 신경주도 다섯 도시를 모도시로 하는 신도시가 되어야 과거의 대규모적 원형을 찾을 수 있다.

신경주계획은 경주, 대구, 구미, 포항, 울산의 개발수요를 충족하는 신도시에서 한걸음 더 나아가, 한국문명의 원류이며 세계적 문화유산인 원경주를 이딸리아의 포로 로마노처럼 고대·중세문화를 대표하는 세계역사구역으로 만드는 일을 해야 한다. 또한 신경주를 대구의 섬유산업, 구미의 전자산업, 포항의 철강산업, 울산의 석유화학 및 자동차와 조선산업의 국제기능을 담당하는 세계화도시로 개발하면 다섯 모도시의 산업기반이 신도시를 통해 국제화할 수 있을 것이다. 신경주의 개발과 원경주의 보존이 문화재보호와 도시개발의 타협이 아니라 우리 문명의 과거를 찾아 이를 미래에 잇는 대역사(大役事)가 되어야 천년도시 경주의 잃어버린 시간과 공간을 되찾게 되는 것이다.

그러나 이 정도에서 그쳐서는 21세기에 다시 세우는 신경주의 뜻을 다하는 것이 아니다. 신경주는 미래도시의 이상을 실현하는 역사적 기억장치를 가진 자연친화적 도시가 되어야 한다. 1990년대 도시설계의 주요 테마는 지속가능한 도시개발이었다. 그러나 모든 도시설계자들이 이를 지지했지만 어느 누구도 문제의 핵심에 닿지는 못했다. 미래세대의 가능성을 축소하지 않으면서 현대의 요구를 충족시키는 개발은 결국 에너지 저소비와 오염물질의 최소화 그리고 기계화된 교통 없이 접근성을 제공하는 도시교통체계를 말하는 것이다. 신경주가 경주, 대구, 구미, 포항, 울산을 모도시로 한 고속철도와 고속도로를 잇는 네트워크도시로서 지속가능한 개발을 이루는 열쇠는 '좀더 밀도 높고 압축된 도시'에 있다. 신도시의 주요 도시기능 모두를 보행 중심으로 이루어지도록 고속철도와 고속도로 사이의 대중교통망 축에 인간의 흐름을 내장한 도시건축의 씨스템을 구축해야 한다.

신경주 계획과 영남 어반클러스터

신경주가 국제업무지구와 자유시장기능군 등 고도로 집약된 정보산업화도시의 혁신적 도시환경을 제공한다면 경북 일원의 경제적 잠재력을 도약시키는 근거지가 될 수 있다. 대구, 구미, 포항, 울산에서 보듯이 제조업은 과거의 도시산업 중심지에서 흩어져 나가지만 1980년대에 급격히 성장한 국제금융활동이나 써비스활동은 몇몇 도시에 점점 더 집중된다. 대구는 15세기 중엽부터 영남지방의 중심지였고 오늘날에는 서울과 부산을 잇는 중간요지의 도시이며, 1970년대에 시작된 구미전자단지는 국내 최대의 산업단지이고, 포항은 세계 최고의 철강단지이며, 울산은 세계적 중화학공업도시이다. 그러나 이 네 도시 모두 정보산업혁명의 시대를 만나 새로운 시련을 맞고 있다. 네 도시 모두 새로운 도약이냐 좌절이냐의 기로에 서

경주 통합신도시 마스터플랜과 도시연합의 대상인 포항, 대구, 울산의 주요 도시지표.

포항
면적 1,128평방킬로
인구 51.6만명
수입 30.7억달러
수출 21.4억달러
지역내총생산 58.1억달러

영천
12만명

대구
면적 885평방킬로
인구 253.8만명
수입 12.9억달러
수출 49.4억달러
지역내총생산 151.4억달러

경주
면적 1,323평방킬로
인구 29.1만명
지역내총생산 26.2억달러

울산
면적 1,056평방킬로
인구 104.4만명
수입 199.7억달러
수출 142.7억달러
지역내총생산 224억달러

있는데, 그중 어느 하나가 네 도시 모두를 아우르는 '국제자유신도시'로 탈바꿈하기는 어렵다. 영남의 과거와 현재와 미래를 잇는 거시적 디자인으로서 신경주의 건설이 필요하다.

우리가 제안한 영남 어반클러스터는 삼국시대의 경주가 하나의 도시라기보다는 포항, 울산, 대구, 구미 일원을 아우르는 거대한 도시국가였다는 점에 근거한 것이다. 신라라는 도시연합을 이룬 도시들의 개별적 역량은 백제나 고구려에 비할 수 없었지만 이들 도시가 연합하여 강력한 정신적·물질적 통합을 이루고 동해와 남해의 해안링크를 통해 세계로 나아갔기 때문에 삼국통일의 저력을 발휘할 수 있었던 것이다.

현재 경주 주변에는 울산, 포항, 대구, 구미 등이 모여 산업클러스터를 이루고 있으나 다음 단계로의 도약에 요구되는 도시연합을 이루지 못하고 있다. 교육과 섬유와 지식산업의 대구, 철강의 포항, 자동차와 조선과 중공업의 울산, 전자산업의 구미 등이 나름대로 각개약진하고 있을 뿐이다. 외형적으로 산업적 클러스터를 이루고 있으나 산업클러스터가 강력한 경제문화권으로 도약하기 위해서는 각 도시들을 통합하는 문명적 링크, 문화인프라가 개입하여야 한다. 그것이 문화인프라로서의 옛 경주의 복원이다. 산업은 각 도시들이 존재하기 위한 기반이고 문화는 그것들을 통합해 문명적 연합체를 구성할 수 있게 하는 기반이기 때문이다. 경주를 중심으로 하는 도시연합이 이루어진다면 포항, 울산, 대구, 구미의 국제경쟁력도 함께 올라가는 것이다. 예컨대 대구의 섬유산업은 섬유의 생산을 넘어 디자인산업으로의 도약이 필요한데 천년의 도시연합으로 결속된다면 이것이 정신과 문화의 기지가 되는 것이다.

다행히 옛 경주의 중심부로 고속철도를 통과시키려던 계획이 수정됨으로써 과거의 문화를 미래의 희망으로 이어가는 가능성을 남겨놓았다. 그런데 대구, 포항, 울산, 구미를 아우르는 통합신도시를 경주 외곽에 건설하여 거기로 고속철도가 지나게 함으로써 옛 경주 영역을 보존함과 동시에 기존의 네 도시가 역사도시 경주와 결속되도록 하려는 구상은 아직도 하나의 구상으로 남아 있다. 고속철도 외곽 우회결정이 내려진 뒤로 이런 장기적인 구상에 대한 당국이나 시민사회의 관심이 식어버린 것이다. 하지만 국제기능과 지식정보기능과 신주거교육기능이 고속철도와 더불어 형성되는 통합신도시가 없이는 영남의 산업 클러스터가 도시연합으로 도약하여 국토균형발전의 한 몫을 떠맡기는 어려울 것이다.

경주 통합신도시는 수도권 신도시를 능가하는 경쟁력을 가질 수 있다. 이 지역의 개개의 도시는 금융과 인구,

국제기능과 정보기능을 통합신도시와 공유하면서 자족적 도시산업이 구비된 규모로 성장할 것이며, 이 통합신도시에 옛 경주에 있는 도시 중심부의 기능을 이전시키고 옛 도시구역을 발굴·보존하면 세계적 경쟁력을 가진 역사도시와 통합신도시를 함께 이루게 된다. 이들 두 도시로 해서 대구·구미·포항·울산의 네 도시와 함께 산업클러스터와 도시연합이 해안링크와 함께하는 세계화 도시군인 영남 어반클러스터를 형성할 기반을 만들게 되는 것이다.

3

새만금 바다도시와
호남평야 도시연합

새만금을 둘러싼 논란은 그동안 기나긴 공방이 오갔지만 정작 중요한 문제가 제대로 논의되었다고 보기는 힘들다. 농토와 갯벌의 비교우위라든가 담수호의 오염 여부 등이 모두 중요한 문제인 것은 사실이다. 또한 이런 문제들을 부각시키고 정리하기 위해 그동안 이 논의에 참여해온 수많은 당사자들의 노력은 무시할 수 없다. 그러나 새만금이 전라북도와 한반도 전체를 위해 어떤 가능성을 갖고 있는지를 제대로 인식하는 일이 무엇보다 중요하다.

『창작과비평』 2002년 겨울호에 처음 제기한 우리 안은 새만금문제를 둘러싼 '환경보호 대 지역개발'의 해묵은 논란을 넘어설 발상의 전환을 시도한 것이었다. 즉 새만금사업 자체는 계속하되 아직 막지 않은 방조제 구간을 그대로 두고 해수를 유통시킨 채 마무리공사를 하고 이미 건설된 방조제를 중심으로 '바다도시'를 건설하는 것이다. 바다와 갯벌도 살리면서 당초 사업목표인 전북의 획기적 발전도 확실하게 이룰 수 있는 대안을 찾자는 것이다.

간척을 하려는 정부측과 간척사업을 중단하자는 환경단체 등 반대측 모두가 이루고자 하는 것을 얻을 수 있는 중용의 안을 제안한 것인데, 이 제안은 공론에서 배제되기 일쑤였다. 대다수의 환경운동가들은 바다도시 구상도 또 하나의 개발논리에 불과하다고 외면하였고, 정부 당국자나 농업기반공사측은 확보해놓은 사업과 예산에 집착해 간척사업 이외의 어떠한 대안도 받아들이려 하지 않았다.

그래서 원래 구상을 수정·보완하여 새로 정리된 글을 「새만금, 호남평야, 황해도시공동체」(『창작과비평』 2003년 가을호)라는 제목으로 발표한 것이 이 장의 주된 내용을 이루는데, 그후 새만금문제에 몇가지 중대한 진전이 있었다.

첫째, 2005년 1월 서울행정법원은 방조제공사 중단을 요구한 환경단체측의 소송에 대해 사회적 합의를 통해 간척지의 용도를 먼저 결정한 뒤에 공사를 진행할 것을 권고하는 조정안을 제시했다. 이 조정안을 환경·시민단체들이 수용함으로써 이제는 환경운동측에서도 '대화와 타협을 통한 대안개발'이라는 원칙을 받아들인 결과가 되었다. 이후 새만금 사업계획을 변경 또는 취소하라는 행정법원의 1심 판결이 있었으나 정부측의 항소로 재판이 2, 3심까지 갈 전망이나, 무모한 간척사업에 일단 법적 제동이 걸린 것은 향후 논의 활성화에 큰 도움이 되리라 본다.

둘째, 신행정수도를 둘러싼 논란의 여파로 새만금문제를 충청권문제와 함께 생각할 계기가 주어졌고, 앞장에서와 같은 금강유역 개발구상을 하게 되었다. 애초에는 엄청난 예산이 소요되는 또하나의 국책사업을 제안하기가 주저되었는데, 신행정수도 건설비용으로 운위되던 수십조 또는 1백조원 이상의 금액에 비하면 훨씬 경제적인 규모이면서 새만금·호남평야 도시연합과 씨너지효과를 거둘 방안이 가시화된 것이다.

셋째, 그동안 몇가지 차이나 프로젝트(제4부 참조)를 진행하면서 중국측의 여러 인사들을 만나는 가운데 중국 동해안과 한반도 서해안 도시들의 연합 내지 동맹 수립이 그들에게도 지대한 관심사임을 확인했고, 이에 따른 구체적인 설계를 제시한 바도 있다(제1부 3장 참조). 예컨대 새만금 바다도시의 일부로 해상공단도시가 건설된다면 인천과 더불어 텐진·진져우·따롄·칭따오와의 해상특구연합에 참여하는 일이 눈앞의 현실이 되고 있다.

새만금문제가 엎치락뒤치락하는 가운데서도 물막이공사는 계속되어왔다. 그간 미완성 방조제의 일부 구간이 완성되어 우리가 애초에 내놓은 대안은 일정한 수정이 불가

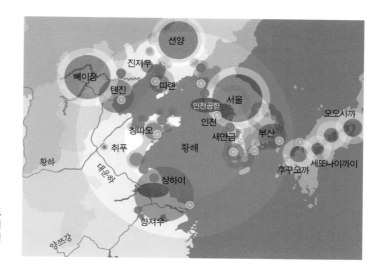

중국 동부해안과 동북3성, 한반도
와 일본열도 서남해안 도시군이 이
루는 미래의 경제공동체 황해도시
연합.

피하게 되었다. 그러나 이 글의 목적이 새만금문제의 전
반적인 해결방향을 제시하는 것이며, 또 부분적인 내용에
대해서는 향후의 논의과정에서 얼마든지 수정과 보완이
가능하므로, 여기서는 이 글이 발표될 때의 문제의식을
보이는 데 중점을 두기로 했다. 다만 말미에 덧글을 붙여
최근의 변화된 상황에 대한 논의를 이어나가기로 한다.

보존과 개발의 대립구도를 넘어서

새만금사업의 득실을 말할 때 새만금지역을 어떻게 구
획해서 보느냐는 문제부터 새롭게 생각해야 한다. 지금

간척사업의 대상에 해당하는 방조제 안쪽의 바다와 갯벌과 하구 일대를 '새만금 제1구역'이라고 한다면, 정작 새만금사업으로 인해 직접적 영향을 받는 호남평야는 '새만금 제2구역'이며, 새만금 바깥바다와 백두대간 사이 전라북도 일원이 새만금사업의 영향권 안에 있는 '새만금 제3구역'이 된다. 예컨대 '금강·새만금 어반클러스터'를 말할 때는 이 제3구역이 포괄된다.

애초의 계획대로 바다를 막아서 새만금 제1구역이 얻을 수 있는 것은 2만8천ha의 농토와 1만2천ha의 담수호이며, 참여정부 출범 직후에 구성되었다가 지금은 유명무실해진 '신구상기획단'의 안대로 설계변경을 한다 해도 공단, 물류기지, 관광단지 등을 위한 토지뿐이다. 전북의 인구와 산업경쟁력을 생각해본다면 기존의 농토와 공단을 활성화하고 경쟁력을 높이는 것이 시급한 일이지, 농토와 공단을 더 만드는 것은 무의미하다. 방조제로 바다를 막아 얻을 수 있는 것은 경쟁력 없는 농토와 공단 그리고 오염될 수밖에 없는 담수호인 것이다.

그에 비해 현재의 새만금사업으로 인하여 잃게 될 것은 무엇인가. 첫째는 새만금이 가진 자연이고, 둘째는 새만금과 호남평야와 전북의 더 큰 미래이다. 만경강·동진강이 바다로 흘러들어가면서 생긴 하구갯벌은 세계적으로도 보존가치가 높은 인류의 자연유산이다. 그러나 갯벌

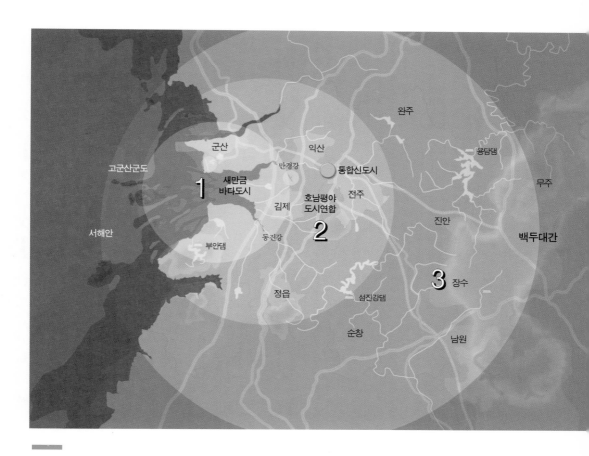

새만금의 3개 구역. 제1구역은 방
조제 안쪽 바다와 갯벌과 하구 일
대, 제2구역은 호남평야와 호남평
야의 다섯 도시, 제3구역은 고군산
군도와 백두대간 사이 전북 일원.

말고 또 잃게 되는 것이 만경강과 동진강의 생명이다. 호
남평야는 만경강·동진강에 의해서 생명을 갖게 되는데
갑문으로 최소한의 유통만 남긴 채 이들의 흐름을 방조제
로 막아버리면 두 강과 호남평야의 생명을 상실하게 되는
것이다. 또한 백두대간이 호남평야를 지나 새만금으로 이
어지던 한반도 생태계의 큰 흐름 하나가 끊어진다. 한마

디로 방조제를 완전히 막으면 세계적인 하구갯벌이 사라지고, 호남평야와 두 강이 죽고, 백두대간과 서해바다의 흐름이 차단되는 것이다.

새만금사업으로 영원히 잃게 되는 자연에 대해서는 그동안 환경운동가들이 끈질기게 문제제기를 해왔지만 호남평야와 전북의 더 큰 미래를 잃게 된다는 인식은 부족했던 것 같다. 하기는 새만금과 호남평야와 전북의 가능성에 대해서는 개발론자들도 인식이 부족하기는 마찬가지다. 새만금에서 호남평야와 전북의 미래를 기약할 수 있는 것은 그곳이 21세기 한반도의 전략적 요충지이기 때문이다. 게다가 정치논리로 잘못 시작된 사업이었지만 그간의 방조제공사를 통해, 자연적으로 형성된 베네찌아의 라구나(Laguna, 內海) 못지않은 세계에서 유례가 없는 거대한 안바다가 확보되어 있는 것이다. 아직은 바닷물이 유통하고 있는 새만금 안바다를 어떻게 해야 황해공동체의 요충이 되게 할 수 있는지를 전제로 새만금의 미래를 말해야 하는 것이다.

황해공동체의 도전과 한반도 공간전략

19세기 후반 인천이 한반도 공간전략의 한 거점으로

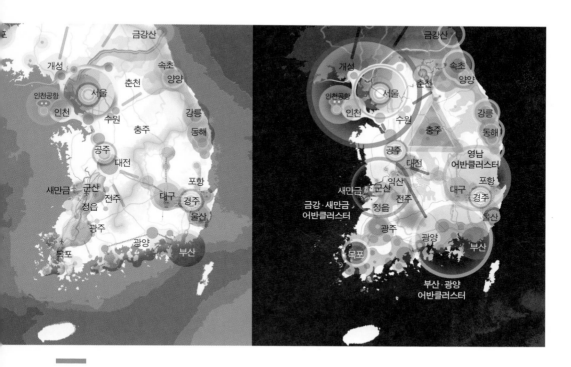

수도권과 내륙의 도시연합이 동해,
남해, 서해의 해안링크와 결합하여
어반클러스터를 형성해가는 과정.

기능했던 것보다 더 큰 잠재력을 가지고 있는 곳이 새만
금 일원이다. 우선 그 규모에서 황해 일대에 그만한 곳이
없고, 인천, 목포, 광양, 부산을 잇는 해안링크의 징검다
리 역할을 하기에 적절한 위치일 뿐 아니라, 거대한 안바
다라는 아무도 모방하기 힘든 호재를 뜻밖에 갖추게 되었
다. 게다가 호남평야의 '미개발' 덕분에 거대도시가 없고
낡은 산업인프라가 적어서 중소도시들과 농어촌이 결합
된 새로운 유형의 도시연합을 이루기에는 오히려 유리한
여건을 갖추고 있다.

대전·중부권과 호남 일대에는 아직 이렇다 할 산업클러스터도 없고 그것을 선도할 산업이나 스스로를 특성화할 만한 인적·물적 자원도 없다. 이럴 때 대전·중부권이나 호남권이 지방분권을 이루어 자체의 경제적 동력을 가지려면 황해경제권이라는 더 큰 영역에서 역할을 찾아야 한다. 지방분권은 한반도 안에서의 역할분담이 아니라, 황해경제공동체와 동북아경제권에서 그 지방이 자기 역할을 찾고, 경제적 우위를 갖는 요소를 개발해서 스스로 일어설 수 있도록 하는 것이어야 한다.

해안과 내륙의 도시연대

한반도에서 서해안이 황해경제권의 주요 도시권으로 부상하려면 항만과 공항과 내륙의 도시들을 연합하고 중국과의 교역에서 경쟁우위를 점할 수 있는 산업을 가져야 한다. 현재 가능한 지역은 수도권밖에 없다. 그러나 이미 한계에 달한 수도권의 경쟁력을 더 올리기는 어렵고 획기적인 개편이 없으면 오히려 후퇴를 걱정해야 할 처지다. 황해경제권에서 한반도의 역할을 극대화하기 위해서는 해안과 내륙의 도시연합이 필요하다. 새만금 일원에 황해의 거점항만과 보하이만의 허브항만을 만들고, 허브항만을 중심으로 산업클러스터를 형성하며, 호남평야의 도시연합과 함께 전북의 농촌도시를 연대하여 어반

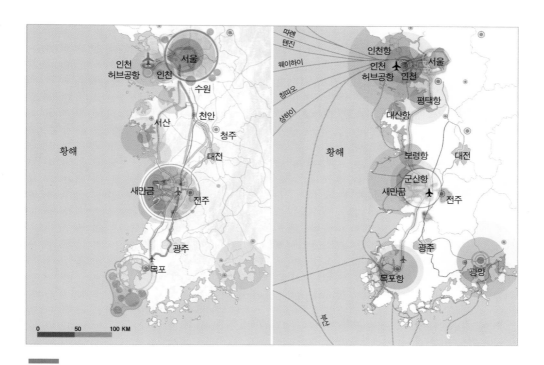

내륙의 도시연합과 수도권 메갈로
폴리스의 도시연합(좌). 해안링크
와 도시연합이 어반링크화하는 과
정(우).

클러스터를 만들면 황해경제권에서 규모와 콘텐츠를 갖
춘 경제중심이 될 수 있다. 실제로 현재 한반도에서 그나
마 국제경쟁력 있는 수도권과 대구·경북의 산업클러스
터, 부산·광양의 산업클러스터 등은 모두 해안과 내륙의
연결에 의해서 생긴 것이다.

그러한 상황에서 새만금을 생각해야 한다. 새만금이
바다로 남아야 인천, 목포, 광양, 부산을 잇는 해안링크의
건널목 역할을 할 수 있고 새만금을 중심으로 호남평야의
도시를 해안으로 끌고 나와 황해도시공동체의 주요 어반

클러스터가 될 수 있는 것이다.

서해안과 백두대간 사이의 도시연대

중국대륙이 태평양으로 뻗어나간 한반도의 척추와 같은 것이 백두대간이다. 농경사회에서는 이러한 생태계의 흐름이 자연스럽게 유지되어 삼국시대 때 이미 세계 최초로 추정되는, 강과 바다를 조절하는 벽골제와 황등제가 만들어졌고 호남평야와 새만금 일대가 거대한 생태계의 보고로 유지되어왔다. 그러다가 산업사회에 들어와 도시화가 이루어지면서 생태계의 파괴가 시작된다. 농경사회에서뿐 아니라 산업사회나 정보화사회에서도 백두대간과 거기서 강물이 흘러드는 바다 사이의 생태계 흐름이 유지되어야 한다. 이미 도시화가 진행된 이상 어반클러스터를 이루기 위한 도시연대가 필요하나 메갈로폴리스의 경우와 같은 농촌의 도회지화가 아닌 도시와 농촌의 공존을 전제로 한 도시간 연대가 이루어져야 하는 것이다.

새만금 갯벌은 백두대간과 서해가 만나서 이룬 생명의 공간이다. 새만금은 서해안의 해안링크와 백두대간이 어우러져 만들어내는 한반도의 단전(丹田)과 같은 곳이다. 새만금을 기점으로 호남평야의 다섯 도시와 전북 일원의 농촌과 어촌이 연대하여 어반클러스터를 형성하려면 자연의 흐름을 따라 바다와 내륙을 잇는 도시연대를 이루어

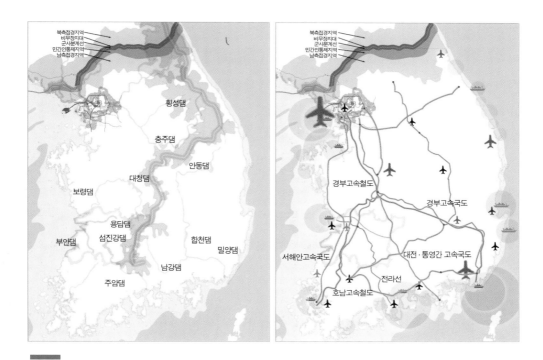

횡성댐
충주댐
안동댐
대청댐
보령댐
용담댐
섬진강댐
부안댐
합천댐
밀양댐
남강댐
주암댐

북측접경지역
비무장지대
군사분계선
민간인통제지역
남측접경지역

북측접경지역
비무장지대
군사분계선
민간인통제지역
남측접경지역

경부고속철도
경부고속국도
서해안고속국도
대전·통영간 고속국도
전라선
호남고속철도

3면의 바다와 백두대간과 DMZ
(좌). 그리고 그 사이에 형성되어
있는 거대 도시인프라(우).

야 한다. 새만금 안바다의 산업클러스터와 호남평야의 도
시연합과 전라북도 일원의 농어촌이 집합하여 자연의 흐
름을 거스르지 않는 고군산군도와 백두대간 사이의 어반
클러스터를 이루는 종합적인 구상이 필요하다.

호남평야 도시연합과 통합신도시

현재 호남평야를 중심으로 한 전북 일원에 2000년부터
2020년까지 4차 국토종합개발에 의한 여러가지 계획이
진행중이지만, 원대한 구상 아래 함께 이루어지는 것이라

새만금 바다도시와 호남평야 도시연합 | 223

기보다 각 시와 군이 개별적으로 기획하는 발상이 대부분이다. 예컨대 현재 호남평야 일대에는 전주 업무행정 신시가지, 김제 새만금 배후신도시 등 모두 7개의 도시가 계획되고 있는데, 이런 식으로 7개의 신도시를 건설해서는 어느 곳도 제대로 성공하기 힘들다. 또한 이미 세 곳에 국가공단이 건설되었고 지방산업공단도 12군데나 만들어지고 있으며, 첨단산업의 원형벨트와 생명공학과 문화산업 써클도 계획되는 등 인구 2백만도 안되는 지역에서 지나치게 많은 것을 여러 곳에서 동시다발적으로 진행하고 있다.

중심도시인 전주와 해상교통의 관문인 군산과 내륙교통의 요충지인 익산을 집합해도 산업클러스터를 이룰 수는 없는 규모이다. 호남평야의 도시들이 도시연합을 이루면서 핵심지역을 구축하고 그 핵심지역이 전체 어반클러스터의 중심이 되게 해야 한다. 해안링크와 고속도로와 고속철도와 공항 사이에 군산, 익산, 전주, 김제를 잇는 통합신도시를 만들어야 하는 것이다.

호남평야의 네 도시가 함께할 수 있는 통합신도시를 집중개발하고, 항만과 국제공항으로 이어지는 외부세계와의 네트워크를 호남평야 내부의 인프라와 연계시킬 수 있는 강력한 링크를 구축해야 한다. 호남고속도로, 서해안고속도로, 호남고속철도, 그리고 군산항과 김제공항을

새만금 마스터플랜 최종도면. 고군산군도의 비축기지와 허브항만을 해상거점으로 방조제 혁신도시와 방조제 안 해상공단이 군산·익산·전주·김제·정읍의 호남평야 도시연합과 함께 금강·새만금 어반클러스터를 이루는 신백제 구상.

잇는 네트워크에 현재 도시마다 따로 계획중인 금융과 정보와 인력을 집중시켜야 한다. 전북 전체가 농업단지와 관광단지이면서 정보와 인력과 자본이 집중된 정보산업 도시권역이 되도록 해야 한다. 호남평야 통합신도시를 중심으로 서로의 역할을 분담해서 강력한 경제권을 이루는 것이 바로 호남평야 도시연합이 나아갈 길이다.

황해공동체의 공동시장과 물류기지와 사계절 관광단지

아무리 원대하고 훌륭한 계획이 있더라도 그것을 실현하려면 세계자본을 유치하거나 세계와 경쟁할 수 있는 신기술을 만드는 길밖에 없는데 지금의 전북의 인구와 경제 규모로는 꿈같은 이야기로 들리게 마련이다. 이럴 때일수록 바깥으로 눈을 돌려야 한다. 앞으로 세계 최대의 시장은 중국이며 황해경제권은 중국시장의 핵심지역이다.

황해가 세계 최대의 경제권역이 된다면 그 어딘가에 주요 도시권역간의 교역과 교류의 중심이 되는 공동시장과 물류기지가 있게 마련이다. 지식정보사회가 되어도 재래시장은 커지고 물류는 더욱더 다양해진다. 유럽에서 끊임없이 열리는 메쎄(견본시장 박람회)는 결국 재래시장이 현대화·세계화한 것이다. 국가보다 도시권을 중심으로 무역이 이루어질 때 큰 시장을 선점하는 것이야말로 어떠한 신기술보다 중요하다.

황해경제권의 공동시장이라면 모든 경제권으로부터 접근이 양호해야 하고 시장중심이 될 만한 규모를 갖추어야 한다. 인천공항이 당분간 허브공항의 역할을 하게 되어 있다. 그리고 황해는 상대적으로 작은 바다이기 때문에 가까운 미래에 신기술 선박으로 다섯 시간 안에 중국해안과 접근할 수 있고 이는 한반도와 일본열도 사이에서도 마찬가지이다. 허브공항과 직접 연결되며 황해 도시군들과 직접 배로 닿을 수 있는 위치에 바깥바다의 풍랑으로부터 보호되는 광대한 새만금 안바다가 만들어져 있어 황해공동체의 허브시장을 이룰 수 있는 절호의 기회를 갖게 된 것이다. 중국해안에 이만한 크기의 안바다가 필요하다 해서 새롭게 만들자면 아무리 돈이 많아도 10년 넘는 시간이 필요하다. 황해경제권의 공동시장을 만들려면 황해의 대도시와 어반클러스터로부터 직접 접근할 수 있는 1억평 정도의 안바다가 필요한데 그것이 새만금에 이미 만들어져 있는 것이다.

새만금이 황해경제권의 물류기지가 되어 황해도시공동체의 상설엑스포가 열리는 공동시장이 되고 세계적인 메쎄의 아시아본부가 들어서면 어떠한 신기술도 꿈꾸지 못한 새로운 산업을 이루게 된다. 새만금 바다도시 구상은 이러한 맥락에서 검토된 것이다. 새만금 제1구역에 황해공동체의 물류기지와 공동시장을 이룰 수 있으면, 새만금 제2구역에 호남평야 도시연합을 건설하고 서해안과 백두대간을 있는 새만금 제3구역을 세계적인 관광단지로 만들 수 있는 것이다.

새만금 제3구역에 관해 좀더 구체적으로 이야기하기 전에 호남평야의 바깥 백두대간의 덕유산 무주리조트의 존재를 짚어보려 한다. 고군산군도 바깥바다와 방조제 일대에 세워질 세 바다도시와 호남평야 네 도시들이 서해안과 백두대간을 연결하는 도시연대를 이룰 때, 새만금 바다도시가 무주리조트와도 접속되는 큰 구도를 생각할 수 있다. 그렇게 되면 새만금은 호남평야만이 아니라 백두대간까지를 자기 것으로 하게 되고 덕유산과 무주리조트는 호남평야와 새만금 안바다를 얻게 되는 것이다.

세계적 관광지가 되려면 사계절 휴양지가 되어야 한다. 새만금 제3구역에 산과 바다를 연결하고 봄과 가을을 아우를 수 있는 관광패키지를 결합시키면 여름에는 고군산군도를 중심으로, 봄·가을에는 새만금 안바다를 중심으로, 겨울에는 무주리조트를 중심으로 한 사계절 관광구역을 이룰 수 있다. 황해경제권·황해도시공동체의 관광수요는 이미 세계 최대의 규모에 속하며, 역내 관광수요가 대부분이다. 황해공동체가 해안공동체이기 때문에 이 수요의 가장 큰 추세는 바다를 이용하는 것이 될 것이다. 그러나 해안과 해안을 잇는 관광만으로는 경쟁력을 가질 수 없다. 해안과 내륙이 이어지며 바깥바다와 안바다, 안바다와 호남평야, 호남평야와 백두대간이 서로 연결되면서 사계절을 순환하는 관광이 가능할 때 새만금 바다도시에 황해경제권의 관광중심을 이룰 수 있을 것이다.

방조제의 세 바다도시

새만금 바다도시는 안바다를 중심으로 방조제와 군산반도, 고군산군도, 변산반도 사이에 황해경제권의 물류기지인 복합항만과 공동시장인 장터도시와 해양생명공학도시인 해상공단으로 이루어지는 산업클러스터 도시군이다. 고군산군도와 2호방조제의 복합항만과 4호방조제와 군산반도의 해상공단과 1호방조제와 변산반도의 장터도시로 이루어지는 산업클러스터는 새만금 안바다를 중심으로 호남평야 도시연합과 전북 일원의 농어촌을 연대하여 어반클러스터를 이루는 기반이 될 것이다.

새만금 복합항만

새만금의 바다와 갯벌의 생명적 가치는 환경·생태운동에서 누누이 강조해왔다. 특히 만경강과 동진강 하구에 형성된 하구언 갯벌은 특히 소중한 자연유산일 뿐 아니라

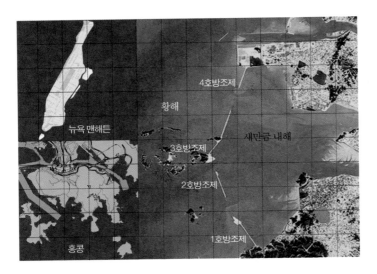

새만금과 같은 규모로 비교한 뉴욕
맨해튼과 홍콩.

백두대간으로부터의 생태계 흐름을 유지하기 위해서도
반드시 살려놓아야 한다. 그런데 바로 이러한 생태계의
요구가 전북의 발전을 위해 절대적으로 필요한 새만금의
항만으로서의 역할과 부합된다는 것은 큰 축복이다.

새만금은 항만 역할을 한 적이 없지만 항만으로서 서
해안 어디보다 좋은 조건을 가지고 있다. 항만물류의 국
내외 여건 변화에 따른 새만금의 잠재력에 주목해야 한
다. 부산·광양이 컨테이너 중심 허브항으로 동북아권역
환적화물에 대한 우위를 점하고 있으나, 중국경제의 급부
상으로 인한 중국 북안도시권으로의 항만 물량증가에 대
비해 서해안의 새로운 거점항만이 필요하다. 새만금지역
은 중국과의 교역에서는 서해안에서 가장 유리한 자리에

있다. 새만금지역은 여름에는 태풍, 겨울에는 북서방향의 계절풍을 받는 지역이지만, 비안도와 고군산군도 사이에 방파제를 건설하면 훌륭한 항만을 건설할 수 있다. 좋은 항만이 되자면 수심만이 아니라 조류와 해류, 수시로 불어오는 바람, 태풍, 해일에서 자유로운 곳이라야 한다. 새만금 바깥바다는 고군산군도와 비안도가 바람을 가로막고 밖으로 열린 깊은 수심을 갖고 있으면서 태풍과 해일로부터 자유로운 바다이다.

게다가 황해경제공동체 안에서 특히 유리한 길목을 차지하고 있다. 황해권의 메갈로폴리스인 서울―인천, 뻬이징―텐진, 샹하이―난징 권역은 과밀현상으로 허브기능의 효율이 저하되고 있어 대안으로 새만금 항만과 바다도시 건설의 가능성이 크다. 또한 선박의 대형화·고속화로 인한 기항지 제한으로 수심이 얕은 중국 동북해안의 환적화물이 많기 때문에, 항만조건이 양호하고 근접거리에 있는 새만금지역이 중계물류 거점항만을 건설할 수 있는 필요충분조건을 갖춘 셈이다.

고군산군도와 비안도가 천혜의 방파제 역할을 하고 있어 새만금의 해상조건은 기존 서해안 항만도시인 인천, 군산, 평택보다 좋다. 2호방조제와 고군산군도와 비안도 사이의 새만금 외항 예정지는 평균 수심이 기본 수준면하 15m 내외이며 북서풍은 고군산군도가, 남서풍은 비안도가 막아주고 있어 서측에 부유식 해양구조물로 인공방파제를 구축하고 2호방조제 안과 밖에 이원구조의 외항과 내항을 만들면 된다.

주항만이 2호방조제 외곽에 건설되므로 방조제 개방구간의 유속은 문제될 것이 없다. 방조제 개방구간은 빠른 물살 때문에 배가 24시간 출입하기 힘들지만, 주항만 예정지인 고군산군도와 2호방조제 사이의 유속은 선박의 입출항에 지장이 없다. 외항에서 내항으로 드나드는 배들만이 유속이 빠른 시간을 피하면 되고, 방조제 개방구간의 유속도 베네찌아의 라구나 입구들처럼 보조방파제를 건설해서 유속을 조정할 수 있다.

새만금 항만은 고군산군도와 세 방조제와 방조제 개방구간을 포함한 안바다 모두를 대상으로 여러가지 기능을 수행하는 크고 작은 항구들의 복합체로서, 고군산군도의 크루즈항만과 고군산군도와 비안도를 연결하는 물류기지와 2호방조제와 물류기지 사이의 외항과 방조제 안의 내항 모두를 아우르는 복합항만(port complex)인 것이다.

조석간만의 문제는 항만뿐 아니라 바다도시 건설 전체에 해당되는 이야기다. 베네찌아는 조석간만의 차이가 1m 미만이지만 새만금에서는 6~7m나 되기 때문에 도시 건설이 불가능하다는 반론도 있는데, 베네찌아는 바로 바다에 면해 건축된 도시이고 새만금 바다도시는 평균 15도경사인 방조제와 경사가 그보다도 더욱 완만한 해안에 세워지는 건축물들이므로 6~7m의 간만의 차이는 실제로 거의 느껴지지 않는다. 직접 바다에 닿은 부분도 이중 데크로 되어 있어 오히려 다양한 출입이 가능하다. 인천항의 경우 간만의 차이가 최고 11m나 되지만 바다에 면한 도시건설이 가능한 것은 서해안의 완만한 경사로 인해 간만의 차이가 수백 미터, 수 킬로미터 이상의 거리에 걸쳐 반영되므로 건물에 닿는 수면의 차이가 미미하기 때문이다. 물론 건물의 일부는 인공섬에 지어지기도 하지만 이 경우는 안바다 내부에 신축된 방조제로 막힌 공간이므로 간만의 차이가 문제될 바 없다.

방조제의 연장공사에 천문학적 비용이 소요될 것이라는 문제제기도 있다. 비용문제는 구체적인 설계를 놓고 예상 지출과 이득을 동시에 검토할 문제지만, 간척을 완료해서 농지나 공장부지 또는 지상 신도시를 건설하는 데 비하면 오히려 약소하다 할 것이다. 간척공사를 주장하는 측에서 새만금 항만 제안을 부분적으로 받아들이려 하고 있으나 새만금 항만은 안바다가 있어야 가능한 복합항만이 되어야 함을 알아야 한다. 간척을 해서 새만금 안바다가 없어지면 새만금 항만은 황해경제권의 물류중심과 공동시장이 될 수 없는 것이다.

새만금 장터도시

새만금이 황해경제권의 공동시장 허브시장이 되려면 호남평야 도시연합의 성립·발전도 중요하지만 새만금 자체에 황해도시공동체의 규모와 콘텐츠를 감당할 만한 입지와 크기를 갖춘 장터도시가 자리잡아야 한다. 새만금 바다도시의 일환으로 메쎄씨티(Messe city, 박람·견본시장 도시)를 구상한 것도 그 때문이다.

황해공동체는 바다를 중심으로 한 해안공동체이므로 모든 곳에서 접근이 가능한 바다 위의 공동시장이 이상적이다. 따라서 파랑과 태풍과 해일을 피할 수 있는 호수와 같은 안바다가 필요한 것이다. 황해경제권역에서는 샹하이와 새만금이 황해도시공동체의 공동시장이 될 만한 입지와 규모를 갖고 있다. 샹하이도 루챠오(蘆潮) 신항만도시 건설을 기획하고 있으나 이미 새만금은 10년을 앞서 있는 것이다.

육상에 시장을 만들려면 엄청난 인프라가 필요하지만 안바다에 시장을 만들 때는 수상도시 형태로 바다 위에 쉽게 띄울 수 있다. 현지에서 단기간의 전시가 끝나는 대로 국제박람회를 통째로 싣고 와서 새만금 안바다에 띄우고, 방조제와 인공섬에 황해경제권(내지는 중국의 내륙을 포함하는 동아시아) 주요도시들의 전시관을 지을 부지를 제공하여 엑스포 상설관과 동아시아 도시관을 만드는 것

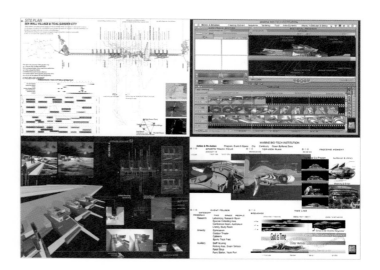

컬럼비아대 건축대학원 졸업설계
작품.

이다. 전세계의 바이어와 관광객들을 불러모으는 동북아
의 장터를 세우자는 것이다. 그래서 이를 아시아 관문도
시(Asian gate city)라고 부르기도 했다. 황해경제권에서
의 바다를 통한 직접적인 접근과 동북아 허브공항인 인천
공항을 통한 글로벌 네트워크, 수도권과 고속철도의 지역
네트워크를 구축하면 세계적인 장터를 만들 수 있다.

　메쎄씨티의 중심구역은 1호방조제 안쪽에 담수호와
함께 자리잡은 인공섬들이 될 것이다. 그러나 항만의 경
우처럼 장터도시 또한 바다도시 전체가 복합적인 메쎄씨
티이자 관광도시라는 발상이 중요하다. 이제 시장기능은
컨벤션 및 관광과 하나가 되어가고 있다. 라스베이거스에
서 끊임없이 열리는 컨벤션은 결국 또다른 형태의 시장이

다. 새만금시장은 거대한 도시관광과 함께할 것이다. 고군산군도의 바다가 33km의 도시화된 방조제를 통해 안바다를 거슬러 호남평야를 지나 백두대간에 이르는 자연의 큰 흐름 속에 만들어지는 도시관광이 새만금 장터의 또다른 모습이다. 장터는 축제의 장소이고 시장의 장소이며 관광의 장소이기도 하다. 관광이라는 관점에서도 새만금 전체, 즉 고군산군도나 방조제 일부의 해상공원뿐 아니라 항만과 해상공단 및 안바다의 갯벌 모두가 관광자원이다.

기존의 새만금 간척사업 중에서 가장 심각한 문제점으로 공인된 것이 담수호의 오염 가능성이지만, 실은 전북의 실질적인 수요라는 면에서 그나마 유일하게 타당성을 지니는 대목이 담수호 조성이다. 전북의 물 수급문제는 실제로 심각하며 새만금을 어떤 식으로든 개발한다면 용수문제가 매우 중요하다. 더구나 새만금과 호남평야 일대가 자립성을 지닌 경제권역으로 성립하려면 용수를 자체적으로 공급할 수 있어야 한다.

새만금 간척지의 담수호가 시화호 이상으로 오염될 것이라 예상하는 가장 큰 이유는 그것이 동진강과 만경강의 흐름을 방조제로 막고서 만드는 호수이기 때문이다. 물론 두 강은 방조제가 완공되지 않은 상태에서도 이미 수질문제가 심각하다. 그러나 강물이 바다로 흐르게 해놓은 채 수질을 개선하기는 그래도 쉬운 편인데다, 바다도시의 담수호는 수질이 상대적으로 양호한 동진강과 담수호 사이에 수문을 설치하여 강물의 수질이 가장 좋은 시기에 취수하게 된다. 이 담수호를 통해 약 3억톤의 용수를 확보할 수 있을 것으로 예상된다. 문제는 담수호를 만들자면 바다를 방조제로 막고 내부에 방수제(防水堤)를 만들어야 하는데, 방조제 개방구간을 통해 해수가 유통할 경우 담수호를 위한 제방도 방조제가 되어야 하므로 특단의 공법을 개발해야 한다. 북가력도와 계화도를 인공섬과 이중 공간옹벽으로 잇고 이중 공간옹벽 사이에 새만금 내항을 만들고 인공섬에 장터도시를 세우면 담수호 외곽공사가 바로 장터도시의 인프라를 구축하는 것이 된다. 아울러 공간옹벽과 인공섬으로 계화도로 이어진 방수방조제는 새만금 항만을 호남평야의 통합신도시와 잇는 간선도로망이 되는 것이다. 담수호 만들기와 장터도시 건설을 하나의 사업으로 고려할 때 비상한 경제방안이 생기는 것이다.

새만금 해상공단

새만금 일원이 복합항만이 되고 새만금에 황해경제권의 공동시장·관문도시가 건설된다 해서 새만금과 전북 일원이 자립적 경제권역이 되는 것은 아니다. 라스베이거스나 디즈니랜드처럼 세계적 경제인구를 대상으로 한 위락과 관광과 컨벤션 기능이 있을 때는 그것이 가능하지

만, 새만금은 그만한 규모가 아니므로 새만금 항만과 장
터도시 이외의 호남평야 도시군과 연대한 신산업이 필요
하다. 지식정보사회에 맞는 특성화된 사업을 이루어야 항
만 및 시장과 더불어 지방분권의 자립적 어반클러스터를
만들어낼 수 있는 것이다.

이를 위해서는 새만금과 호남평야가 강과 갯벌과 바다
를 아우르는 생명의 보고인 점을 지식산업의 기반으로 삼
아야 한다. 백두대간과 서해, 내륙과 바다의 흐름이 새만
금이라는 거대한 하구갯벌을 통해서 호남평야와 호흡하
는 새만금 제1구역이야말로 생명공학의 해상공단을 세울
수 있는 곳이다. 새만금이 황해공동체의 복합항만이 되고
허브시장이 되고 관광의 한 중심이 되면 바다를 기반으로

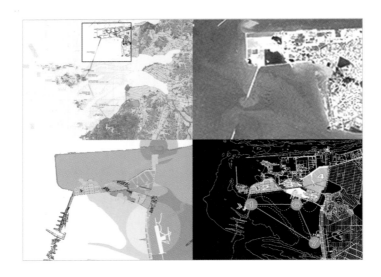

군산항측 혁신지구가 될 새만금 해
상공단. 금강유역 도시연합과 군
산·익산 산업클러스터의 접속을 시
도한다.

한 특성화된 대학과 연구소들을 모을 수 있다. 전북 일원의 생명공학을 중심으로 한 대학을 새만금에 집합시키고 세계적인 연구소를 끌어오려면 무엇보다도 바다를 중심으로 한 생명공학산업을 유치해야 한다. 이런 구상은 금강을 새만금과 연결하면서 금강유역을 개발하고 공주·연기 지역에 국립대학 통합학부(또는 상당수의 중요 대학)가 들어설 경우 더욱 힘을 받게 될 것이다.

새만금 일원이 특성화된 항만이 되고 동북아 주요 도시의 전시관이 모여 있는 엑스포와 세계적 메쎄들의 아시아본부가 있는 바다도시가 된다면 그 속에 국제적인 생명공학도시인 해상공단을 만들 수 있다. 스탠퍼드대학이 있어서 씰리콘 밸리(Silicon Valley)가 가능했고 맨해튼의 미드타운과 다운타운이 있어서 씰리콘 앨리(Silicon Alley)가 가능했듯이 새만금 항만과 새만금 시장이 있어서 새만금 해상공단이 가능한 것이다.

첫번째 마스터플랜을 발표할 때는 이 단지의 위치는 4호방조제와 군산반도와 군산공항으로 설정했다. 군산항, 군산공항, 군장단지 등 기존의 도시와 산업인프라를 최대한으로 활용한다는 의미에서다. 그런데 생명과학단지의 위치와 규모는 더 세밀하게 명시하기보다 오히려 변동의 여지를 남길 필요를 느낀다. 먼저 이곳은 4호방조제의 물막이 완공에 의해 가장 직접적인 영향을 받는 지역으로 이미 상당부분 훼손되었던 갯벌이 추가로 얼마나 훼손되는지를 조사해봐야 한다. 또한 막힌 부분을 다시 뚫는다해도 얼마나 뚫으며 그에 따른 환경영향은 어떤 것인지도 정확히 연구할 필요가 있다.

4호방조제의 틈새(갭3)가 열려 있다면 아예 이곳을 간척하지 말고 기존의 군장공단 일부와 주변의 휴경지를 이용해서 생명과학단지를 조성하는 것도 한가지 방법이다. 애초의 구상은 이때 금강 물을 운하를 파서 끌어들이면 (원래 지금의 군장공단 일대는 섬이었다) 수질에 도움을 줄뿐더러, 방조제 개방구간에서 조력발전을 할 경우 발전량을 크게 증대시키고 해상공원으로서의 장관에 더욱 기여할 수 있으리라는 정도였다. 그러나 앞서 언급했듯이 충청권 개발이 중대한 국가적 이슈로 떠오른 싯점에서 금강과 새만금 안바다의 물을 소통시키는 일이야말로 금강유역과 새만금·호남평야의 가능성을 극대화하는 절호의 방안임이 뚜렷해졌다.

물론 생명과학단지의 수요에 따라 이곳에 적정량의 간척지를 마련할 수도 있다. 어느 경우든 '생명의 보고'로서의 새만금과 전북에 걸맞은 산업인 동시에, 밖으로는 호남평야 도시연합과 안으로는 항만·장터·관광도시와 유기적으로 연결된 해양생명과학단지라는 대전제가 중요하다.

대안 모색과 실행 과정에 관하여

도시건설은 경제의 기반을 만드는 일이기 때문에 예산과 공정을 생각하지 않는 안은 무의미하다. 더구나 우리가 제안하는 호남평야 통합신도시와 새만금 바다도시는 새로운 도시를 건설하는 것일 뿐 아니라 한반도에 이제까지 없던 새로운 지방분권화된 준국가를 건설하는 일이기 때문에, 전혀 다른 사업방식이 요구된다.

독립적인 특별위원회가 구성되어야 함은 물론인데, 위원회의 역할은 새로운 새만금사업의 기본성격에 해당하는 큰 원칙을 정하는 것으로 국한되어야 한다(행정법원의 조정안이 받아들여졌다면 비슷한 위원회가 구성되었을 확률이 크다). 예컨대 해수가 계속 유통되어야 한다든가, 기왕에 쌓은 방조제는 적절히 보완하여 활용한다든가, 전북 전체의 발전과 맞물린 새만금 개발의 큰 윤곽을 제시하고 각 분야의 투자주체(중앙정부, 지방자치단체, 국내외 기업 등)를 구분한다든가 하는 작업이다. 말하자면 일종의 '새만금 특별법'을 작성하는 작업이다.

새로운 마스터플랜을 확정하고 실행하는 다음 단계의 작업들은 이 특별법에 따라 구성된 대통령직속 특별기구가 담당하며 별도의 입법을 통한 뒷받침이 필요하다. 더구나 바다를 중심으로 방조제 위에 세우려는 도시에는 지

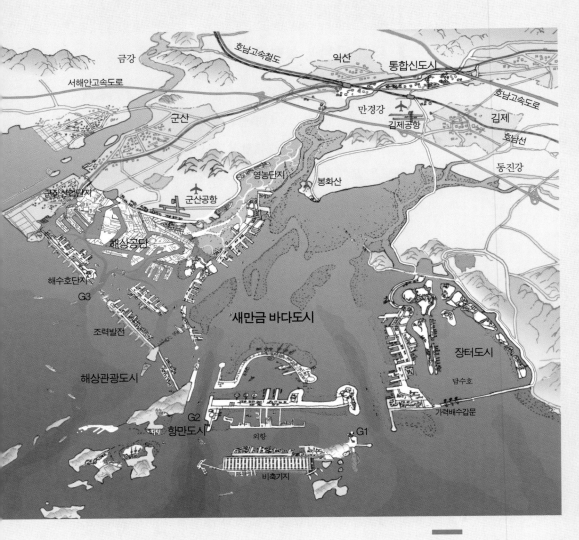

금강

호남고속철도

익산

통합신도시

서해안고속도로

호남고속도로

군산

만경강

김제

김제공항

호남선

동진강

영농단지

봉화산

군산공항

군산산업단지

해상공단

해수호단지

G3

조력발전

새만금 바다도시

해상관광도시

장터도시

담수호

G2

항만도시

외항

가력배수갑문

G1

비축기지

새만금 바다도시 마스터플랜 2003
년 수정안.

금까지의 도시건설 법령이 해당되지 않기에 제도와 법령의 정비는 불가피하다. 프랑스의 미떼랑 대통령 재임중 빠리 근교에 라데팡스(La Défence) 신도시를 건설할 때 일곱 부처의 장관과 전문가들로 구성된 대통령직속 특별위원회에서 기본방향을 정한 후 조직을 만들어 사업을 집행했는데, 이런 선례를 참고할 수 있을 것이다.

도시건설 예산은 토지예산과 도시하부구조 예산과 도시상부구조 예산 세 가지로 대별할 수 있다. 새만금은 공유수면이므로 방조제 건설비용만이 토지예산이 될 것이다. 분당, 일산 등의 신도시의 경우 토지매입과 도시하부구조를 만드는 것으로 개발주체는 역할을 끝내고 민간자본이 들어와서 도시를 건설했다. 보문단지나 중문단지도 마찬가지다. 포항제철이나 광양항의 경우는 토지매입과 도시하부구조와 도시상부구조 건설을 한 주체가 동시에 진행했다. 새만금의 세 바다도시 경우는 항만은 중앙정부가 주체가 되고, 허브시장과 해상공단의 경우에는 인공섬과 방수제·방조제 건설은 농업기반공사가, 인프라 건설은 새로운 도시건설의 주체가, 상부구조 건설은 해외자본이 맡는 방식이 유리할 것이다. 통합신도시의 경우는 지방자치단체 연합이 맡아 토지를 조성하고 인프라를 건설한 후 콘텐츠는 도시 내부의 각 블록에 개별 도시와 투자가들이 참여하는 방식이 현실적이리라고 본다.

새만금에 해외자본을 들여온다는 발상 자체에 거부감을 갖는 이도 없지 않으나, 양질의 외자유치는 한국뿐 아니라 사회주의국가들에서도 일치된 국정목표로 되어 있다. 문제는 한국의 경우 지금까지 김포매립지, 송도매립지 등 토지를 만들고 해외자본 유치를 시도했으나 각서만 오갔을 뿐 구체적인 투자가 이루어지지 않고 있다는 사실이다. 이는 신도시 건설에 참여하는 것이 위험하고 불확실하다는 것을 외국자본이 알기 때문이며, 구태의연한 발상으로는 아무리 정부의 '획기적 지원'이 따라도 외국자본을 설득할 수 없다는 점을 보여준다.

더구나 전북은 인구가 2백만도 되지 않고 자립적 경제규모라 할 산업도 시장도 없다. 하지만 중국을 향해 열린 거대한 안바다가 확보되어 있다는 것이 더없는 호재다. 황해경제권의 허브항만이 될 수 있는 절묘한 입지에 이런 안바다가 있는데다가, 고군산군도 일대에 보하이만의 허브가 될 항만이 건설되고 군산공단과 새만금 주변에 새로운 해상공단이 들어서고 황해경제공동체의 공동시장을 만들어 인천공항과 항만과 내륙의 인프라를 집중적으로 네트워크화한다고 할 때 비로소 설득의 여지가 생긴다. 그렇더라도 프랑스의 라데팡스나 통일독일의 새 수도 베를린의 포츠다머플라츠(Potsdamerplatz)처럼 투자자본이 쉽게 회수될 수 있는 경우는 아니며 이미 인프라가 다 만들어져 있지도 않다. 오로지 황해도시공동체가 앞으로 세계에서 가장 강력한 경제공동체가 되고 시장이 될 것이기에 이에 걸맞은 꿈과 비전을 갖고 설득할 수 있는 것이다.

덧글

2001년부터 마련하여 2002년과 2003년에 『창작과비평』에 발표한 기존의 새만금 대안은 지금 상황에서 달라질 수밖에 없게 되었다. 물막이공사의 진행으로 갭(gap)3은 돌이킬 수 없이 닫혀버려서 군산공단과 방조제와 안바다 위에 계획했던 새만금 해상공단안은 대폭적인 수정이 불가피해졌고, 갭1과 갭2도 이미 상당부분 공사가 진척되어 새만금 내항과 담수호 수상도시안도 재검토가 필요하게 되었다. 그러나 아직 희망은 있다. 지금 이 상황에서 중요한 것은 법원의 최종 결정이 어떻게 나더라도 문제가 없는 상태를 만드는 일이다. 두 개의 갭이 아직 열려 있는 상황에서 방조제가 더는 유실되지 않도록 하고 앞으로의 결정에 따라 방조제를 열 수도 막을 수도 있는 토목적 방안을 강구해야 하는 것이다.

새만금의 문제는 과도한 규모에 있었다. 새만금은 전북만의 것으로 하기에는 너무 크다. 바로 여기에 문제의 핵심과 답이 있다. 보하이만의 톈진·진져우·따롄, 샨뚱성의 칭따오, 한반도의 인천을 묶은 해안도시공동체에서

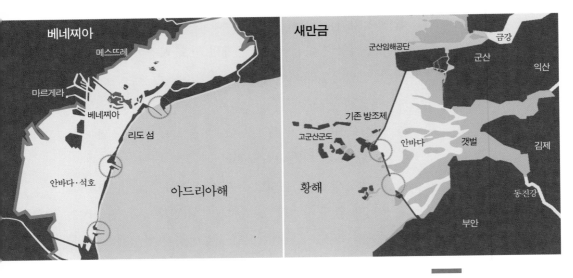

이들을 집합시킬 만한 입지와 규모를 가진 곳은 새만금밖에 없다. 고군산군도 일대의 바다와 새만금 안바다는 황해도시공동체의 허브항만과 공동시장으로서 위치와 규모모두 최적이다. 그리고 금강을 주운이 가능한 운하의 강으로 만들어 군산·부여·공주를 잇는 금강유역 도시연합을 이루고, 이를 새만금 안바다와 하나가 되게 하면 새만금 1억2천만평은 과도한 공간이 아니라 적절한 규모의 땅과 바다가 되는 것이다.

신행정도시로서의 여건이 절대 부족한 공주·연기를 금강유역 도시연합의 중심도시로 확대재편하고 금강유역 도시연합과 새만금 도시연합을 군산·익산의 산업클러스터를 매개로 어반클러스터화하면 황해공동체의 강력한

같은 크기로 비교한 베네찌아 라구나(석호)와 새만금 안바다. 베네찌아의 라구나가 세개의 갭을 통해 아드리아해와 연결되어 세계적 수상도시가 된 것처럼 새만금 방조제의 두개의 갭을 필요에 따라 열거나 닫을 수 있게 토목적 장치를 하여 매듭지으면 새만금은 새로운 가능성의 땅이 될 수 있다.

중심도시로 만들 수 있다. 새만금 간척사업은 얻는 것보다 잃는 것이 많으며 미래의 가능성을 버리게 되는 사업이고, 신행정도시도 과천청사 이전 정도에 그칠 가능성이 큰 불안한 일이지만 둘을 합하여 다른 시각에서 새로운 판을 이루면 희망의 한반도 프로젝트로 성사시킬 수 있다.

중국의 주요 인사와 학자들에게 금강·새만금 어반클러스터를 설명했을 때 그들이 적극적인 참여의사를 보인 것은 황해연합의 큰 가능성을 보았기 때문이고, 금강·새만금 어반클러스터를 중소도시와 농어촌이 상생하며 거대도시 못지않은 경쟁력과 삶의 질을 가질 21세기 도시비전으로 인식했기 때문이다.

새만금을 새만금으로만 보지 말고 호남평야 및 백두대간과 하나로 보고 황해도시공동체의 허브공간으로 만들자는 것이 이전에 내놓은 대안이었다면, 이제는 금강유역을 도시연합으로 만들고 이를 새만금 도시연합과 함께 군산·익산·전주의 산업클러스터와 대전의 산학클러스터를 연계한 어반클러스터로 만들자는 새 제안을 내놓는 것이다.

이런 논의를 제대로 하기 위해서는 절대적인 시간이 필요하므로 그 기간에 더이상 방조제가 유실되지 않고 앞으로의 계획에 따라 방조제를 닫을 수도 열어놓을 수도 있게 해놓은 상태에서 금강유역 도시연합과 새만금 도시연합 그리고 금강·새만금 어반클러스터를 생각하자는 것이다. 그런 후에 금강유역과 새만금 어반클러스터에 행정수도를 이전한다면 희망의 한반도 프로젝트 실현에 결정적인 몫을 할 것이다.

4

춘천 혁신신도시

산업사회를 지나 지식정보사회에 오면서 한국경제의 하드웨어는 한계에 도달했다. 지금이야말로 도시의 혁신이 시작되어야 한다. 수도권 세계화와 지방권 자립화는 한반도 기존도시와 산업도시와 주거도시를 버려진 농촌과 함께 새롭게 일으키고자 하는 방안이며, 춘천 혁신신도시는 지방권 자립화와 지식정보사회의 신산업전략이 될 도시산업의 방안을 제안하려는 것이다.

춘천의 도시정보

도시는 고유의 정보체계를 갖고 있다. 유토피아의 도

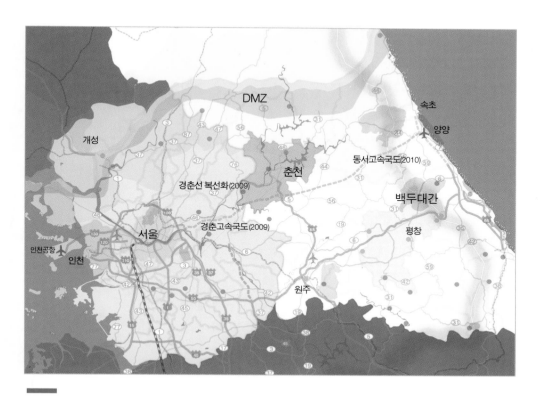

DMZ
속초
양양
개성
춘천
경춘선 복선화(2009)
동서고속국도(2010)
백두대간
서울
경춘고속국도(2009)
평창
인천공항
인천
원주

수도권의 변방도시에서 자립적 도시로 발전해야 할 과제를 안고 있는 춘천.

시정보는 상상력이고 라스베이거스의 도시정보는 관광과 엔터테인먼트의 소프트웨어다. 베네찌아의 도시정보는 과거에 있고 라데팡스의 도시정보는 미래에서 찾아야 한다.

 강릉도 원주도 아니면서 강원도의 도청소재지가 된 곳이 춘천이다. 강원도 도청소재지로서의 도시정보체계를 구축해야 하고 강릉과 원주를 포함한 영역의 도시정보를 찾아야 한다. 1차산업시대에는 지하자원이 풍부한 강원도와 호남평야의 전라북도가 가장 잘사는 곳이었으나 3차산업시대에는 기술과 정보와 자본이 집중된 서울과의 관계가 도시경쟁력의 기준이 되었다. 춘천과 서울의 거리는 서울로부터 얻기보다 빼앗기기 쉬운 거리다. 춘천은 한강의 상류도시지만 일곱개의 댐에 의해 한강과 차단된 내륙의 도시이며 도청소재지로는 유일하게 서울과 고속국도로 이어지지 않은 도시다.

서울에서 춘천으로 가려면 구리시, 남양주시, 가평군 한가운데를 지나야 한다. 80km의 거리를 두시간 이상 가야 한다면 경쟁력이 없는 것이다. 서울에서 춘천이 바로 닿아야 어반네트워크가 시작된다. 경부선만이 복선일 때 한반도 경제는 당연히 경부선 축에 집중할 수밖에 없었다. 호남선이 복선화되고 호남고속도로가 생기면서 호남지방이 그나마 일어선 것이다. 서울-춘천간 축상의 도시가 의미가 없는 것은 도시 한가운데를 관통하는 국도로 연결되었기 때문이다.

국토인프라는 사람의 흐름을 이루게 하고 자연인프라는 사람의 흐름을 집합한다. 강원도의 지하자원은 언젠가는 지상자원을 이루게 마련이다. 춘천의 도시정보는 자연인프라와의 관련 속에서 만들어져야 한다. 도시정보는 어디에 따로 있는 것이 아니다. 도시를 분석·기획·경영하려는 사람들이 도시의 잠재력과 가능성을 알기 위해 미래를 배경으로 역사와 지리와 인문을 총괄하고 해석하는 것이다. 춘천의 도시정보는 크게 다음 네가지로 이루어질 것이다.

1. 서울 수도권과 DMZ와 백두대간: 춘천의 1단계 도시정보는 철도와 국도로 서울·수도권과 클러스터 혹은 선상으로 이어진 구리, 남양주, 가평 등 서울-춘천간 도시군 정보와 동서고속국도와 경춘선 복선화를 전제로 한 동부 서울과 춘천 관련 정보이며, DMZ 및 백두대간과 연관된 정보이다.

2. 역사·지리·인문: 역사와 지리와 인문정보는 춘천이 수도권 동부중심도시가 될 것이라는 전제하에 도시정보화되어야 한다. 단순히 도시자료를 모은 것이 도시정보는 아니다. 역사적 사실과 산업자료와 지리자료를 모은 것은 이미 다 정리되어 있다. 도시자료가 도시정보가 되려면 역사와 지리가 인문으로 집합된 상황의 연속성을 전제한 자료여야 한다.

3. 경제지도: 도시경쟁력은 경제에서 나오는 것이므로 도시정보의 핵심은 경제에 있다. 도시정보에서 역사·지리·인문을 하나로 묶고 경제를 별도로 하는 이유도 거기에 있다. 경제자료를 도시정보화하려면 옥스포드대학이 만든 중국의 경제지도 정도의 도시정보화지도가 만들어져야 하고 경제지도, 도시정보지도를 집성해야 한다.

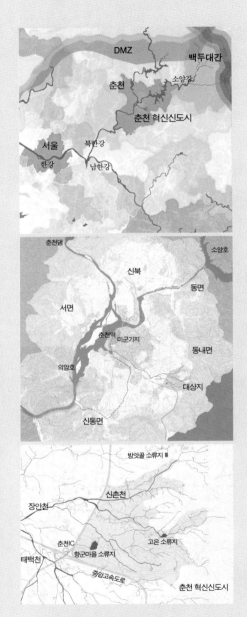

위에서부터 한강 수계와 춘천, 북한강 수계와 춘천, 춘천 대룡산 지구
수계.

4. **도시연합**: 춘천은 중간도시다. 중간도시는 네트워크 도시가 되어야 제 역할을 할 수 있다. 춘천은 동서고속국도의 중간도시고 수도권의 동부중심도시이면서 중앙고속국도의 중간기착지이지만, 현재는 미완의 중간도시다. 동서고속국도는 계획중이고 중앙고속국도는 춘천에 멈춰 있다. 동서고속국도가 춘천을 지나 동해에 닿고 중앙고속국도가 춘천을 지나 DMZ로, 그리고 다시 이북으로 가는 미래의 상황을 전제로 하여 춘천을 중심으로 한 춘천·철원·원주 도시연합을 기획할 수 있어야 한다. 도시연합은

수도권, DMZ, 백두대간과 동해 사이의 춘천, 원주, 철원.

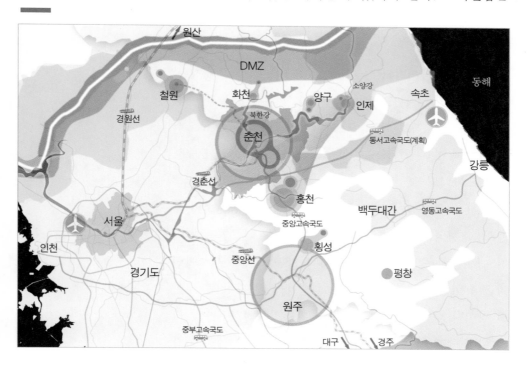

과거와 현재의 도시정보가 아니라 예측가능한 미래와 비전을 하나로 한 도시정보인 것이다.

춘천의 잠재력과 가능성

춘천을 혁신하기 위한 신도시는 춘천을 일으켜세우고 농촌을 기업화하고 주변 소도시를 집합하는 역할을 하면서 동서고속국도와 영동고속국도를 남북으로 관통하는 중앙고속국도상의 원주와 철원까지를 아우르는 도시연합의 통합신도시 역할을 해야 한다. 그러기 위해서 춘천이 가진 도시적 잠재력과 가능성을 찾는 일부터 시작해야 한다. 아직까지 춘천은 변방의 지방도시이다. 서울과 춘천 사이가 군소도시로 메워지다보니 10~20년 전보다 오히려 서울에서 더 먼 도시가 되었고 강원도의 실질적 중심도시도 아니다.

오랜 숙원사업이던 동서고속국도의 개통, 경춘선의 복선화, 춘천역과 도시중심을 가로막고 있던 미군기지의 이전으로 춘천은 바야흐로 전환의 계기를 맞게 된다. 이런 일들이 미치게 될 영향은 아마 춘천 역사상 가장 큰 것이 될 것이다. 동서고속국도 개통과 경춘선 복선화와 미군기지 이전을 전제로 춘천의 도시적 잠재력과 가능성을 생각

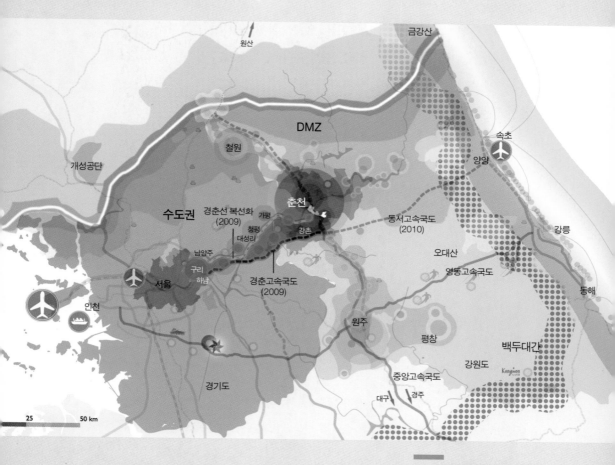

원산

금강산

DMZ

속초

철원

양양

개성공단

경춘선 복선화
(2009)

수도권

춘천

가평

청평

강촌

동서고속국도
(2010)

대성리

강릉

남양주

오대산

구리

하남

영동고속국도

동해

경춘고속국도
(2009)

서울

인천

원주

평창

백두대간

강원도

경기도

중앙고속국도

대구

경주

25   50 km

경춘고속국도와 경춘선 복선화에
의해 새로운 전기를 맞게 된 춘천
일원.

하는 일이 춘천개혁의 시작이고 춘천·원주·철원 도시연
합의 가능성을 찾는 일이다. 또한 지방권이 수도권에서
무엇을 가져오지 않고 스스로 자립하는 길로 나아가는 첫
걸음인 것이다.

　춘천의 잠재력과 가능성을 크게 넷으로 압축할 수 있
다. 첫째가 춘천을 수도권 동부중심으로 만드는 일이다.
수도권의 과밀은 중앙정부를 어디로 옮겨 해소될 수 있는

춘천의 역사·지리·인문지도.

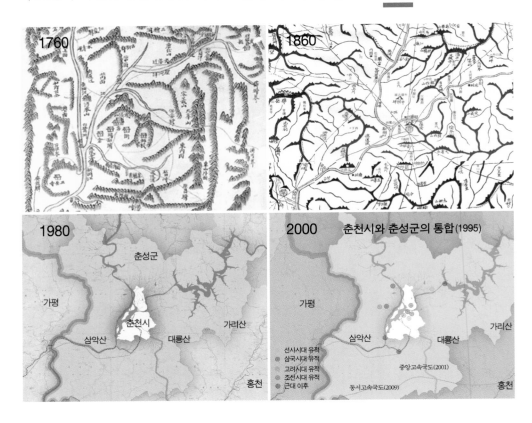

일이 아니다. 서울·수도권 구조개혁은 일극집중된 도심 기능을 사방 네 곳의 외곽 도시중심으로 분산시키는 데서 찾아야 한다. 춘천은 유력한 수도권 동부중심이 될 잠재력이 있는 도시다.

둘째는 관광허브로서의 가능성이다. 런던의 하이드파크 북동쪽 마블아치 주변만 해도 1백개 정도 되는 호텔이 있다. 하지만 우리의 경우는 2010년이면 1만5천개 정도의 호텔 객실이 부족하게 된다. 서울 시내의 땅값으로는 감당할 수 없으므로 일산에 대규모 호텔단지를 기획하고 있다고 한다. 그러나 서울 하나만으로 관광산업을 일으킬 수 없다. 수도권과 백두대간과 DMZ 일원을 관광하러 오는 중국과 일본 단체관광객의 기초수요가 있어야 관광산업의 기반을 만들 수 있다. 그럴 때 이들을 단체로 연중 머물게 할 수 있는 가장 큰 가능성을 가진 곳이 한강의 상류도시 춘천이다.

셋째 산학클러스터를 이룰 수 있는 잠재력이다. 산업사회의 역군은 노동자이지만 지식정보시대의 역군은 대학 인구와 연구인력들이다. 한국경제의 미래는 전통산업보다 지식산업에 있고 지식정보산업은 대학과 연구소와 연구단지가 모이는 곳에서 일어나게 마련이다. 아직 지방대학은 산학클러스터를 이루기에는 인력도 정보도 동기도 부족하다. 수도권대학과 지방대학과 수도권기업이 함

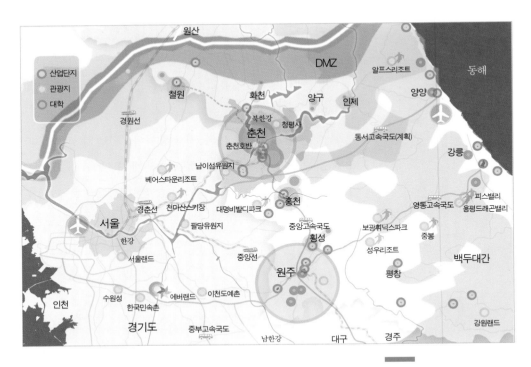

춘천 일원의 산업단지와 관광지.

께 산학클러스터를 만든다고 할 때 최적의 입지는 수도권에서 한시간 이내 거리이면서 지방중심도시에 인접한 세계 수준의 정보화도시이어야 한다. 춘천 혁신신도시가 수도권의 대학과 기업과 연구소를 춘천의 대학과 연구소와 연계하는 산학연구단지를 만들어 이를 원주와 이을 수 있으면 수도권 외곽의 가장 잠재력이 큰 산학클러스터를 만들게 되는 것이다.

넷째는 자영도시로서의 가능성이다. 대개 50대 중반이면 그동안 몸담았던 직장을 떠나 제2의 인생을 경영한다.

은퇴가 아니라 전직해서 다시 10~20년을 일하게 되고 그 후 은퇴하는 것이다. 새로운 인생을 경영할 수 있는, 실버타운이 아닌 더 나은 제2의 직장이 있는 골드타운이 있어야 한다. 대도시는 대기업의 도시이고 젊은이들의 도시이며 시간의 흐름이 압도하는 도시다. 이제는 자연과 함께하며 나이든 사람들의 지혜가 만드는 창조적 소도시가 필요한 것이다. 제2의 삶을 경영하기에 가장 좋은 도시로서 춘천만한 곳이 없다. 서울 나들이가 한시간이면 가능하고 지방중심도시와 인접하고 백두대간과 DMZ로 바로 갈 수 있는 춘천만한 곳이 없다. 수도권 동부중심이며 한반도의 관광허브이며 산학클러스터가 이루어질 수 있는 바로 그곳이 50대의 창조적 소수를 위한 골드타운으로서의 가능성과 잠재력이 있는 곳이다.

수도권 동부중심

서울·수도권의 일극집중으로 인해 국토가 균형적으로 발전하지 않았고 수도권 과밀 때문에 경쟁력이 떨어지고 있다고 하는 것은 한 측면만 과장해 보는 것이다. 국토균형발전이 이루어지지 않은 것은 지방권 자립이 제대로 이루어지지 않았기 때문이고 수도권 과밀은 수도권을 확대 조정하면 해결할 수 있는 일이다. 수도권의 문제는 수도권이 세계화되지 않은 데 있다.

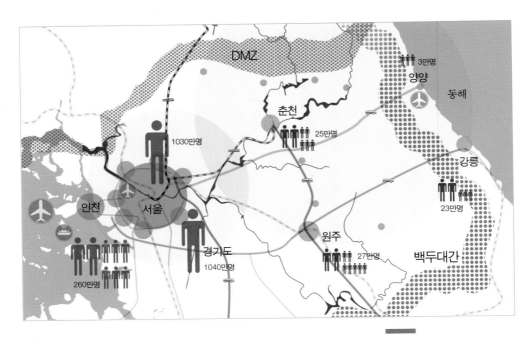

서울·수도권과 춘천 일원의 인구.

수도권 과밀은 수도권이 남쪽과 서쪽으로 편중된 데서 비롯한 것이며 수도권 동부와 북부를 확대조정하고 수도권 사방에 네 외곽중심을 만들어 여기로 산업과 인구를 집중시키면 문제를 해결할 수 있다. 서쪽으로 인천, 남쪽으로 평택, 북쪽으로 개성, 동쪽으로는 춘천을 외곽 중심도시로 하여 수도권 중심기능의 상당부분을 이전하고, 네 도시권을 광역인프라로 연결하여 주거도시를 건설하면 수도권 과밀을 상당부분 해소할 수 있다.

춘천은 경춘선이 복선·고속화되고 동서고속국도가 놓이면 수도권 동부중심으로서 수도권 과밀해소의 큰 몫을 담당할 것이다. 수도권 동부중심은 수도권의 위성도시가 아니라 수도권의 핵심기능을 담당해야 수도권 세계화의 제 몫을 하게 되는 것이다. 수도권을 네 외곽중심도시와 서울 중심의 다섯 영역으로 재조직할 때 수도권이 베이징이나 상하이와 경쟁할 수 있는 역량을 갖게 되고, 춘천은 수도권의 동부중심으로서 강력한 경제권역을 이룰 수 있는 것이다.

관광허브

농업사회에서 관광이 일부 계층의 특권이었다면, 산업사회에서 관광은 많은 사람들의 선택이었다. 이제 지식정보화사회에서 관광은 모든 사람의 필수가 되었다. 미국·독일·일본 관광객들이 세계 관광객의 반을 넘는다. 잘사는 나라 사람들이 가장 많이 관광을 다니는 것이다. 반면에 잘사는 나라가 가장 좋은 관광지이기도 하다.

세계화는 무역과 관광으로 나타난다. 연간 2천억달러를 수출하는 나라의 관광산업이 미비한 것은 국가 산업전략으로도 큰 문제다. 이제는 세계가 시장이다. 세계에 끊임없이 물건을 팔기 위해서도 자기나라를 최고의 관광지로 만들어야 한다. 무역에서 국가의 이미지가 차지하는 중요성은 생각보다 크고 국가 이미지는 관광으로 알리는 것이 최상의 길이다. 보일 것이 없으면 드디어는 팔 것도

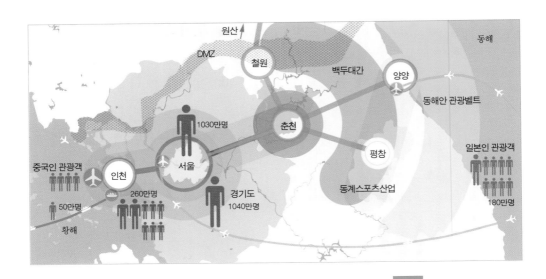

서울·수도권의 인구와 중국·일본의 관광인구.

없게 된다. 한국은 관광에서는 아직 저개발국가다. 국가 전체의 외국인 관광객 수가 베네찌아 한개 도시에도 미치지 못한다.

그러자면 세계적 관광자원을 만들어야 하는데, 한국의 자연과 역사유적은 세계적 관광자원이라 하기엔 많이 부족하다. 그러나 수도권과 백두대간과 DMZ가 탁월한 기획으로 조직화된다면 세계적 관광자원이 될 수 있다. 서울·수도권은 그래도 이틀은 머물 만하다. 서울·수도권만으로는 제한적이고 백두대간은 동계스포츠만 개발되어 있을 뿐이며 DMZ는 아직 아무것도 없는 황무지다. 백두대간의 산지농업과 목축을 식품산업화하여 세계적 청정식품단지로 만들고 동계스포츠를 동해안과 연결시키고

DMZ의 생태계를 보존하면서 이를 활용하는 과감한 계획을 수립하여 수도권-백두대간-DMZ의 관광 삼각지대를 만들면 세계적 관광명소가 될 수 있다.

그때 춘천이 이 삼각지대의 관광허브가 될 수 있다. 춘천을 호반도시라 하지만 호반과 도시가 미군기지에 의해 차단되어 있다. 의암호를 춘천시로 끌고 들어와 춘천을 아름다운 수상도시로 만들어야 관광허브 도시로 개발할 수 있다.

산학클러스터

대덕연구단지는 아직 산학클러스터라 할 만한 것을 이

춘천·원주·강릉 일대의 대학과 산업단지.

루지 못하고 있다. 산학클러스터는 대도시 주변의 많은 대학과 연구소와 기업이 쉽게 연결될 수 있는 지역이 유리하다. 수도권 외곽도시 가운데 산학클러스터가 가능한 입지는 수도권에서 고속도로로 한시간 거리 이내에 있는, 중소도시연합이 이루어질 수 있는 곳이다.

동서고속국도가 만들어지고 중앙고속국도가 춘천을 지나 철원과 DMZ로 이어지게 되는 원주·춘천·철원 도시연합 축은 산학클러스터를 이룰 수 있는 최적의 지역이다. 한시간 이내 거리에 수십개의 대학과 연구소가 있고 서울·수도권과 백두대간과 동해안이 모두 한시간 거리 안에 연결되는 뛰어난 입지가 산학클러스터를 가능하게 하는 것이다. 문제는 이를 수용할 수 있는 도시가 있어야 하는 것인데, 기존도시로는 어렵다. 동서고속국도와 중앙고속국도의 교차점 부근 춘천과 원주와 바로 연결될 수 있는 혁신신도시가 이를 담당해야 한다.

자영도시

이상적인 도시는 모든 것이 도시 자체에서 이루어지는 도시다. 토마스 모어가 그린 유토피아도 섬이다. 그럼에도 불구하고 현대도시는 모두 비자립적 도시다. 산업도시는 일자리만 있는 산업공단이고, 대도시 주변 주거도시에는 일자리가 없다. 산업사회에서는 대도시가 도시경쟁력의 주역이었으나 지식정보화사회에서는 소도시도 대도시 못지않은 경쟁력을 가지게 된다.

애니악으로 대표되는 대형컴퓨터의 기능을 퍼스널컴퓨터가 하게 되고 이제는 노트북컴퓨터가 과거의 대형컴퓨터 기능을 한다. 혁신신도시는 대도시가 하던 기능을 하는 소도시다. 당연히 이곳에 사는 사람들의 일자리는 이곳에 있어야 한다. 대도시가 도시경쟁력이 있었지만 삶의 질은 떨어졌는데, 혁신신도시는 대도시 못지않은 경쟁력을 가졌을 뿐만 아니라 삶의 질이 높은 산업·주거도시가 될 수 있고 또 그렇게 되어야 하는 것이다.

춘천 혁신신도시가 지방분권의 모델이 되려면 인구 3만의 주택단지가 아니라 3만의 자립도시가 되어야 하고 그러자면 적어도 5천개 이상의 일자리가 있는 도시를 만들어야 한다. 5천개의 일자리를 가진 3만 인구의 도시면 기존도시를 살리고 농촌을 아우를 수 있다.

춘천의 잠재력과 가능성을 수도권 동부중심과 백두대간과 DMZ 사이의 한강 상류에서 찾는다면 해법은 문화관광의 허브도시, 산과 강이 어우러진 수상도시라는 아이덴티티와 캐릭터에 있다.

춘천의 정체성과 특성화 전략

한 도시를 다른 도시와 구별짓는 것은 역사와 지리지만 신도시구역이 특유의 정체성과 특성을 가지려면 한 도시의 잠재력과 가능성에서 비롯된 도시 산업과 이미지를 창출해야 한다.

춘천의 잠재력과 가능성이 수도권 동부중심, 관광허브, 산학클러스터, 자영도시에 있다면 이를 특화해서 실제적인 도시산업과 도시이미지로 만들어야 한다. 창조적 도시를 만들려면 도시콘텐츠가 상생하는 음양의 조화를 이루게 해야 한다. 좋은 것을 다 모은다고 좋은 도시가 되지 않는다. 수도권 동부중심도시의 아이덴티티를 어디서 만들어낼지, 관광허브가 되려면 어떤 도시적 장치가 필요

춘천의 기존 도시중심과 동쪽의 혁신신도시, 서쪽의 혁신지구.

하고 그 대상은 누구인지를 분명히해야 한다. 산학클러스터를 이루는 도시형식은 무엇인지 그리고 자영도시로의 길은 어디에 있는지도 우선 점검해야 한다.

수도권 동부중심의 국제적 도시산업으로 축제시장(festival market)을 생각하고, 관광허브를 이루는 방안으로 외인단지(foreigners' quarters)를 구상한 것, 그리고 산학클러스터의 도시형상을 혁신신도시의 R&D타운으로 기획한 것 모두 모도시와 상생하면서 주변 농촌과 소도시를 산업화하고 원주·철원과 도시연합을 이루는 혁신신도시 콘텐츠의 차별화·특성화 전략인 것이다.

하지만 도시콘텐츠만으로는 이 모두를 가능하게 하기 어렵다. 도시이미지가 도시콘텐츠와 하나가 될 때 혁신신도시의 이상이 실현되는 것이다. 혁신신도시의 내용은 축제시장, 외인단지, R&D타운이지만 이를 실제의 도시로 일으키는 것은 50대가 새로운 삶을 시작하는 골드타운이며, 호반의 도시 춘천을 수상도시화하는 전략이다. 골드타운과 수상도시라는 도시이미지가 축제시장, 관광허브, R&D타운이라는 도시콘텐츠와 어우러져야 하는 것이다.

축제시장

수도권 동부는 송파구, 강동구와 북한강 유역의 도시가 모인 곳이다. 그러나 구리, 남양주, 가평과 서울 송파

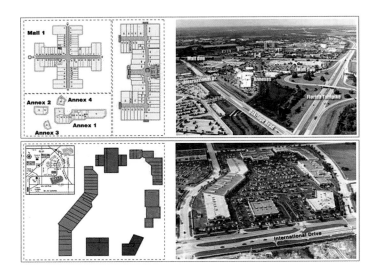

대도시 외곽의 대규모 아울렛.

구, 강동구는 정도의 차이는 있지만 모두 변두리에 속할 뿐 어디 하나 인구를 집합시키는 구심점을 갖고 있지 못하다. 도시를 집합시키는 것은 시장이다. 동부 서울의 일일 시장중심은 소비가 몰린 송파, 가락일 수밖에 없으나, 일상의 시장중심이 아닌 축제의 시장중심은 좀더 외곽지대에 자리하는 것이 좋다. 축제시장은 일상시장보다는 먼 곳이지만 더 크고 다양하고 풍부한 시장이 되어야 하기 때문이다.

축제시장의 문제는 축제기간과 주말에는 괜찮지만 오프씨즌과 주중에 사람이 오지 않는 것이다. 수도권 동부 중심의 축제시장 기능과 춘천 기존도시의 일일시장을 겸하고 춘천·원주·철원의 특별시장을 함께할 수 있으면 축제시장은 최소의 경제규모를 가질 수 있다. 축제시장은 일상적으로는 춘천 기존시가지의 새로운 시장으로, 춘천·원주 도시연합의 통합시장으로 기능하면서 주말과 축제기간에는 수도권 동부의 축제시장 기능을 담당하는 것이다.

그러자면 춘천시가지와 혁신신도시를 잇는 특별 교통수단이 있어야 한다. 혁신신도시가 성공하려면 기존시가지와 단번에 연결되고 농촌 및 소도시와는 국도로, 원주·철원 등 도시연합 상대도시와는 고속국도로 연결되어, 대규모 주차장과 특별 교통수단이 함께 마련되어야 한다.

축제시장은 일상의 대목이 있는 시장이어야 한다. 세계적인 특화된 문화예술 공간이 시장과 조화를 이루어야 하고, 백두대간과 DMZ의 청정재배물에 의거한 식품공업 제품의 견본시장이어야 하고, 세계적인 상설할인매장의 체인점 등 다목적 매장이 함께 모이는 곳이 되어야 한다. 멀티플렉스와 어린이박물관 등 가족 모두가 함께하는 상업적 문화공간이 성공하려면 주중과 오프씨즌의 프로그램이 치밀하게 기획되어야 한다.

축제시장에는 교통과 인구와 상품의 조화가 우선이다. 그리고 아비뇽 세계연극제, 에딘버러 공연예술제 같은 축제를 이곳에서 성공시킬 수 있어야 한다. 세계적 건축가

중국 윈난성 리쟝의 고성지구.

들을 초청하여 페스티벌 복합관을 기획하는 것도 축제시
장을 성공시키는 한 방안이 될 것이다.

외인단지

한반도의 도시에는 제대로 된 외인단지가 없다. 한해
수출이 2천억 달러를 넘어 5년 내에 4천억 달러를 넘보는
규모로 세계를 상대로 장사를 하면서, 외국인들을 불러모
아 한국을 알리고 친밀감을 높이게 할 수 있는 외인단지

가 아직 없는 것은 문제다.

외국인이 사는 외인단지만이 아니라 세계인이 와서 편히 다닐 수 있는 국제화된 도시구역도 없다. 관광은 지식정보사회에서는 그 자체로 가장 큰 산업이기도 하지만 가장 효과적인 자기 알리기 산업이다. 그러자면 세계도시처럼 그들이 편히 와 있을 수 있는 곳을 마련해야 한다. 호텔 몇개 짓는 차원이 아니라 그들의 작은 도시를 만들어야 한다. 적어도 3천 정도의 인구가 매일 머무는 단지라야 외인단지, 국제화 도시구역이 될 수 있다. 각급의 호텔은 물론 유스호스텔, 콘도와 차이나타운과 리틀이딸리아가 함께 어울릴 수 있는 세계화 도시구역을 만들어야 외국인들을 쉽게 불러모을 수 있다.

또한 프로그램 관광을 유치해야 한다. 세계 관광네트워크에 한국은 없다. 이 네트워크에 들어가려면 외인단지가 있어야 한다. 싱가포르는 도시 자체가 외인단지다. 춘천 혁신도시에 매일 3천명이 머물 수 있는 외국인들의 인스턴트도시를 만들면 축제시장도 살고 R&D타운도 저절로 이루어질 수 있다.

영어와 중국어와 일본어로 일상생활이 이루어질 수 있고 제대로 된 중국음식과 일본음식과 한국음식을 먹을 수 있는 식당이 가득하고 이 나라들의 가장 특색있는 물건들을 살 수 있는 상점이 늘어선 곳이라면 세계 관광네트워크에 참여할 수 있다. 그러자면 무엇보다 세계 관광기업이 참여하게 해야 한다. 그리고 무엇보다 중국자본과 화교자본의 참여가 필요하다.

유럽과 미국은 멀다. 한반도의 관광은 중국인과 일본인 그리고 화교가 주요 대상이다. 그들이 세계 어디를 가서도 볼 수 없는 특색있는 관광자원을 만들어야 세계 관광네트워크에서 한몫을 할 수 있다. 외인단지 성공은 축제시장의 성공을 보장할 뿐 아니라 R&D타운의 보이지 않는 강력한 근원이 되기도 할 것이다.

R&D타운

산학클러스터가 이루어지려면 대학과 연구소와 기업이 합하여 하나의 사업을 시작해야 한다. 문제는 기업의 연구인력이 대학보다 앞서 있는 데 있다. 처음에는 대학인력이 기업보다 앞섰으나 경쟁 없는 체제가 계속되면서 퇴화하고 있고 기업은 끊임없는 혁신과 경쟁을 통해 세계와 겨룰 만큼 된 것이다. 게다가 지방대학과 수도권대학의 격차가 커 산학클러스터를 지방에서 시작하기 어려운 상황이다. 그러나 바로 이곳에 돌파구가 있다.

대기업은 대학보다 앞서 있지만 대학에서 끊임없이 인력을 공급받아야 하므로 최소한의 유대는 계속하고 있다. 지방도시가 산학클러스터를 이루려면 특정대학과 기업이

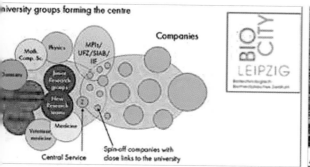

라이프찌히 산학클러스터와 두바이
인터넷씨티.

아니라 불특정 다수 대학이 연합하여 별도의 연구조직이 없는 중소기업군과 산학협력체제를 갖추는 길이 필요하다. 그럴 때 수도권과 지방권 대학과 연구소와 중소기업군을 연계할 수 있는 최적의 입지가 마련되고, 이것이 동서고속국도와 경춘선 복선의 완성과 함께 춘천 혁신신도시를 마련하는 것이다.

춘천 혁신신도시는 춘천·원주·철원의 도시연합을 수도권과 연계하여 산학클러스터의 중부권 중심을 이룰 수 있는 최적의 지역이다. 이곳에 축제시장과 외인단지가 들어서면 IT산업의 특성상 시장과 정보와 금융이 함께하게 되어 최상의 여건을 갖추는 것이다. 대도시, 대기업에서 분사된 IT산업이 수도권 및 강원지역 대학과 연합하여 한강 상류에 축제시장, 외인단지와 함께 들어선다면 춘천 혁신신도시가 이상적 R&D타운을 이루게 될 것이다.

골드타운

　50대에 이르면 대부분이 평생 다니던 직장을 그만두게 된다. 50대는 30, 40대보다 더 능력이 있지만 조직사회의 속성상 물러나 스스로의 길을 찾는 것이 보통이다. 그후 10년 이상 어디에서건 일한다. 실버타운이 필요한 것은 최종적으로 은퇴한 이후이다. 50대의 지적 자산과 경험과 자기자본을 갖고 새롭게 시작할 수 있는 도시가 바로 골드타운이다. 50대에 새로이 시작하는 사람들이 가장 가고 싶어하는 곳은 자영업이 가능한 도시이며 그들이 평생 살아온 대도시와 쉽게 닿는 곳이다. 그리고 무엇보다 대도시와 다른 청정도시여야 하고 시간이 서서히 흐르는 자연의 흐름을 담는 도시이면서 대도시와 경쟁할 수 있는 힘을 가진 도시여야 한다.

독일인들이 은퇴 후 가장 가고 싶어 하는 프라이부르크의 주말 풍경.

수도권 동부중심의 축제시장과 춘천·원주 도시연합의 특별시장이며, 춘천권 인구의 일일시장이며, 수많은 외국인이 머무는 인스턴트도시이며, 수도권대학과 춘천·원주의 10개 대학이 연계하여 중소기업 집단과의 R&D타운이 이루어지는 곳이면 50대들의 골드타운이 될 수 있다. 그리고 무엇보다 외인단지의 3천 인구와 춘천 일원 50만 인구, 수도권 동부의 2백만 인구를 대상으로 한 농업기업을 백두대간에서 이루어낼 수 있으면 골드타운이 세계적 웰빙도시가 될 것이다.

수상도시

이런 일이 가능하려면 의암호와 대룡산에서 물을 끌어와 중국의 리쟝(麗江) 못지않은 수상도시를 산상에 이룰 수 있어야 한다. 춘천 혁신신도시는 대룡산 자락의 백만 평 규모인만큼 대룡산의 물을 받아 산상의 호수를 만들고 그곳부터의 물의 흐름이 도시를 가로지르게 하여 수로가 중심이 된 물의 도시로 만들 필요가 있다.

호반의 도시 춘천의 혁신신도시를 물의 도시로 만든다면 춘천의 지리와 수리를 자체의 것으로 포괄하는 청정도시의 뜻을 더하게 된다. 춘천 혁신신도시가 물의 도시가 되어야 호반의 도시 춘천이 제몫을 하게 되고 춘천 도시구조 개혁의 큰 틀이 잡히는 것이다.

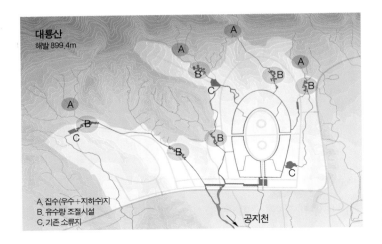

대룡산
해발 899.4m

A. 집수(우수＋지하수)지
B. 유수량 조절시설
C. 기존 소류지

공지천

자연의 흐름과 물을 흐름을 일치시
킨 춘천 혁신신도시 수계.

　수도권으로의 여행과 DMZ와 백두대간에서의 청정식
품의 관광허브인 춘천 혁신신도시를 5만 인구의 수상도시
로 하여 수도권 2천만 인구를 배경으로 중국과 일본의 연
간 1백만 단체관광객의 인스턴트도시가 되게 하면 춘천뿐
아니라 강원도 전체가 새로운 발전의 큰 길을 열게 될 것
이다.

춘천 혁신신도시의 실행방안

　춘천 혁신신도시는 한반도 구조개혁의 한 축인 지방분
권·지방혁신의 표본개발로 시작하는 도시사업이다. 지방
의 산업전략·도시전략은 무엇보다 지방권 특유의 잠재력

과 가능성을 바탕으로 미래의 정체성과 특성화를 기반으로 아이덴티티와 캐릭터를 분명히하는 일이다.

지난 4반세기 동안 해안이 봉쇄되고 DMZ로 남북이 차단된 비정상적 상황에서 성장이 이루어져서 도시화 권역은 난개발되었다. 수도권이 남측으로만 확대되고 DMZ와 백두대간 측으로는 개발제한에 묶여 춘천은 변방의 도시가 된 것이다. 그러나 냉전이 종식되고 중국의 개혁과 개방 이후 해안이 열리고 DMZ가 미래의 공간이 되면서 춘천의 잠재력은 새로운 가능성으로 열리게 되었다. 북한강은 과거 가장 큰 수운(水運)의 길이었으나 곳곳에 댐이 생기면서 수도권의 수원(水源)으로서만 기능하게 되었고 춘천은 한강 상류도시라기보다 호반의 도시가 되었다. 이제는 춘천의 잠재력과 가능성을 수도권과 DMZ와 백두대간 사이의 수도권 동부중심에서 찾아야 한다.

황해 일원이 유럽연합 못지않은 경제권역이 되고 수도권이 세계화되면 춘천의 잠재력과 가능성은 지금까지와는 다른 차원의 것이 된다. 황해경제공동체가 무르익고 수도권 세계화가 이루어지는 2010년에 수도권-춘천-동해를 잇는 동서고속국도가 개통되고 수도권-춘천을 잇는 복선철도가 개통되는 것을 춘천의 산업과 도시 혁신의 계기로 만들어야 한다.

주거2지구　　　　　　공공지구　주거1지구　　　특화지구

다국적마을　축제시장　R&D단지　뮤지엄타운

중앙고속도로 →원주

완충녹지

수로

제 ○ 고 도

춘천 혁신신도시 마스터플랜 스케치.

도시산업

　기존 도시구조에서 한 도시의 획기적 발전을 이루기는 어렵다. 현재 춘천도 마찬가지다. 춘천은 도시경쟁력이 없는 도시지역과 산업경쟁력이 없는 농촌지역으로 이원화되어 있고 주변 군소도시들과의 산업연대도 거의 없다. 춘천은 강원도의 중심도시인 도청소재지이므로 춘천의 발전계획은 당연히 강원도 발전의 핵이 되어야 하고 모델이 될 수 있어야 한다. 그러기 위해서 춘천 일원을 집합하고 주변의 군소도시를 연대하게 하는 새로운 산업의 핵심 신도시가 만들어져야 한다.

산업화시대에는 산업도시와 공단이 생산을 이끄는 근거이고 도시는 유통과 금융 등 써비스산업과 소비의 중심이었다. 그러한 산업화시대에 수도권과 차단된 외지의 춘천은 변방의 도시로 머물 수밖에 없었지만, 지금은 도시가 바로 산업현장인 정보화시대이다. 이때 춘천이 도약하려면 새로운 도시산업을 일으킬 신도시를 만들어 기존도시를 개혁하고 주변 군소도시를 조직화하며, 농업과 축산업과 임업을 산업화하고 이를 물류유통까지 이어지게 해야 한다. 그런 역할을 할 수 있는 신산업도시를 춘천 도시 중심과 바로 연결되는 자리에 만들어 도시개혁의 전기로 삼고 주변 소도시와 도시연합을 이루고자 하는 것이다.

특별도시구역

그러한 도시는 어디에 있는 얼마만한 크기, 어떤 내용의 도시여야 할까. 한 도시의 비약적 발전을 이루기 위한 특별도시구역들은 거의 비슷한 규모다. 뉴욕을 세계도시로 만드는 월스트리트, 타임즈스퀘어 등의 특별도시구역이나 런던을 세계도시가 되게 하는 웨스트엔드나 더씨티

(The City) 같은 특별도시구역은 모두 대략 100~200만평 사이의 규모다. 빠리를 21세기 도시로 끌어올린 라데팡스도 그만한 규모로 시작했고 서울의 새로운 도심 여의도역시 90만평 크기다.

특별신도시의 규모를 그 정도로 상정할 때 특별신도시의 도시내용은 무엇인가. 특별신도시는 도시산업을 전제로 한 것이므로 춘천 혁신신도시의 도시산업을 정하는 일이 선행되어야 한다. 도시산업은 하나일 수 없다. 월스트리트와 타임즈스퀘어도 단일산업 도시구역은 아니다. 공연예술의 메카 웨스트엔드나 금융·보험 중심도시 더씨티도 더 많은 다른 기능을 가진다. 도시는 거대한 산업복합체이다. 도시내용을 단순화하여 어느 도시는 생명공학산업 클러스터, 어느 도시는 물류산업 클러스터 운운하는 혁신 클러스터전략은 도시를 모르는 카피라이터들의 논의다.

춘천의 자연스러운 인구 규모는 수도권 동부중심의 역할을 수용할 수 있는 50만명 정도이다. 25만 도시 춘천의 미래인구를 50만으로 볼 때 핵심 신도시의 규모는 3~5만, 춘천 기존도시권 30만, 소도시지역 10만, 농촌지역 5만으로 보는 것이 바람직할 것이다.

혁신신도시 규모를 토지 100만평, 인구 5만으로 했을 때 경쟁력있는 도시개발의 사업내용은 어떤 것인가. 춘천의 잠재력과 가능성은 수도권과 DMZ와 백두대간에 있다. 수도권과 DMZ와 백두대간을 대상으로 하는 신산업이 바로 춘천 혁신신도시의 산업이 되어야 한다. 관광허브와 청정관광(클린투어리즘)을 춘천의 아이덴티티와 캐릭터로 하여 혁신신도시를 구상하는 일이 중요하다.

지금까지와는 다른 도시사업

춘천 혁신신도시를 도시사업으로 성공시키기 위해서는 지금까지의 도시사업과는 다른 길을 찾아야 한다. 지금까지의 도시사업은 공단 만들기인 산업도시 건설과 택지 만들기인 주거도시 건설이었다.

산업도시는 결국 도시 규모의 공단이었고 주거도시 역시 도시 규모의 아파트단지였다. 울산에서 시작된 공단도시는 제대로 된 산업도시로 발전하기보다 기존도시의 난개발로 이어졌고, 주거도시는 새로운 도시산업을 일으키는 신도시사업이 아니라 대도시의 주거수요를 대규모로 공급한 택지개발이었다. 따라서 산업도시나 주거도시 공히 기존도시를 개혁하고 주변 소도시와 농촌을 네트워킹하는 혁신신도시의 역할을 하지 못하였다.

춘천 혁신신도시는 기존도시의 구조개혁과 농촌의 기업화·도시화를 함께 이루고자 하는 도시사업이다. 그러자면 공단도시 같은 강력한 중앙정부의 지원이 있어야 한

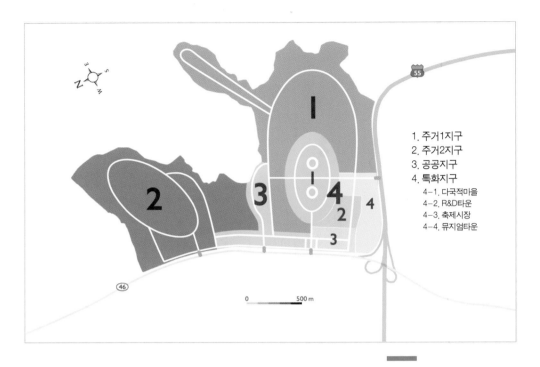

1. 주거1지구
2. 주거2지구
3. 공공지구
4. 특화지구
    4-1. 다국적마을
    4-2. R&D타운
    4-3. 축제시장
    4-4. 뮤지엄타운

춘천 혁신신도시 개념도.

다. 중앙정부의 지방분권정책에 따른 강력한 지원 없이 택지개발사업을 통해 기존도시 개혁을 시도하고 소도시와 농촌을 아우르려는 것은 불가능에 가까운 일이다. 토지를 매입해서 도시인프라를 건설하고 개발업자들에게 도시화된 토지를 분양하여 그러한 도시산업을 이루려는 것은 비현실적이다. 이익을 추구할 수밖에 없는 개발업자들의 사업을 통해 도시산업을 성공적으로 이룬 예는 라스베이거스와 타임즈스퀘어밖에 없었는데 두 경우 모두 춘천과 판이한 여건이었음은 물론, 소도시와 농촌을 아우르는 혁신작업에 비하면 단순한 면이 있었다.

분당과 일산은 고속화도로, 지하철 등 정부의 사회간접자본 투자가 토지비용을 최소화할 수 있게 했고 대규모 주택수요가 있었기 때문에 주택사업 위주의 개발방식이 가능했던 것이다. 그럼에도 불구하고 그들은 모도시와의 역할분담이나 모도시 구조개혁은 고려하지 않았으며 주변 소도시나 농촌을 끌어안는 노력보다 기존도시의 주거와 경쟁할 뿐이었다. 5백만평, 인구 30만의 일산이나 6백만평, 인구 40만의 분당 모두 대규모 주거단지이지 30~40만의 신도시는 아니었다. 분당과 일산으로 해서 서울로의 일극집중과 수도권 과밀이 해소되거나 수도권의 국제경쟁력이 제고된 것이 아니라 또 하나의 강남을 만들어 오히려 수도권 과밀과 불균형을 심화시켰을 뿐이다.

대룡산 기슭의 1백만평 단지는 용인 동백지구 택지개발사업이나 용인 죽전지구 택지개발사업과 거의 규모가 비슷하다. 하지만 동백지구가 1조 1천억, 죽전지구가 1조 5천억원의 택지개발사업이었던 데 비해 25만 인구 춘천의 신주거단지는 상업성도 현저히 떨어지는데다가 더 큰 목적, 더 많은 내용을 담는다는 것이 얼마나 어려운지를 알고 시작해야 할 것이다.

디지털 철강도시

춘천 혁신신도시를 관광허브도시와 R&D타운으로 만들기 위해서는 공단조성이나 택지개발과는 차원이 다른 비상한 전략이 있어야 한다. 대룡산 기슭의 물줄기를 모아 행주형국(行舟形局)의 수상도시를 만들고 수상도시 한가운데 10만평의 디지털 철강도시를 띄우는 꿈을 현실화하면 기적을 연출할 수 있다. 수로 위의 성벽 안에는 디지털 철강도시와 수상건축이 1만5천의 인구를 수용하고 성 밖 계곡 세 곳에 각각 5천 인구의 마을이 들어서게 하며 중부고속도로와 국도가 만나는 지점에는 세계적 거장들이 만드는 박물관거리가 들어서게 해야 한다.

스페인 빌바오(Bilbao)에 구겐하임뮤지엄이 들어서면서 몰락한 철강도시가 세계적 문화관광도시로 부활하고 네덜란드의 변방도시 그로닝겐(Groningen)이 또하나의 문화관광도시로 일어선 것처럼 디지털 철강도시와 박물관거리와 산상의 수상도시를 결합하여 세계인들을 불러 모아야 한다.

지속발전가능 도시

3만 인구 중 반이 어른이고 반이 어린이와 학생인 것이 정상이다. 어른의 반은 춘천 구시가지로 오가지만 반은 이곳과 주변 소도시와 농촌에 일자리를 갖게 되면 그

것이 바로 이상적인 자립신도시이다.

디지털 철강도시와 성곽 안의 수상도시와 박물관거리는 3천 해외관광객을 오게 하는 문화관광 인프라이며 그 안에 1만5천 혁신신도시 인구가 상주하며 5천개의 일자리가 있는 것이다. 1만5천의 세 계곡마을은 태양열과 지열을 이용한 환경친화적인 지속발전가능형 주거단지로 개발하여 그것 역시 중요한 관광요소가 되게 해야 혁신신도시가 더 뚜렷한 정체성을 갖게 될 것이다.

춘천 혁신신도시의 개발

혁신신도시는 개발주체가 토지를 매입하고 인프라를 구축하여 개발업자를 통해 도시의 절반을 건설하고, 나머지 절반은 중앙정부와 지방정부 및 해외의 자본을 끌어들여 국가적·국제적 프로젝트로 만들어야 한다.

혁신신도시가 지방분권·지방혁신의 모델프로젝트인 만큼 중앙정부의 참여는 당연하고 디지털 철강도시가 중국의 신도시 개발모델로 만들어지는만큼 국제자본의 참여를 유도하는 것이 필요하다. 그러기 위해서는 빌바오, 그로닝겐처럼 세계적 건축가들이 참여해야 한다. 도시산업의 혁신을 위해서는 아무도 생각치 못한 획기적인 '환상의 안'이 나와야 한다.

디지털 철강도시, 수상도시, 박물관거리를 통해 춘천

혁신신도시가 세계적 문화관광도시가 되고 수도권과
DMZ와 백두대간 사이 한강 상류도시가 되면 지방분권과
지방혁신의 새로운 모델이 시작될 것이다.

제4부

차이나 프로젝트

1

뻬이징올림픽과 도시건설

2008년 뻬이징올림픽 때 뻬이징이 해야 하고 할 수 있는 일을 1988년 서울올림픽 때 해낸 일과 하지 못한 일을 비교하며 생각하는 것은 두 도시 모두에 좋은 교훈이 될 것이다. 먼저 두 올림픽을 계기로 우리의 과제를 생각해보고, 다음으로 지난 20년간 서울 주거건설의 성패를 돌아보고 뻬이징 주거개발의 방향에 대해 논의하고자 한다.

1988 서울올림픽과 2008 뻬이징올림픽

도시인프라 구축

서울올림픽이 결정된 후 올림픽을 준비하는 일과 올림

픽을 계기로 어떻게 서울을 한단계 더 도약시키는가 하는 과제를 함께 연구했다. 올림픽조직위원회와 서울시가 올림픽을 계기로 일상적이며 연례적인 도시건설로는 이룰 수 없는 비상한 두 가지 도시사업을 시도하였다. 하나는 서울을 관통하는 한강을 서울의 일번가로라고 할 수 있는 도시의 주요 흐름으로 만드는 작업이었다. 강 주위에는 강변도로와 아파트군만 있을 뿐 한강은 미개발인 상태였다. 올림픽을 계기로 한강을 준설해서 수문을 조절하고 둔치(고수부지)와 강변도로를 만들어 도시교통의 큰 흐름을 담당하게 하였다. 한강을 사이로 서로 마주보고 있는 두 5백만 도시의 통과교통량 상당수를 한강변으로 끌어내어 남북 강변도로와 다리로 사다리형 교통의 허브를 형성하여 도시흐름의 중간지대를 만들었던 것이다. 강남

서울올림픽을 계기로 한강의 수문을 조절하여 남북고속화도로를 건설하고 구도시와 신도시를 잇는 문화인프라의 축을 구축하려 시도한 서울 계획.

강북의 강변도로를 만들면서 내측 토지와 강변이 연결될 수 있는 장치를 기획하였으나 현실화하지 못한 것은 크게 아쉬운 일이다. 또다른 도시사업은 외곽순환도로를 만들어 1일 2백만 대가 넘는 외곽도시로부터의 도심진입 교통량을 조절하고 새로운 토지를 창출하여 위성도시들을 조성할 수 있는 기반을 만든 것이었다.

일상적 계획으로는 불가능한 대규모의 두 인프라를 구축한 것이 서울올림픽을 계기로 이룬 일이었다. 서울이 사방으로 확대되면서 다핵중심의 도시구조를 이루기는 했으나, 도시 전체로 교통이 과다하게 확산되었기에 도시의 큰 흐름을 강변도로와 외곽순환도로로 단순화하는 도로 구조개혁이 필요했던 것이다.

뻬이징의 경우도 그런 거시적인 도시인프라 구축이 필요하다. 뻬이징은 역사도시구역을 중심으로 다섯 순환선과 여덟 방사선이 겹쳐 이루어진 이중 도시구조이다. 지금의 뻬이징은 자동차 증가와 도심 고밀화가 진행될 경우 제대로 작동할 수 없는 구조다. 5순환선 바깥 칭화대(淸華大)에서 1순환선 쪽으로 오려면 출퇴근시간에는 한시간 이상 걸린다. 다섯 순환선 내부개발이 더 이루어지고 순환선 외곽에 대규모 주거단지들이 들어서면 교통난은 갈수록 심화될 수밖에 없다. 뻬이징올림픽을 계기로 다섯 순환선을 가로지르는 방사선 고속화도로를 1순환선까지

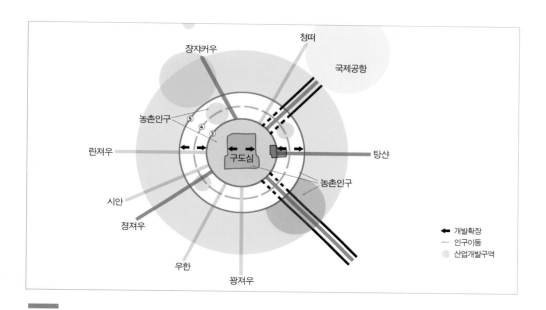

다섯 순환선과 여덟 방사선으로 이루어진 삐이징 도시구조. 삐이징 구도심은 1949년 이전에 도시계획이 이루어진 역사구역이며, 3순환선 안쪽은 1985년까지의 사회주의시대에 계획이 이루어진 구역, 5순환선 안쪽은 1997년까지의 개혁개방시대에 계획이 이루어진 구역이다.

끌고 들어오는 계획이 필요하다. 다섯 순환선을 가로지르는 여덟 방사선 도로가 1순환선과 3순환선 사이의 강력한 순환링과 이어지고 다시 안과 바깥으로 연결되게 하는 이중 내부회로를 만들 필요가 있다. 공항과 항만 그리고 외곽도시로 이어가는 여덟 방사선이 1순환선과 3순환선 사이에서 일방통행의 트래픽코트로 도심교통의 완충지대를 이루게 하는 순환선과 방사선의 새로운 조직화가 필요하다. 방사선과 순환선의 교차점에는 곧 도입될 일반철도와의 연계장치가 함께 마련되어야 한다. 특히 삐이징의 도시구조에서는 지하철보다는 경전철에 의한 대중교통망의 확충이 필요하고 외곽으로 연결되는 철도라인의 증설이 선행되어야 한다.

자동차 교통을 담당하는 다섯 순환선과 여덟 방사선을 하나의 네트워크로 조직하고 순환선과 방사선을 철도와 지하철 등의 궤도교통과 연계시키는 일이 필요하다. 방사선 바깥으로 이어진 도시 외곽에는 새로운 위성도시 건설이 가능한 도시구역이 마련되어야 한다. 새롭게 구축되는 방사선 외곽에 주거도시를 배치하고 다섯 순환선과 여덟 방사선이 만나는 자리에 새로운 도시중심을 만들어서 내부의 중심업무지구(CBD)와 연계시켜 바깥도시 인구가 새로운 중심으로 모이게 하여 주거도시 인구가 도심 안으로 들어오지 않도록 도시중심 기능을 내부중심지구와 외곽중심지구로 이원화하여 재배치할 필요가 있다.

문화인프라 구축

서울올림픽 때 서울에서 하고자 했던 또다른 큰 도시사업은 6백년 역사도시 서울의 문화유산과 문화공간과 도시인프라를 하나로 엮은 문화인프라를 구축하는 일이었다. 대표적인 프로젝트가 한강 북측의 경복궁과 창덕궁 일대 역사유적, 한강 둔치, 국립박물관·국립도서관을 한강 남측의 예술의 전당과 연결하는 서울의 상징가로를 구축하는 작업이었다. 빠리의 샹젤리제처럼 도시중심을 가로지르는 문화인프라를 구축함으로써 산재한 역사공간과

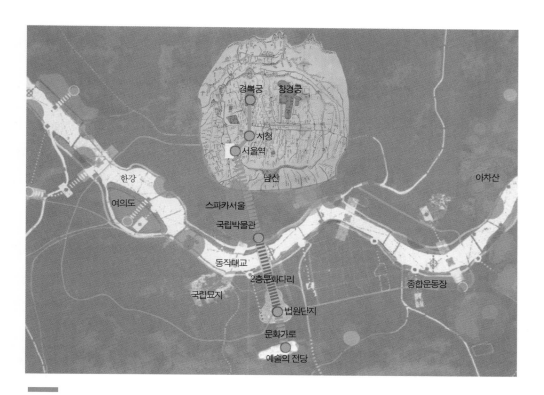

경복궁　창경궁

시청
서울역

한강　남산　아차산
여의도
스파카서울
국립박물관
동작대교
2층문화다리
국립묘지　종합운동장
법원단지
문화가로
예술의 전당

역사도시 강북 서울의 중심공간인 경복궁과 강남 신도시 서울의 예술의 전당을 잇는 상징가로 구상.

문화공간을 척추와 같은 문화인프라에 접속시켜 역사·문화·자연이 도시의 흐름 속에 하나가 되게 하는 작업을 시작한 것이다.

뻬이징은 인류가 이룬 위대한 역사도시이다. 뻬이징이 21세기에도 위대한 도시가 되기 위해서는 역사공간과 문화공간과 도시공간을 문화인프라로 묶는 작업을 시작해야 한다. 아직 뻬이징에서는 역사문화유산과 현대공간이 도시의 흐름 속에 연계되는 문화인프라를 이루지 못하고

있다. 뻬이징올림픽을 계기로 도시 일원의 역사문화공간
과 도시공간을 도시흐름 속에 하나로 엮는 문화인프라의
구축이 필요하다. 2008년 뻬이징올림픽 때는 역사상 가장
성공적이었다는 1988년 서울올림픽 때보다 두 배 가까이
많은 사람이 올 것이다. 그때 세계인들에게 뻬이징의 과
거만 보여주어서는 뻬이징의 위대함을 드러낼 수 없다.
위대한 도시는 위대한 과거를 오늘과 내일로 살려가는 도
시이다.

　문화인프라 구축 다음으로 중요한 일은 뻬이징올림픽

뻬이징의 역사도시축과 올림픽공원
은 지도상으로는 중심축상에 함께
있으나 도시인프라와 문화공간, 역
사공간, 자연부지가 어우러진 문화
인프라를 구성하고 있지 못하다.

을 뻬이징에서만 끝내지 않고 중국 전체의 올림픽이 되게 하는 일이다. 한반도는 작은 나라이기 때문에 서울올림픽은 바로 한국의 올림픽이었다. 뻬이징의 경우는 다르다. 서울·수도권은 한반도 인구의 반 가까이가 사는 곳이지만 뻬이징은 중국 전체 인구의 1% 남짓한 사람들이 사는 도시이다.

올림픽의 문화적 성취를 더 크게 하기 위해서는 뻬이징과 지방의 상징적 역사도시를 잇는 광역 문화인프라를 구축하는 일이 필요하다. 2010년에는 샹하이에서 엑스포가 열린다. 역사적 의미에서는 올림픽이 더 오래되고 뜻 있는 일이나 세계인들이 찾아오는 규모로 보아서는 엑스포가 더 크다. 올림픽은 3주 남짓이지만 엑스포는 여섯달 동안 열리는 축제이다. 뻬이징에 오는 사람들은 누구나 샹하이를 생각한다. 하지만 뻬이징과 샹하이는 아직은 멀다. 2008년 뻬이징올림픽 때 뻬이징과 샹하이를 연결하는 고속철도가 놓이게 되어 있다. 2010년 샹하이엑스포가 열릴 때는 수나라 때 만들어져 천년을 이어오다가 청나라 때 파괴된, 항져우와 뻬이징을 잇는 경항대운하(京杭大運河)가 상당부분 복원될 것이다. 뻬이징과 샹하이, 뻬이징과 항져우 사이에 유교의 발원지인 취푸(曲阜)가 있다. 토오꾜오올림픽 때 신깐센(新幹線)을 통해 일본의 대표적 역사도시로 부각시킨 쿄오또보다 더 큰 것을 이룰 수 있

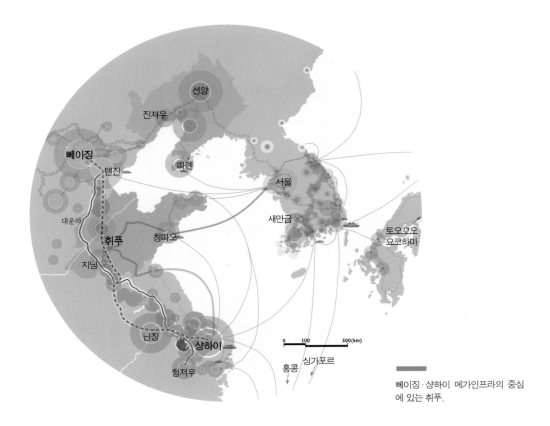

베이징·샹하이 메가인프라의 중심
에 있는 취푸.

는 도시가 취푸이다.

취푸는 동방문명의 아테네이며 유교의 메카 같은 도시
이다. 뻬이징올림픽을 계기로 취푸를 동아시아를 대표하
는 세계도시로 선언하고 올림픽을 보러 오는 사람들이 취
푸를 찾게 하는 일은 뻬이징올림픽을 중국인 모두의 것으
로 하는 계기가 될 것이다. 특히 샹하이엑스포 때 7천만
명 가까운 사람들이 올 텐데, 그 많은 사람들이 샹하이에

다 머물 수 없다. 샹하이엑스포 때 샹하이에 온 사람들이 취푸를 찾게 하고 뻬이징올림픽 때 뻬이징에 온 사람들이 취푸를 찾게 하는 일이 실현되면 뻬이징과 샹하이 간의 광역 문화인프라를 이룩할 수 있다. 뻬이징을 중국 천하의 명실상부한 수도로 만드는 일은 취푸를 뻬이징과 샹하이를 잇는 광역 문화인프라의 중심도시로 만드는 일에서부터 시작할 수 있다. 뻬이징과 샹하이가 고속철도로 이어지고 경항운하가 복원될 때 취푸를 예루살렘보다 더 큰 동양문화의 메카로 만들 수 있을 것이다. 그럴 때 뻬이징-취푸-샹하이를 잇는 도시벨트가 중국대륙의 광역 문화인프라가 되는 것이다. 이 일이야말로 뻬이징올림픽이 이룰 수 있는 가장 큰 사업이 될 수 있다.

시민참여

올림픽은 4년마다 열리는 세계인들의 축제지만 무엇보다 개최도시의 축제이다. 2004년 올림픽이 열린 아테네나 2000년 올림픽이 열린 씨드니와는 달리 뻬이징은 거대도시이다. 서울올림픽 당시 올림픽 개최도시들을 점검하면서 당황했던 일 중 하나가 역대 올림픽이 열렸던 어떠한 도시보다 서울이 크다는 점이었다. 토오꾜오올림픽이 서울에 큰 참고가 되었다. 서울보다 24년 일찍 열렸던 토오꾜오올림픽 당시 일본인들은 문화인프라를 구축하는 일이나 시민참여보다는 일본을 세계에 알리는 일에 주력했다. 시민들은 매스컴을 통해서 참여하는 정도였다. 서울올림픽 때 광범위한 민박을 유도하고 자원봉사자들을 대거 모집한 것은 부족한 호텔문제를 해결하는 방편이기도 했으나, 한편으로는 시민 모두가 주인이 되는 올림픽을 의도했기 때문이다. 그것은 시민참여라는 방법으로 올림픽의 의미를 크게 한 일이기도 했다. 교통을 해결하기 위해서는 승용차 2부제를 실시했다. 그것이 시민 모두가 자기 역할을 하여 올림픽에 기여한다는 의식을 고양시켰다. 이런 일들을 통해 천만 시민 모두가 참여한다는 분위기를 만들었다.

삐이징은 세계인들이 올림픽 역사상 가장 가고 싶어하는 개최도시가 될 것이다. 올림픽을 보러 오는 사람보다 삐이징을 보러 오는 사람이 더 많을 것이다. 삐이징이 자기를 제대로 보여주려면 올림픽행사만이 아니라 삐이징이라는 도시 자체를 보여주어야 한다. 현대도시의 가장 큰 문제는 자동차가 도시를 점령한 일이다. 백만 도시에서는 어느정도 보행의 자유를 느낄 수 있는 도시영역을 마련할 수 있지만 삐이징 같은 천만 이상의 도시에서 인간이 중심이 된 도시영역을 구축하기는 거의 불가능한 일이다. 20세기 거대도시의 문명적 실패는 자동차와 인간의 양자택일 때문이었다. 삐이징올림픽 때 천만도시의 중심에 자연과 인간과 역사가 함께하는 도시가 가능하다는 것을 보여주어야 한다. 뻬이징의 다섯 순환선 내부를 인간중심·보행중심의 도시권으로 세분하고 자동차는 보행중심권을 연결하는 역할만을 담당하게 하는 방안을 부분적이나마 시행할 수 있다. 아직까지도 뻬이징 도시교통의 상당부분을 차지하는 자전거를 대신할 자동차와 자전거의 중간형태를 가진 독창적인 21세기형 도시 교통수단을 만들어 도시교통의 상당부분을 담당하도록 해야 한다. 지하철을 확대하는 일이 당연히 병행되어야 하지만 그보다먼저 인간중심의 도시로 뻬이징을 만드는 작업을 시작해야 한다.

개발상의 참여

서울올림픽 당시 수많은 건설사업이 진행되었다. 경기장 건설이 선행되고 그에 따른 도시인프라 확충작업이 이어졌으며 올림픽선수촌 건설이 있었고 올림픽을 기념하는 여러 사업도 함께 이루어졌다. 해외 5백만 교포들이서울올림픽 이후에도 서울을 찾을 수 있도록 청소년회관과 유스호스텔 등을 건설해서 올림픽 때 행사요원들의 숙소로 활용했다. 올림픽을 계기로 새로운 형태의 미래지향적 주거형식을 주거산업으로 시작해보려 했으나 크게 이룬 것은 없다.

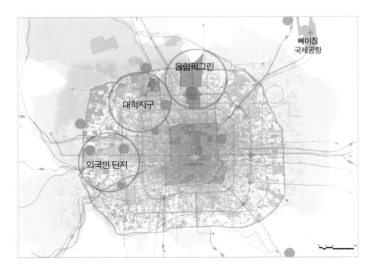

올림픽그린

대학지구

외국인 단지

베이징
국제공항

베이징 역사도시 중심과 북쪽의 올
림픽그린, 서북쪽의 대학지구, 서쪽
의 외국인단지.

베이징올림픽 때는 지금까지 어느 올림픽 주최도시도 생각하지 못했던 몇가지 새로운 시도를 해볼 만하다. 베이징에는 올림픽을 전후로 많은 주거수요가 있다. 그리고 베이징올림픽과 상하이엑스포 기간 전후 3년간 엄청난 양의 숙박시설이 필요하다. 그러나 그후까지 수요가 지속되는 것은 아니다. 따라서 베이징올림픽을 계기로 선수들을 위한 올림픽선수촌만이 아니라 외국관광객을 위한 올림픽타운을 건설하는 것이 필요하다. 역사상 가장 많은 관람객들이 오게 될 3년간 외국인 주거단지를 곳곳에 만들어야 한다. 그곳은 올림픽 기간에는 올림픽 관객을 위한 숙소가 되고 엑스포 때는 엑스포 관객을 위한 숙소로 활용된다. 그후에는 외국인 전용타운이 될 수도 있고 베이징에 머무는 사람을 위한 장기투숙 호텔로 전용될 수도 있고 뻬이징시민을 위한 주거가 될 수도 있다. 그러한 수요를 활용해 도시 규모의 시범적인 주거도시로 만들어야 한다.

2008년부터 3년 가까이 올림픽과 엑스포로 인해 전세계 사람들이 모이는 것을 계기로 세계 여러 나라의 올림픽과 엑스포 참여도시들이 자기들의 국가관을 짓게 하여 세계의 국가관들이 모인 월드씨티를 구상하는 것도 바람직한 일 중의 하나이다. 뻬이징과 취푸와 샹하이를 잇는 도시벨트는 세계 최대의 메가폴리스이다. 뻬이징–취푸–샹하이 도시벨트 선상에 올림픽 참여국가들의 기념도시를 생각해보는 것이다. 이는 광역 문화인프라의 주요거점이 될 수 있다. 뻬이징올림픽과 샹하이엑스포는 개발상들의 독창적 도전을 통해 뻬이징과 샹하이를 세계의 중심도시로 만드는 기회가 될 것이다.

서울 주거건설 20년

1980년 이전까지 서울의 주거는 소규모이며 다발적으로 건설되었으나 1980년대에 들어서면서 본격적 주거단지가 만들어지고 대규모 주거건설이 시작되었다. 집합주택이 주류를 이룬 대단지형 주거개발이 서울 안의 토지가 부족해지자 외곽의 위성도시로 이어졌다. 기존의 도시구역에는 단일택지에 여러 가구가 들어가는 다가구·다세대 주택이 들어섰고, 최근에는 기존주거 재개발을 통한 초고층 주거군이 등장하기 시작했다.

대규모 아파트단지

서울이 6백년 도시의 성곽을 넘어 사방으로 팽창하기 시작한 것은 1970년대에 들어서이다. 한강 한가운데의 작은 섬이던 여의도에 윤중제를 쌓아 인공섬을 만들고 새로운 도심을 형성한 후 2백만 인구에 머물렀던 강북만의 서울이 1970년 후반 한강을 넘어 강남으로 확대되면서 천만 도시로 성장하였다. 당시 여의도 마스터플랜의 책임자로 일하면서 서울의 건설현장 한가운데 있어 비교적 소상한

한강변의 아파트단지. 동부이촌동, 반포, 압구정동, 잠실의 주거단지가 한강을 도시공간과 차단하고 있다.

내용을 알 수 있었다. 한강변에서 시작된 주거단지들이 강남으로 확대되면서 강남 5백만 인구의 도시가 아파트단지와 연립주택군으로 채워지기 시작했다. 서울시가 직접 나선 여의도 시범단지도 있었으나 이미 분양된 토지를 사들인 개발상들의 대규모 아파트단지들이 주를 이루었다.

다섯 신도시

1988년 올림픽선수촌 아파트단지를 마지막으로 서울 외곽 수도권에 주거도시들이 건설되기 시작하였다. 올림픽 이후 엄청난 아파트값 상승과 지가 상승에 밀려 정부가 5년간 2백만호 건설을 목표로 신도시사업을 시작한 것이다. 대표적인 신도시가 분당과 일산이다. 당시 목표는 신도시 안에서 모든 것을 해결하여 서울 인구를 분산시키는 완전도시를 건설하는 것이었으나, 결과적으로 주거 위

주거 위주의 위성도시가 되어버린 분당 신도시.

주의 위성도시가 되고 말았다. 그리하여 신도시 인구 대부분이 기존도시 내부로 다시 들어오기 때문에 수도권과 서울을 넘나드는 교통량이 하루 2백만대에 달하는 엄청난 혼란을 초래하게 되었다. 아직도 그런 상태는 계속되고 있어 기존도시와 신도시 사이에 새로운 도심기능을 갖는 업무도시를 세워 도시흐름을 분산시켜야 하는 힘든 과제를 안고 있다.

다가구·다세대주거

다가구·다세대주택은 단독주택이 서 있던 기존택지에 다가구주택이라는 새로운 주거형식을 도입하여 한 가구가 살던 토지에 다섯 내지 열 가구가 살게 한 것이다. 그것은 기존도시 하부구조 위에 기왕의 주택을 고밀도화하는, 보행거리 안에서의 도시개발이기 때문에 도시하부구

다세대 다가구가 옛 도시구역을 점거한 북촌 일대.

조에 부담을 주지 않으면서 주거문제를 해결하는 방안이었다. 주거문제를 해결하는 데서 대규모 주택건설 못지않은 효과를 가져왔고 소자본의 도시개발 참여를 유도했기 때문에 단순한 몇가지 정책개발로 주거문제를 크게 개선하는 효과를 이루었다. 그러나 옛 주거지역의 무분별한 난개발이 빚어지는 부정적 측면도 없지 않았다.

고밀도 도시재개발

대규모 아파트단지 개발과 위성도시형 신도시 개발, 그리고 단독주택 부지를 다세대·다가구화하는 등의 세가지 방안으로 지난 20년간 현재 서울시민 주거시설의 2/3 이상을 건설해왔다.

최근의 고밀도 주거재개발은 기왕의 아파트단지 혹은 단독주택을 재개발하여 초고층 아파트군을 세우는 것이

도심 내부의 불균형을 초래하는 초고층 아파트군.

다. 아파트값이 크게 상승하면서 지가가 아파트 건설비보다 높아지자 저밀도인 기존 아파트를 헐고 고밀도화된 초고층아파트를 세우는 것이다. 그러나 이런 식으로 주변 일대와 차별화한 전략은 교통의 병목현상과 도시의 불균형 발전을 야기하고 있다. 이것을 적절하게 조정하지 않으면 도심 내부의 심각한 불균형을 초래할 수밖에 없다. 현재 진행중인 초대형 주거의 대부분이 이러한 방안으로 이루어지고 있으나 도시 내부의 많은 부작용을 유발하기 때문에 도시구조 개혁이 함께 이루어지지 않으면 큰 문제가 될 수 있다.

베이징 주거해법

마지막으로 베이징 주거문제를 어떻게 해결할 것인가를 외국의 사례들과 함께 생각해보려 한다. 서울은 지난 20년간 엄청난 양적 성장을 했지만 정작 이루어야 할 것을 제대로 이루지 못하여 20년 만에 도시의 상당부분을 재개발해야 하는 상황에 직면해 있다. 이러한 시행착오를 베이징이 거듭하지 않기 위해서는 새로운 개발유형을 창출해야 한다. 서울이나 토오꾜오는 서구세계가 이루어온 도시개발과 주거개발을 답습해왔던 것이다. 그러기 위해서는 20세기의 주거개발 중 세계적으로 성공한 사례들을 연구하고 그것들에서 배워야 하며, 만약 여기서 새로운 모형이 창출된다면 이는 다시 한반도의 공간전략 수행에도 큰 도움이 될 것이다. 뻬이징 주거해법에 참고할 네 가지 사례를 살펴보겠다.

고밀도 초고층주거 : 맨해튼 하우징

맨해튼은 20세기 문명의 상징적 도시다. 맨해튼은 세계도시 뉴욕의 중심도시구역이면서도 주거와 직장과 제3공간 모두를 포용하는 완전도시이다. 맨해튼의 초고층건축들은 상당부분이 집합주거이다. 맨해튼은 고밀도이면서도 자연과 가까운 도시이고 세계적 경쟁력이 있으면서 쾌적한 삶의 질을 가진 도시이다. 그것은 맨해튼 한복판

뉴욕올림픽을 겨냥한 올림픽선수촌 현상 당선안.

의 쎈트럴파크(Central Park)가 문화인프라를 사방에 구
축하면서 동의 이스트강과 서의 허드슨강을 잇고 있는 가
운데 초고층 주거군이 들어서 있기 때문이다.

베이징에서도 자연과 함께하는 대규모 운하를 만들고
세 순환선을 가로지르는 쎈트럴파크를 만들며, 보행거리
안에 신도시중심을 만들어 1순환선 안의 천년도시와 대응
이 되도록 하면 맨해튼 못지않은 도시로 만들 수 있다.

완전도시 : 라데팡스

20세기의 또다른 성공도시가 라데팡스다. 라데팡스는
빠리의 역사도시구역을 그대로 보존하면서 점증하는 도
시수요를 역사구역 바깥에 수용하기 위해 만든 신도시이
다. 빠리 역사도시구역이 보존과 개발의 상충되는 요구

라데팡스의 도심지구와 주거지구.

때문에 다른 도시에 비해 뒤떨어지자 빠리 외곽에 라데팡스를 건설하여 많은 다국적기업 유럽본부를 오도록 한 것이다. 뻬이징도 라데팡스처럼 도시중심이 업무기능과 주거기능을 함께 수행하는 완전도시를 시도해야 한다. 1순환선 내부를 천년의 역사가 존재하는 도시구역으로 남기면서 바깥에 새로운 도시를 주거도시와 함께 건설함으로써 역사도시 뻬이징과 새로운 뻬이징 도시블록이 하나가 되게 해야 한다.

뻬이징의 위대한 역사를 보존하면서 중국의 수도 기능을 함께 담으려면 역사와 지리의 회복을 전제로 한 완전도시를 건설해야 한다. 지금과 같은 주거개발만으로는 뻬이징의 미래를 기대할 수 없다.

복합개발: 트럼프타워, 뮤지엄타워

도시의 토지는 제한되기 마련이다. 도시 내부에 고밀도의 새로운 다기능 건축형식을 시도해야 한다. 3년전 뻬이징의 대규모 도심개발 하우징컴플렉스인 포춘플라자의 심사위원으로 참여한 적이 있다. 그만한 규모의 개발로는 도시콘텐츠에 문제가 있어 보였다. 맨해튼의 트럼프타워나 뮤지엄타워 같은 훌륭한 사례로부터 배워야 할 것이 많다.

트럼프타워와 뮤지엄타워는 초고층주거를 도시 한복

판에 세우면서 도시가 원래 가지고 있던 도심 기능의 연
속성을 확보한 훌륭한 사례다. 뮤지엄타워는 뉴욕 현대미
술관(Museum of Modern Art) 부지에 뮤지엄을 확대하면
서 상층부에 아파트를 지어 맨해튼 최고 수준의 주거를
창출했다. 트럼프타워 역시 5번가의 상업기능이 연속되게
지상과 지하를 도시공간화하면서 상부에 맨해튼 최고 수
준의 주거를 만들어냈다. 트럼프타워나 뮤지엄타워는 고
밀도 주거건축이 도시의 주요 기능을 함께 수용함으로써
오히려 도심주거 개발이 도시의 더 큰 강점이 된 사례다.
트럼프타워와 뮤지엄타워 같은 것이 뻬이징 곳곳에 들어
서게 되면 도시의 큰 흐름과 주요한 도시콘텐츠를 보존하
면서도 고밀도주거를 도시 내부에 만들 수 있다.

도심 저층고밀도주거: 뻬이징덴시티, 베네찌아

2001년부터 2년간 베네찌아 건축대학에서 마르꼬 뽈로 프로젝트라는 이름으로 뻬이징 자금성 근처의 옛 주거구역인 신타이챵(新太倉)에 저층고밀도주거를 개발하는 프로젝트를 진행했다. 작은 뒷골목들인 후퉁(胡同)을 보존하고 신타이창에 살고 있는 3만 인구가 그대로 머물면서 현재 면적을 세배로 키우는 주거개발안을 칭화대 교수팀과 함께 시도한 것이다. 뻬이징의 주거형식은 후퉁과 사합원(四合院)이다. 후퉁과 사합원은 위대한 주거형식이기는 하나, 뻬이징이 인구 백만일 때 유효했던 형식이다. 천만 인구가 된 상황에서는 지나치게 저밀도이다.

베네찌아의 주거들은 대부분 4~5층이다. 베네찌아에는 자동차가 다니지 않기 때문에 모든 길은 사람들이 지

작은 광장 깜뽀를 둘러싸고 들어선
베네찌아의 주거군.

나다닐 수 있는 정도로 폭이 좁다. 중요한 물자의 흐름은 운하를 통하게 되어 있다. 140여개의 섬으로 이루어진 베네찌아는 섬마다 깜뽀(Campo)라는 이름의 광장이 있고 그 주변에 집들이 들어선다. 밀도는 후통의 다섯배가 넘는다. 뻬이징의 3순환선 바깥에는 고밀도 주거형식이 가능하지만 적어도 1순환선과 2순환선 안까지는 저층고밀도인 베네찌아 같은 주거형식이 필요하다. 도심지역에 저층고밀도주거군을 만들어 후통을 보전하고 역사가로를 유지하면서 도심의 밀도를 높이는 프로그램이 필요하다.

뻬이징의 주거해법은 뻬이징 각 지역의 특성에 따른 여러 대안을 동시에 마련하는 것이 되어야 한다. 각 순환선 내부마다 해법이 다르고 고속화된 방사선 외곽 모두 각각의 주거해법을 가져야 한다. 네가지의 뻬이징 주거해법은 건축형식을 위주로 한 것이다. 건축군이 주거단지가 되고 하나의 도시가 될 때는 또다른 도시문법이 필요하다.

뻬이징이 올림픽을 계기로 세계인에게 보여주어야 하는 것은 동양의 과거와 현재와 미래다. 뻬이징의 과거만으로 위대한 뻬이징을 보여줄 수는 없다. 올림픽을 통해 새로운 뻬이징의 비전을 보여줄 수 있어야 한다.

2

뻬이징 iCBD

베이징은 세계적 도시다. 그러나 베이징은 아직 명실 상부한 세계도시가 될 준비를 제대로 하고 있지 못하다. 세계도시가 되기 위해서는 무엇보다 세계화 도시구역이 있어야 한다. 지금 세계도시라고 불리는 뉴욕, 런던, 토오꾜오 등은 모두 세계를 상대로 하는 특별도시구역을 가지고 있다. 베이징이 세계도시가 되기 위해서 베이징 전부를 세계도시로 만들 수도 없고 그럴 필요도 없다. 전세계를 상대로 하는 특별도시구역을 만드는 것이 베이징을 세계도시로 만드는 것이다. 특별도시구역이 존재함으로써 세계도시로서의 경쟁력이 생긴다. 반면에 삶의 질 향상은 도시 전체가 함께 추구해야 할 목표인 것이다.

세계도시를 향한 뻬이징의 잠재력

뻬이징이 세계도시가 될 수 있는 첫번째 배경은 13억 인구 중국의 수도라는 점이다. 두번째는 자금성(紫禁城), 천단(天壇), 이화원(頤和園) 등 인류문화유산이 도시 규모로 존재하고 있는 점이다. 세번째는 13억 인구 중의 우수한 인재들이 대학단지를 이루면서 밀집해 있다는 점이다. 그러나 중국의 수도라는 사실과 천년의 역사도시라는 사실 그 자체가 뻬이징의 도시경쟁력을 만들어내는 것은 아니다. 뻬이징을 세계도시로 만드는 힘은 도시산업에서 이루어져야 한다. 뻬이징의 도시산업은 금융과 정보와 신기술의 집합을 통한 새로운 산업이어야 한다. 뻬이징이 런던과 뉴욕과 토오꾜오와 다른 21세기의 세계도시가 되기 위해서는 최강의 대학단지와 함께 산학클러스터를 이루어 이를 도시산업으로 일으켜야 한다.

경제적으로 세계도시라는 것은 다국적기업의 지역본부들이 모여 있는 곳이다. 세계도시에는 다국적기업의 상당수가 어떠한 형식으로든지 자기들의 거점을 두고 있다. 빠리의 신도시 라데팡스에는 다국적기업의 유럽본부들이 와 있다. 런던 역시 다국적기업군을 유치하기 위해 도크랜드(Dockland)를 개발했고 독일도 통일을 계기로 베를린장벽 근처에 소니, 벤츠, 하얏트 등 다국적기업이 투자

하여 만든 신도시 포츠다머플라츠를 건설했다. 그러나 아직 뻬이징에는 세계 유수의 다국적기업이 제대로 자리잡지 못하고 있다. 다국적기업들은 개별적으로 들어오기보다는 집단적으로 특별도시구역을 만드는 것을 선호한다. 지금 뻬이징 CBD(central business district, 중심업무지구)는 뻬이징 중심 동측에 자리하고 있다. 그러나 현재는 뻬이징이 가지고 있는 세계도시로서의 잠재력과 가능성을 염두에 둔 계획이 없는 고밀도 중심업무지구에 불과하다. 그리고 이미 뻬이징 도심지역은 과밀화되어 있다. 뻬이징 인구 1천3백만명 중 뻬이징 중심부에 8백만명이 몰려 있고 그중에서도 260만명 가까이가 구도심에 집중되어 있다. 이미 과다한 밀집에 의해 도처에서 비효율이 나타나고 있다.

개방과 개혁 이후 뻬이징에서는 급속한 경제성장에 따른 대규모 도시개발이 일어났다. 지난 4반세기가 2백년 동안 잠자던 도시를 현대도시로 일으켜세운 시기였다면 지금부터는 급격한 도시화가 낳은 여러 문제들을 해결해야 하는 때이고 세계도시로의 비약을 시작해야 할 때이다. 세계적 역사도시인 뻬이징이 역사와 자연과 인간이 서로 상충하는 도시가 된 점을 부인할 수 없다. 자금성은 세계문화유산임에도 불구하고 도시의 흐름과 차단된 채 유적화되어 있고, 보행 중심으로 이루어져 음양오행의 조

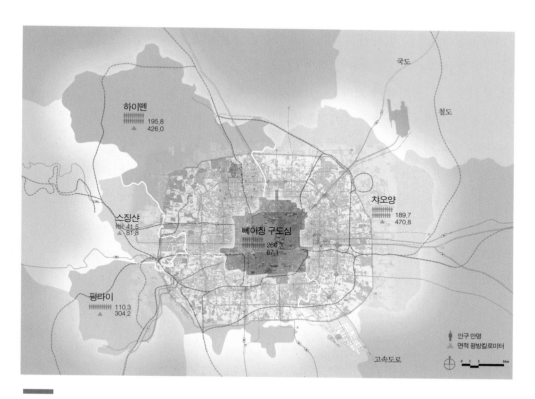

구도심의 과도한 인구밀집에 의해 도시중심의 교통혼잡이 가중되고 있는 베이징.

화를 이루던 도시 베이징은 이제 자동차에 점령되어 움직임의 질서가 파괴되고 말았다. 2008년 베이징올림픽과 2010년 상하이엑스포는 베이징과 상하이에 엄청난 변화를 가져오는 계기가 될 것이다. 그러나 올림픽을 위한 베이징당국의 계획은 세계에 베이징을 보이고자 하는 도시화 계획에만 치중하고 있지 앞으로 10년 이내 베이징이 부딪힐 도시문제에 대한 근본적인 구조개혁은 시작하지 못하고 있다.

뻬이징은 1천만 인구와 2백만 자동차를 수용하기에는 문제가 많은 도시다. 뻬이징이 세계도시가 되기 위해서는 현 도시구조를 혁신해야 한다. 동심원과 방사선의 도시구조 틀을 동서의 두 도시로 체제전환하면서 자족하는 도시권역이 되는 완전도시들을 사방에 배치하는 새로운 조직화 방식이 필요하다. 칭화대와 뻬이징대의 캠퍼스 안에 4~5만명이 살고 있듯이, 주변 인구를 끌어들여서 30~40만 인구를 자족케 하는 몇개의 완전도시들을 3순환선과 4순환선 주변에 만들어 계속되는 인구와 자동차 증가, 그리고 산업화를 수용하도록 해야 하는 것이다.

뻬이징의 도시문제

지난 25년간 뻬이징은 역사도시구역을 벗어나 다섯 순환도로와 사방으로 향하는 여덟 방사선도로로 이루어진 지금의 도시구조를 이루었다. 지금의 도시구조는 중심이 닫힌 동심원이 방사선과 겹친 구조이기 때문에 순환선과 방사선의 접점마다 흐름이 정체하고 있다. 동심원과 방사선의 이중구조의 도시에서는 도시의 중심이 비어 방사선이 동심원으로 향하는 중심에서 집합하고 분산할 수 있어야 하는데, 뻬이징은 과밀함으로 인해 중심이 닫힌 방사선 도시이다. 이러한 동심원 중심부에 270만명의 인구가 밀집한 결과, 도시의 흐름이 집합한 중심으로부터 다시 분화하지 못해 동심원 안에서 도시기능이 혼돈될 수밖에 없다. 동심원과 방사선 중앙이 닫히고 방사선이 동측에 편심되어 순환선과 방사선의 가장 취약한 흐름이 전도시로 확대되는 것이다. 이에 따라 교통혼잡과 도시기능의 혼돈현상이 나타나고 있다. 도시기능이 2순환선 좌우에 집중되고 1순환선 내부에 도심기능이 집중되다 보니 동서

구도심과 동쪽 3순환선과 동서의 CBD, 그리고 서북쪽 4순환선 남북의 즁꽌춘지구가 토지이용과 교통체계의 부조화를 야기하고 있다.

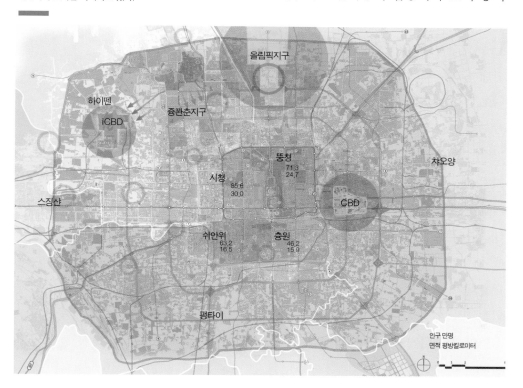

의 도시기능이 흩어져 불필요한 내부교통을 유발하고 있다. 뻬이징 CBD에 도시중심이 형성되고 있으나 동서 도시중심이 유기적으로 연결되지 못하고 도시중심과 도시외곽 중심을 잇는 기능군 배후가 이루어지지 않아 교통이 끊임없이 반복 차단되고 있다.

즁꽌춘지역과 뻬이징 iCBD

뻬이징 서북측 즁꽌춘(中關村) 지역에는 뻬이징대·칭화대 등 20여개의 대학과 2백여개의 연구소들이 모여 있다. 그러나 아직은 몇몇 대학과 연구소들이 초보적인 산학협력을 이루고 있을 뿐, 그만한 규모의 대학과 연구소 인력이면 이룰 수 있을 산학클러스터가 아직 형성되어 있지 않다. 중국이 뻬이징의 산업을 IT로 선언하고 즁꽌춘지역을 집중개발하고 있으나 단순히 IT산업을 집합했을 뿐 IT산업의 근간이 되는 국제금융과 인구와 정보의 인프라를 제대로 구축하지 못하고 있다. 중국 최고의 대학과 연구소들이 모여 있는 즁꽌춘 일대가 지식산업의 핵이 될 수 있는 국제기능과 문화중심이 부재하여 뻬이징의 핵심적 지역임에도 아직 세계화와 거리가 먼 외곽지대로 머물러 있는 것이다.

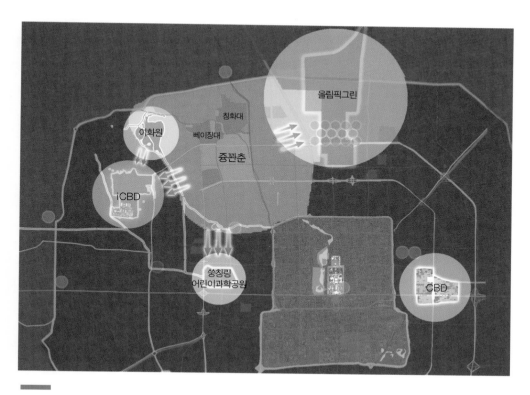

올림픽그린

이화원

칭화대

뻬이징대

중꽌춘

iCBD

쑹칭링
어린이과학공원

CBD

뻬이징대, 칭화대를 포함한 중꽌춘
지역과 동쪽 올림픽그린과 서쪽의
이화원과 iCBD를 4순환선으로 연
결한 뻬이징의 하이테크랜드.

　　2008년 올림픽이 열리는 북쪽 올림픽그린과 중꽌춘 일
대를 뻬이징의 새로운 도시중심을 만드는 것은 뻬이징이
할 수 있는 주요한 도시구조개혁 사업이다. 뻬이징처럼
순환선 구조와 방사선 구조가 겹친 도시구조에서는 중심
부일수록 과밀화되고 교통집중이 심화되므로 도심과 외
곽의 중간지역에 새로운 도시중심을 만들어 다핵화할 필
요가 있다. 현재 뻬이징에서 발생하는 교통정체·과밀·공
해 등은 과도한 일극집중에서 비롯한 것이다. 특히 현

CBD와 창안가로(長安街路)의 과도한 집중은 전체적인 도시의 흐름을 왜곡시키고 있다.

중심업무구역은 단순한 업무기능, 상업기능만이 아니라 문화기능과 함께 가야 한다. 지식산업사회의 특징은 문화와 지식·정보, 금융과 산업이 함께하는 것이다. 뻬이징 서북부의 쭝꽌춘과 북부의 올림픽그린, 그리고 4순환선 밖의 비행장 일대를 종합해서 새로운 국제CBD, 정보CBD를 만든다면 올림픽을 계기로 큰 일을 이루는 것이다. 지난 1년간 드골공항과 뻬이징 오페라하우스를 설계한 폴 앤드루(Paul Andreu)씨와 칭화대 설계원팀이 공군비행장 주변 50만평에 새로운 다국적기업도시를 설계했다. 그러나 50만평에 달하는 도시 규모를 제대로 이해하지 못한 상태에서 뻬이징의 세계도시화 가능성과 잠재력을 고려하지 않았기 때문에 단순한 지역업무도시 수준에 머물러 있었다.

뻬이징 iCBD를 세우고자 하는 공군기지 주변은 대학도시의 국제적 산학클러스터를 마련할 수 있는 교두보적인 구역이 될 수 있는 곳이다. 30만평이면 뻬이징 중심부의 슈퍼블럭 다섯개를 합한 크기이며 하나의 완전도시를 이룰 수 있는 규모이다. 공군기지를 면하고 있는 4순환선 서북측 일대에는 대규모 주거단지들이 산재한다. 그러나 공군기지 주변은 뻬이징 중심에 가까우면서도 자연의 흐

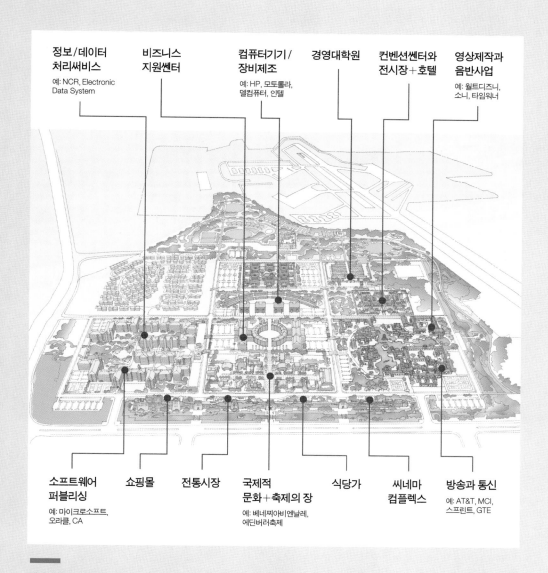

정보/데이터
처리써비스
예: NCR, Electronic
Data System

비즈니스
지원쎈터

컴퓨터기기/
장비제조
예: HP, 모토롤라,
델컴퓨터, 인텔

경영대학원

컨벤션쎈터와
전시장+호텔

영상제작과
음반사업
예: 월트디즈니,
소니, 타임워너

소프트웨어
퍼블리싱
예: 마이크로소프트,
오라클, CA

쇼핑몰

전통시장

국제적
문화+축제의 장
예: 베네찌아비엔날레,
에딘버러축제

식당가

씨네마
컴플렉스

방송과 통신
예: AT&T, MCI,
스프린트, GTE

뻬이징 iCBD 조감도.
앞쪽이 전통 및 현대적 상가지역, 가운데가 국제문화단지, 뒤쪽이 컴퓨터 하드웨어지구,
오른쪽이 방송과 통신단지, 영상과 음향단지, 왼쪽이 정보처리와 소프트웨어 지구이다.

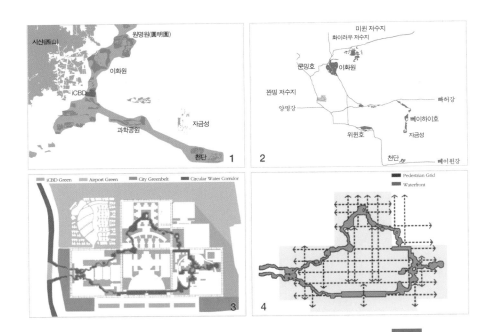

름을 아직 유지하고 있는 곳이다. 4순환선 안쪽과 바깥의 대학도시지역을 산학클러스터화하여 국제도시구역을 만드는 일은 뻬이징 CBD에 대응할 만한 새로운 도시중심을 이루는 계기가 될 것이다. 동쪽에 치우친 뻬이징 도심을 균형잡히게 하고 뻬이징 전체의 도시구조를 활성화하며 균형발전을 유도할 수 있는 사업이 이곳에서 시작되어야 한다. 바로 20여개의 대학과 200여개의 연구소가 모여 있는 IT집중지역인 쥼꽌춘에 문화중심·국제중심을 만드는 것은 시급한 일이기도 하다. 공군기지 옆지역이 쥼꽌춘 산업클러스터의 중심이 되면 뻬이징 iCBD는 국제도시구역

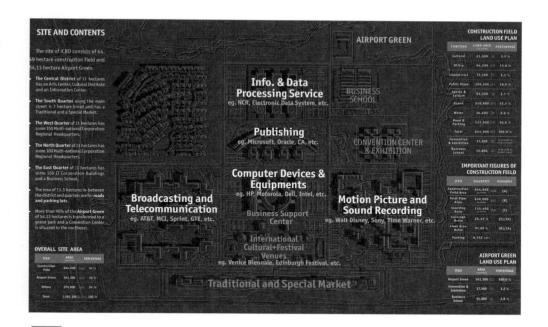

베이징 iCBD의 주요 기능군 배치와 지구별로 콘텐츠를 정리한 영문 마스터플랜.

이 될 수 있다.

폴 앤드루씨와 칭화대 설계원에서 설계한 마스터플랜의 중심지구 건축설계를 의뢰받았을 때 기존의 마스터플랜을 기반으로 건축설계를 하기보다 마스터플랜의 대안을 제안하여 베이징의 도시공간구조를 바꿀 새로운 '베이징 iCBD'안으로 발전시켰다. 우리의 제안은 중꽌춘과 올림픽그린, 20개 대학과 200여개의 연구소를 통괄하는 iCBD의 역할을 하는 신도시 중심이었다.

iCBD에는 예술의 전당 같은 복합문화시설과 세계 각국의 문화원과 금융·정보·법률·회계의 정보쎈터가 중심

지구를 이룬다. 중심지구 사방의 350m 슈퍼블럭에는 다
국적기업단지와 IT산업단지와 컨벤션쎈터와 MBA스쿨이
들어서고 대로변 1km의 가로에는 전통시장 등이 들어서
게 될 것이다.

3

취푸 특별신도시

지금 중국은 10~20만 인구의 도시 2천개를 20년 안에 세워야 하는, 인류역사가 경험하지 못한 미증유의 도전에 직면해 있다. 현재 30%대인 도시화가 앞으로 15년 내에 50%가 되면 결국 3~4억 인구가 도시로 갈 수밖에 없다. 단기간에 이 엄청난 인구를 수용할 도시가 만들어져야 하는 것이다. 이럴 때 당장의 필요와 미래의 비전을 감당하는 데 어떠한 도시형식의 이상적일까.

빼이징이나 항져우, 난징, 시안이나 쑤져우 등 중국의 대표적 역사도시를 생각할 수 있으나 현대 도시문명을 이끌어온 서양도시와 비교할 만한 대표적 동양도시는 아니다. 노벨평화상 수상자들이 '21세기 문명을 이끌어갈 원리와 비전이 유학에 있다'고 말한 바도 있는데, 동방문명의 아테네 같은 도시이며 유학의 메카인 취푸(曲阜)를 주목할 필요가 있다. 취푸야말로 아직 3천년 역사도시의 틀이 유지되고 공묘(孔廟), 공부(孔府), 공림(孔林) 등 천년의 도시건축 형식이 거의 그대로 보존되어 있는 곳이며, 지닝(濟寧)에 있는 시정부를 옮겨와 17만 인구의 현 도시를 40만 인구의 지닝·취푸의 중심도시로 만드는 계획이 진행중이기 때문이다. 3천년 역사도시의 흐름은 사라졌지만 옛도성의 흔적은 남아 있고 노국고성(魯國古城)의 중심지역도 어느정도 자취를 알 수 있다. 특히 7백년 된 명·청시대의 고성은 거의 복원되어 있고 중심부에 자금성 다음으로 큰 중국 전통건축의 대표작인 공묘와 공부가 원형 그대로 보존되어 있다. 명청고성(明淸古城) 안의 건륭제가 방문할 때 행궁으로 썼던 고성의 동남지역도 복원이 가능한 곳이고, 다른 도성 안에도 천년도시의 모습을 보존·복원할 수 있는 곳이 많다. 2003년 샨뚱성정부가 '취푸 2020 마스터플랜'을 만들었다. 이허(沂河)강 남쪽에 2020년까지 40만 신도시를 조성하기 위한 계획이다. 그런데 중국도시 어디에서나 만들고 있는 평범한 안으로 취푸라는 중국 대표도시의 마스터플랜으로 문제가 많으므로, 새로운 취푸 특별신도시 안을 내게 되었고 이는 나중에 베네찌아 건축비엔날레 특별상을 받았다.

취푸는 역사도시를 보존하면서 그에 대응하는 신도시

를 만들어야 하는 과제를 안고 있는 도시로 발전의 가능성과 잠재력이 큰 도시다. 중국문명의 원류가 된 고대문명의 틀이 남아 있고 2천년간 동아시아문명의 국가이념이던 유학의 발원지이기 때문에 취푸 신도시를 역사적 정체성을 가진 21세기의 도시로 만들면, 20년 안에 건설될 2천개 도시의 모델이 됨은 물론 20세기 도시문명의 돌파구를 여는 길이 될 수 있다. 5%의 인구가 세계 에너지의 15%를 쓰는 서양문명의 현대도시를 21세기에 인구 3~4억 인구의 2천여 중국도시가 답습하게 되면 인류문명의 몰락을 초래할 수도 있다. 취푸를 통해 21세기의 도시비전을 보이는 일은 동양의 건축가, 도시계획가에게는 너무나 중요한 과제이다.

나아가 뻬이징올림픽과 샹하이엑스포를 기해서 2008년에 뻬이징–샹하이 고속철도가 완공되고 뻬이징–항져우를 잇는 대운하가 부분적으로 복원되고 있는 점에 주목해야 한다. 뻬이징–샹하이, 뻬이징–항져우를 잇는 중국대륙의 거대인프라인 고속철도와 대운하를 취푸와 연결시킨다면 취푸를 세계적 문화관광도시로 일으킬 수 있는 계기가 된다. 17만 인구의 도시를 40만 인구의 도시로 만든다는 것은 어려운 일이지만, 지닝–취푸 780만 인구의 시정부와 대학이 취푸시로 이전하도록 되어 있어 산술적으로는 가능한 일이다. 시정부 인구 2만5천과 대학 인구

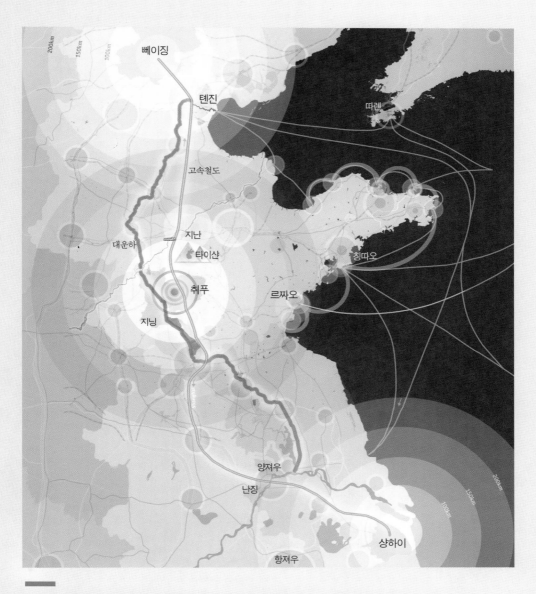

뻬이징–샹하이간 고속철도와 뻬이징–항져우간 대운하, 칭따오·르짜오 해안링크가 모인 취푸의 절묘한 입지.

5만이 오고 그것을 계기로 인구 25만의 신도시를 만들어 기왕의 17만 인구의 도시와 대응하도록 하려는 것이므로 이를 계기로 취푸를 세계도시로 일으킬 수 있어야 한다. 취푸를 세계적 문화관광도시로 그리고 13억 중국인의 국민교육도시로 만들 수 있으면 취푸 신도시 건설은 경제적으로도 가능한 일이다. 지닝-취푸 시정부와 문화관광 인프라를 결합한 새로운 도시중심이 40만 도시의 초석이 되면 그러한 방안이 성공할 수 있다. 취푸 특별도시계획의 배경이 되는 네 가지 주제를 정리해보자.

취푸 세계화계획

중국도시는 대부분 역사와 지리와 인문이 하나로 어우러진 도시다. 중국도시에는 여러 세기의 역사가 겹쳐져 있다. 현재의 뻬이징에는 연나라 수도 옌징(燕京), 금나라 수도 즁떠우(中都), 원나라 수도 따떠우(大都)와 명청시대 뻬이징이 겹쳐 있다. 뻬이징 이전 중국의 수도였던 시안과 난징 역시 여러 왕조의 역사와 지리가 중첩되어 있다. 취푸는 수도가 아니었는데도 시안, 뻬이징, 난징 못지않은 역사와 지리가 축적되어 있다.

노국고성이 중국 고대 역사도시의 전형인 데 비해 명

청고성은 공자(孔子)를 중심으로 한 특별도시다. 취푸의
정체성은 중국의 고대문명과 유학의 발원지라는 이러한
이중구조에 있다. 중국을 찾는 세계인과 중국문명의 정수
를 잊은 중국인들에게 중국문명을 알리는 도시로 취푸를
되살리기 위해, 중국 고대문명과 유학의 메카인 취푸의
역사도시구역을 복원하고 신도시구역을 세계화 도시구역
으로 만들 필요가 있다.

　　13억 인구의 중국은 하나의 나라라고 보기에는 너무

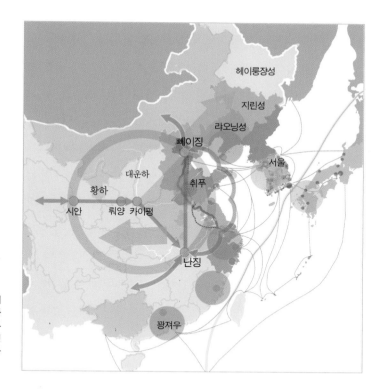

시안에서 뤄양과 카이펑으로, 다시
난징을 거쳐 뻬이징으로 이어온 중
국의 역사중심. 개혁개방 이후 동부
해안의 경제발전이 서부와 동북3성
으로 이어지면서, 새로운 중심이 황
해로 이동하고 있다.

크다. 수도인 뻬이징이 전체를 감당하기에 중국은 너무 크다. 뻬이징이 1천3백만의 거대도시라 하나 중국 전체를 보면 인구의 1%가 되지 않는다. 중국의 경제적 분할구도를 통합할 수 있는 거대인프라가 있어야 하나된 중국을 지속할 수 있고, 그러한 역할을 뻬이징·취푸·샹하이를 잇는 거대인프라가 할 수 있다. 취푸 세계화계획은 이러한 인프라가 이루어지는 것을 전제로 한 것이다.

중국처럼 내륙과 해안이 차별화된 곳에서 내륙의 고속철도는 경제지리에 큰 영향을 미치게 마련이다. 중국대륙의 가장 큰 인프라였던 대운하는 현재 거의 제 기능을 하지 못하고 있다. 고속철도와 대운하 이외 중국의 남북을 잇는 또 하나의 선은 해안링크다. 명나라가 해안을 봉쇄한 이후 5백년 동안 중국해안은 닫혀 있었다. 아편전쟁 이후 다섯 항만을 열었으나 모두 열강의 침략기지였다. 개혁·개방 이후 해안의 요소들을 잇는 해안링크가 만들어졌다. 고속철도와 해안링크와 대운하를 접속하여 거대인프라로 만들면 중국대륙의 꿈인 하나의 중국을 상징하는 하드웨어를 갖게 되어 동부해안에서 시작된 번영을 중국내륙으로 이어지게 할 수 있다. 그럴 때 취푸를 뻬이징 – 샹하이간 인프라의 중간도시로 삼으면 취푸는 고속철도와 대운하와 해안링크가 이루는 거대인프라의 중심축이 될 수 있다.

중국도시는 모두 오래된 역사도시다. 중국의 역사도시
는 모두 농촌의 중심도시다. 도시와 농촌의 이원구조가
중국도시의 전형이다. 경제발전을 지속하면서 역사도시
를 보존하고 도시와 농촌의 경쟁력과 삶의 질을 함께 높
일 수 있는 전략이 있어야 한다. 역사도시 취푸를 세계화
하기 위해서는 유학을 도시원리로 하는 21세기 신도시로
만들어 3천년 역사도시와 하나가 되게 해야 한다.

    문화관광산업은 한 나라를 세계에 알리는 가장 확실한

고속철도와 대운하와 해안링크가
집합한 산뚱성 관광허브도시 취푸.

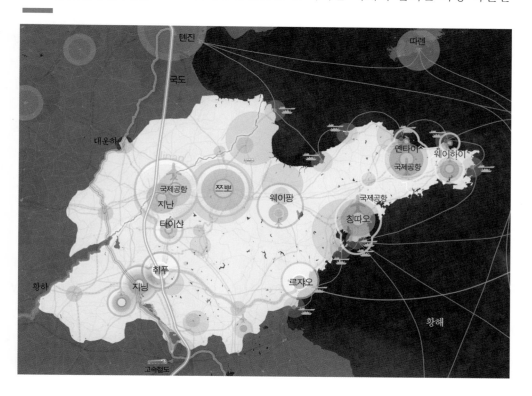

방안이며 도시의 정체성을 찾게 하는 도시산업이다. 문화관광의 산업클러스터를 이루기 위해서는 문화인프라를 만들어야 한다. 취푸의 문화인프라를 구축하기 위해서는 먼저 역사공간의 복원을 시작해야 한다. 동시에 역사공간과 자연유산과 도시인프라를 잇는 네트워크를 구축해야 한다. 취푸와 타이샨(泰山)과 량샨포(梁山泊)를 잇는 관광네트워크와, 취푸와 고속철도, 대운하의 거대인프라를 조직화하여 취푸를 거점으로 샨뚱성은 물론, 뻬이징과 샹하이와 항져우 간의 광역네트워크를 구성해야 한다.

취푸에 문화관광 클러스터를 이루는 첫단계가 취푸 역사도시의 복원이고 두번째 단계가 취푸를 중심으로 자연과 역사공간의 연계를 조직화하는 일이라면 세번째 단계는 유학을 주제로 학문과 예술의 소프트웨어를 구축하는 일이다.

취푸 세계화계획의 전제는 황해공동체이다. 세계화가 진전될수록 세계경제의 블록화가 진전될 것이다. 이미 유럽연합과 북미경제자유권이 세계경제의 두 축이 되어가고 있다. 중국의 13억 인구가 하나의 경제권을 이룰 수는 없다. 동북아시아 공동체를 말하지만 중국과 러시아를 포함하는 동북아시아는 경제공동체를 이루기에 지역이 너무 크고 서로 다르다. 황해연안 도시들로 이루어지는 황해공동체는 EU나 NAFTA에 대응하는 경제공동체를 구상

할 수 있는 규모이다. 게다가 황해공동체는 한자문화권이며 유교를 국가이념으로 했던 문명공동체이므로 실현가능성이 높다.

취푸 세계화는 취푸가 가지고 있는 역사적·지리적 잠재력과 가능성을 근거로 황해공동체의 상징적 중심도시라는 정체성에서 새롭게 시작되어야 한다.

취푸비전

취푸를 어떤 내용의 도시로 만들 것인가를 살펴보자. 농경사회의 중심지로 시작된 동양도시들은 갑작스레 닥쳐온 산업화·도시화의 물결 속에 서양도시의 틀을 뒤쫓다가 스스로의 정체성을 상실하게 되었다. 동양도시 특히 중국도시의 현대화는 역사와의 공존을 대전제로 해야 한다. 중국의 수많은 위대한 역사도시들이 개혁·개방 이후 엄청난 속도로 파괴되어가고 있다. 뻬이징조차 역사도시의 상당부분이 파괴되었으며 중국문명의 원류인 취푸도 이미 상당부분 파괴되고 있는 중이다.

취푸비전의 첫째는 역사와의 공존, 역사의 연속성을 확보하는 일이다. 이를 위해서는 크게 두 가지의 일을 해야 한다. 하나는 역사지구를 보존·복원하는 일이고, 다른

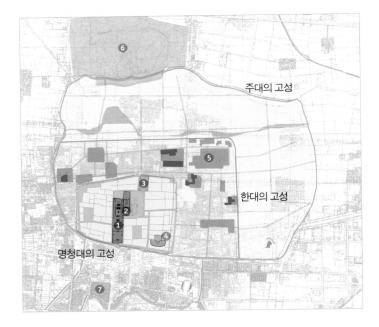

주대의 고성

한대의 고성

⑤

③

②

①

④

명청대의 고성

⑥

⑦

하나는 새롭게 만드는 도시가 연속성을 갖고 역사지구와
대응·조화하면서 역사적 정체성을 갖게 하는 것이다.

　두번째는 지속발전이 가능한 도시였던 동양고대도시
의 원리를 현대도시에 복원하는 일이다. 동양의 고대도시
는 자연과 함께하는, 자연으로부터 최대한을 얻고 최소한
을 버리는 도시였고 언제든지 치유·복원될 수 있는 도시
였다. 그러나 동양의 고대도시는 현대문명을 수용하기에
는 문제가 많은 도시형식이다. 그래서 취푸비전의 두번째
는 지속가능한 발전모델, 자연을 최대로 이용해서 태양열
과 물로 도시에너지를 만들고 최소의 에너지를 소비하면

서 재활용이 가능한 도시인 것이다.

세번째는 동양도시의 성곽도시 전통을 찾는 일이다. 농경사회에서 성안은 성시가 되었고 성밖은 산업기지였다. 동양의 성곽도시는 서양의 성곽도시와 달리 인간집합이 도시의 기본요소가 되는 인간중심 도시였다. 그러나 도시화와 산업화에 휩쓸리면서 동양의 역사도시 대부분이 자동차와 건축에 점령당한 도시가 되고 말았다. 취푸 비전의 세번째는 자동차를 배제하고 보행을 우선시하는, 인간의 창의력과 자유를 더 크게 할 수 있는 동양의 옛 도시형식을 찾아내는 것이다.

네번째는 취푸를 세계적인 문화관광도시, 국민교육도시로 만드는 것이다. 지닝에 있던 시정부가 취푸로 옮겨오는 것을 계기로 행정중심과 문화관광인프라를 수상도시화하고 주거의 성곽을 만들어 풍수지리의 도시원리를 살린 세계적인 문화관광도시, 국민교육도시로 만들면 취푸 신도시를 세계화할 수 있는 계기가 되는 것이다.

다섯번째는 도시의 건설과 관리를 디지털화하는 일이다. 지식혁명시대에 들어와서도 산업시대의 도시건설 방식을 그대로 반복하고 있다. 디지털시대에서 디지털방식의 도시화를 이루지 못하고 있다. 디지털화된 도시개발과 관리씨스템을 도입해야 한다. 아직까지 지식혁명의 정신과 방법으로 이루어진 도시는 없었다. 지식이 국가를 이끌어온 유학의 발원지 취푸에서 지식혁명의 도시화를 이룰 수 있으면 그것이야말로 동방문명의 현대화를 성공시키는 상징적인 일이 되는 것이다.

취푸 특별도시구역의 네 원칙

취푸의 역사도시구역을 복원하고 현대화하여 이를 동아시아 문명의 근거가 되게 하는 일은 단순한 복원·보존이 아니라 새로운 도시를 더해 역사도시구역과 대응케 하여 역사도시의 의미를 오늘에 잇는 사업이다. 취푸 역사도시구역의 보존과 보호는 국가사업으로서 20~30년을 지속해야 할 일이므로 역사도시와 대응하는 구역에 새로운 특별도시구역을 만듦으로써 역사도시를 보존하면서 신도시를 건설하려는 것이다. 이럴 때 신도시 전체를 모두 특별하게 만들 필요는 없다. 한 도시를 특별하게 하는 일은 특정한 부분에서 집중적으로 이루어지는 것이다. 취푸가 동방문명의 발원지이며 유학의 도시인만큼 취푸 특별도시구역은 서구문명의 결과인 현대도시가 낳은 많은 문제들을 해결하는 제안이 되어야 한다. 21세기의 새로운 도시문명의 제안으로 보이게 해줄 취푸 특별도시구역의 네 원칙은 다음과 같다.

건축화도시

고대도시, 중세도시에서 르네쌍스의 도시에 이르기까지 도시와 건축은 하나의 문법으로 연속되어 있었다. 도시를 만드는 일이 건축을 하는 일이고 건축을 하는 일이 도시를 건설하는 일이었다. 고대 중국의 도시나 유럽의 도시들이 모두 그랬다. 중세에 와서도 크게 다르지 않았다. 도시의 원리가 건축의 문법이 되고 건축의 문법이 도시의 세부가 되었던 것이다. 자금성의 경우 건축군 전체가 하나의 도시이고 뻬이징은 수많은 건축군이 확대된 것이다. 그러다가 산업혁명 이후 도시가 급격히 확대되고 자동차와 철도의 개입으로 도시가 인간적 척도의 단위를 넘어서면서 도시와 건축의 이원화가 시작된 것이다.

기존의 도시건설은 우리가 여의도에서 경험했듯이 도시인프라를 만들어놓고 그 위에 하나씩 건축을 채워나가는 형식이다. 그러나 이러한 도시계획 이론에 의해 도시를 만들고 그 위에 건축을 하는 것은 중국처럼 20년 안에 10~20만 인구의 도시 2천개를 만들어야 하는 역사적 현장에서는 핵심을 벗어난 계획이다. 기존도시를 확대하는 것이 아니라 새로운 도시를 만들어야 역사적 도전에 창조적으로 응전할 수 있다. 도시와 건축을 함께 만들어 건축과 도시의 원리와 문법을 연계시키는 방식이 바람직하지,

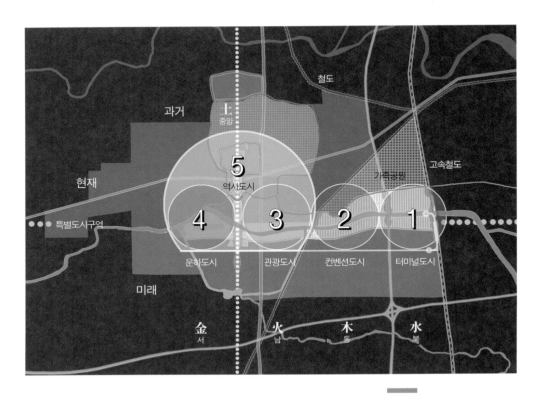

고속철도 터미널도시와 컨벤션도시
와 관광도시와 문화인프라도시가
역사도시와 오행의 원리로 집합한
취푸 마스터플랜 개념도.

도시계획이라는 이름으로 별도의 도시화작업이 이루어지고 건축이라는 이름으로 또다른 도시화작업이 더해지면 도시와 건축이 상극하는 도시가 된다. 취푸 신도시에서는 적어도 특별도시구역만은 건축과 도시가 하나가 된, 도시공간과 도시하부구조가 연속하는 건축화도시를 선언하고 시행하는 결단이 필요하다.

중국의 고대왕조는 새로운 도시를 만들 때 건축과 도시를 함께 기획하고 함께 만들었다. 유럽에서도 마찬가지였다. 취푸에서 건축과 도시가 하나된 새로운 도시공간 질서를 시도하고자 한다. 그것은 도시공간이 건축화되고 건축공간이 어반인프라가 되어 도시공간과 건축공간이 상생하는 도시를 만드는 길이기도 하다.

주역과 풍수지리의 도시

주역은 도시설계의 강력한 원리가 될 수 있다. 도시는 끊임없이 변하는 세계이다. 도시는 도시민 모두의 작은 우주인 것이다. 도시라는 소우주에 도시와 인간 사이의 조화로운 질서를 내재하게 하는 일이 도시를 만드는 일 중에서 가장 중요하다. 도시는 사람들이 모여 사는 곳이기 때문에 많은 도시요소가 섞여 있기 마련이다. 도시를 이루는 다섯 가지 요소인 주거와 상업과 문화와 산업과 교통의 요소간 상생하는 관계성의 그물을 음양오행의 원리에 의해 구성한다면 도시라는 소우주를 좀더 질서있게 만들게 되는 것이다.

풍수지리는 장풍득수(藏風得水), 즉 바람을 가두고 물을 얻는 것이다. 취푸 특별도시구역에서 우리는 건축과 도시의 통합을 이룸으로써 건축으로 하여금 바람을 가두는 역할을 하게 하고 도시로 하여금 물을 얻게 하려는 것이다. 농촌의 경우 풍수지리의 자연요소가 더 중요하지만 건축이 자연을 압도하게 마련인 현대도시에서는 건축과

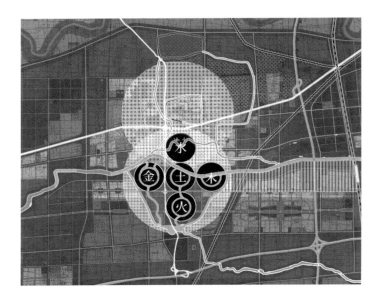

음양오행의 도시원리로 해석한 취
푸 특별도시.

도시의 관련이 바로 풍수지리의 주요소가 되는 것이다.

도시의 기(氣)를 있게 하는 주산(主山)은 자연이지만, 그 도시의 콘텐츠인 건축군은 좌청룡, 우백호가 되고 기를 가두는 안산(案山) 역시 건축군이 되기 마련이며, 도시를 흐르는 물이 내청룡과 주산의 관계를 아우르게 할 수 있다.

취푸의 경우 북측에 있는 쓰허(泗河)강으로부터 물줄기를 이끌어내어 건축군 사이를 휘돌아가게 함으로써 내청룡의 역할을 하는 도시구조를 만들 수 있다. 물 없는 산둥성의 수계에 강과 지하수와 빗물을 도시에 끌어들여 대운하에 닿는 물의 흐름을 유도함으로써 풍수지리의 원리를 최대한 이용한 도시를 만들 수 있는 것이다.

　이에 더하여 현대도시처럼 자연 위에 인공이 거대한 규모로 겹쳐질 경우에는 자연이 원래 가졌던 에너지를 되받는 장치가 필요하다. 그것이 바로 태양열 집열판으로 이루어진 거대한 성벽과 지붕이다. 건물로 점령된 땅은 옥상조경을 통해 복원하고 건물과 건물 사이에 수계를 도입하여 어느정도는 자연을 건축군 사이에 순환하게 하고, 하늘로부터의 생명인 태양열을 집열장치인 건축을 통해 도시의 에너지로 만드는 일이 현대적 도시의 풍수지리적 해법이 되어야 한다.

시간연속의 도시

　인류는 농경사회에서 산업사회로, 농촌에서 도시로 끊임없이 이동해왔다. 지금 우리가 말하는 역사도시의 대부분은 농경사회에서 시작된 것이다. 지금은 농경사회가 산업사회를 거쳐 지식정보사회로 이동하는 중이다. 이럴 때 농경사회의 역사적 유산들을 어떻게 현대도시에 수용하느냐 하는 것은 중요한 문제다. 특히 대부분의 도시가 역사도시인 중국의 현대화 과정에서 역사도시를 어떻게 하느냐 하는 것은 가장 어려운 과제이기도 하다.

　중국의 수도인 뻬이징에서조차 대부분의 역사도시 구역이 현대도시화의 와중에 소멸해가고 있으며 중국문명

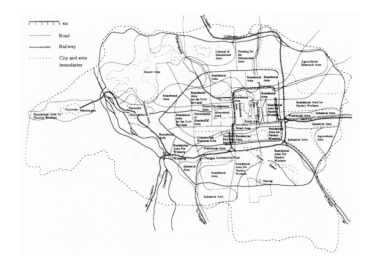

1949년 량 쓰청(梁思成) 교수의 뻬이징 마스터플랜. 역사도시구역을 보존하고 서쪽에 새로운 도시를 건설하려는 계획이다. 이 안이 실행되었으면 뻬이징은 과거와 현재가 공존하는 도시가 되었을 것이다.

의 원천인 취푸에서도 그렇게 역사가 파괴되고 있다. 역사도시 위에 현대도시를 건설하려는 생각을 버려야 한다.

시간연속의 도시라 함은 역사도시 바깥에 새로운 도시구역을 창출해서 그 두 도시구역이 대응하게 하는 것을 말한다. 사대문안 서울의 경우도 역사구역을 철저하게 보호하는 가운데 현대문명을 수용하는 지혜가 필요했다. 취푸에서 유학 중심의 역사도시 구역은 일부이다. 더 오래된 역사도시구역인 노국고성의 경우 현대도시화 과정에서 철저히 파괴되고 있다. 이럴 때 신도시를 만들어 역사도시와 대응케 하는 네트워크를 구축함으로써, 역사도시는 역사도시로 남게 하여 현대도시에 끊임없는 영감을 주는 도시적 대응관계를 만드는 것이 필요하다.

인간중심의 도시

결국 도시는 인간의, 인간에 의한, 인간을 위한 도시여야 하는 것이다. 산업사회의 급격한 도시화는 인간중심의 사회를 잃는 결과를 가져왔다. 산업사회의 도시에서는 도시의 메커니즘이 인간을 지배하는 현상을 낳고 있다.

특히 자동차에 의한 도시와 인간의 차단은 갈수록 심해지고 있다. 인간중심의 도시, 자연과 인간과 도시의 친화를 유지하기 위해서는 보행 중심의 도시가 되어야 한다. 자동차는 필요한 곳에만 닿고 대부분 장소는 걸어다닐 수 있는 도시가 되어야 한다.

그러나 프랑스의 라데팡스처럼 자동차를 다 지하에 넣고 지상을 보행전용으로 하는 것은 하나의 해결책이 될 수 있으나 완전한 의미에서의 인간중심 도시의 구현이라고 볼 수 없다. 베네찌아처럼 도시의 상당부분에서 자동차를 차단하고 보행과 주운에 의해서 도시의 흐름이 연결되는 것이 이상적인 모델이라고 할 수 있다. 취푸에서는 자동차가 배제되지만 불편하지 않은 새로운 도시교통의 메커니즘을 만들어 인간중심의 도시, 보행중심의 도시를 만드는 씨스템을 생각해야 한다.

이러한 네가지 원칙을 가지고 취푸 신도시를 이허 이남에 만드는 것이다. 그것은 건축화도시, 주역과 풍수지

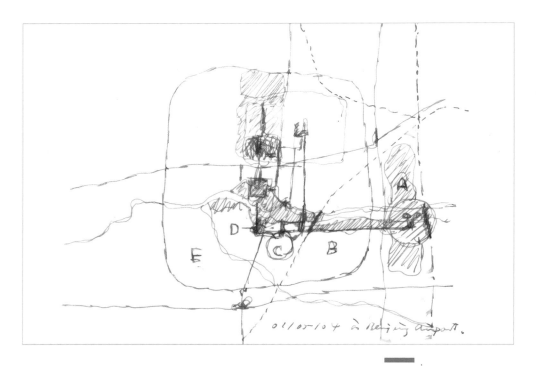

리의 도시, 시간연속의 도시, 인간중심의 도시이다. 그러기 위해서 직경 2.5km의 거대한 성곽을 이허 이남에 쌓고 고속철도에서 특수 교통라인을 직경 2.5km 원의 안팎을 순회하도록 하고, 원 안에 다섯 도시요소가 상생하는 오행의 도시원리를 도입하고 북쪽 쓰허강에서 물을 끌어들여 이허를 넘어 도시중심에 이르게 한 후, 도시를 관통하면서 다시 이허로 흘러들어가 이허가 취푸의 내청룡이 되게 하는 풍수지리의 원리를 원용하였다.

동시에 직경 2.5km의 거대한 성벽을 태양열 집열체로

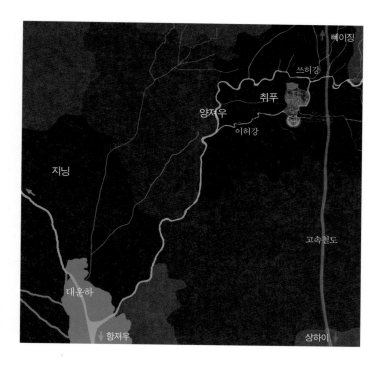

쓰허강에서 물을 끌어들여 이허강 이남에 수상도시를 만들고 이를 대운하에 닿게 하는 주운 계획.

만들어 내청룡의 운하와 대응하도록 하여 취푸 특별도시구역의 에너지원이 되도록 하는 것이다. 그러면서 한편으로는 명청고성과 공림, 공묘, 공부를 잇는 유가의 축과 3천년 노국고성의 고대 역사도시 축이 도시구역의 핵심부분을 형성하게 하고, 두 중심축이 합해져 신도시 축으로 이어지게 하여 역사도시와 현대도시의 감응을 시도했다.

그리고 쓰허강에서 내려온 물의 흐름이 도시 전체의 운하망을 형성하게 하여 외부로부터 온 자동차의 흐름은 특정장소에만 머물게 하고 그외는 수로로 연결하여 인간

중심의 보행위주 도시가 되게 하였다. 고속철도, 철도, 고속도로, 국도 등으로 이어지는 흐름은 도성 사방에 광장과 함께 계류장을 만들어 내부의 흐름과 조화시키는 교통체계를 구상했다.

취푸전략

그러면 어떻게 21세기 도시비전과 3천년 역사도시를 아우르는 유학의 도시를 만들 수 있는가. 역사도시와 현대도시를 합한 40만 도시 전체를 함께 건설하는 일은 아직 어렵다. 기존 역사도시를 보존·복원하는 일과 이허 이남에 역사도시와 대응하는 새로운 특별도시구역을 만드는 것을 우선적 주제로 하여, 40만 도시를 한번에 만들 것이 아니라 취푸의 비전을 살리는 특별도시구역을 먼저 만들어 신도시의 핵으로 삼고 이를 확대하는 것이 첫번째 전략이다. 뉴욕을 세계도시로 만든 것이 맨해튼이고 런던을 세계도시로 만든 것도 더씨티와 웨스트엔드 등이다. 역사도시구역과 라데팡스를 조화시켜서 빠리가 세계도시가 되었듯이, 취푸를 세계도시화하기 위해서 역사도시구역과 신도시중심을 특별도시구역으로 만들려는 것이다.

그래서 우리가 구상한 것은 2.5km 직경을 가진 5백ha

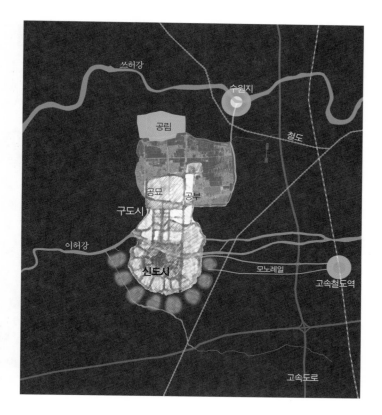

쓰허강

수원지

공림

철도

공묘   공부

구도시

이허강

신도시

모노레일

고속철도역

고속도로

역사도시 남쪽에 시청사와 통합대
학 이전을 계기로 신도시중심을 만
들어 역사도시와 대응시키고 주변
농촌을 산업도시화하는 취푸 마스
터플랜.

전후의 특별도시구역을 정하고 그곳에 지방정부와 문화
관광인프라와 성벽주거를 거대한 3차원 도시공간 씨스템
인 스페이스 매트릭스로 만드는 것이다. 태양열 집합주거
군으로 성곽을 이루고, 성곽 내부에 건축화 도시공간으로
시청사가 들어가고 문화관광인프라의 수상도시에 1ha의
섬 70여개가 물의 흐름 속에 있는 특별도시구역을 생각한
것이다. 특별도시구역을 만들 수 있으면 성밖에 인구 20

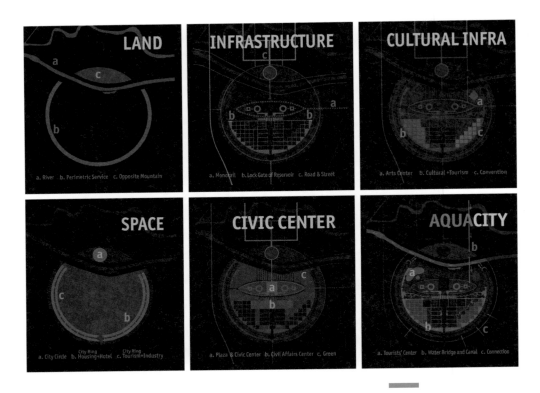

취푸 수상도시의 형성과정. 토지와
공간, 인프라스트럭처와 수상도시,
관광과 문화 인프라가 단계적으로
성장하는 모습. 2004년 베네찌아
비엔날레에 전시한 영문 개념도.

만의 위성도시를 만드는 일은 어려운 일이 아니다. 인구
40만의 도시 전체가 다 완전할 수도 없고 완전할 필요도
없다. 명청고성의 역사도시구역과 거기에 대응하는 특
별도시구역, 그것이면 나머지 모두를 집합할 수 있는 것
이다.

두번째 전략은 도시공간과 건축공간을 3차원 도시공
간화한 스페이스 매트릭스다. 지금까지 도시는 토지를 확
보하고 인프라를 건설한 위에 건축을 더하는 방식이다.

이러한 산업시대의 도시건설 방식으로 10~20만의 신도시 2천개를 20년 안에 건설하는 일은 거의 불가능에 가깝다. 디지털화된 도시건설방식을 생각해야 한다. 그러한 방안의 하나가 스페이스 매트릭스인 것이다. 도시상부구조와 도시하부구조를 일체화해서 스페이스 매트릭스가 되도록 하는 것이다. 몇몇 예언적인 도시설계자들이 그러한 도시를 생각했으나 실현된 적은 한번도 없었다. 20세기의 도시라는 브라질리아나 찬디가르(Chandigarh) 등은 그전까지의 도시건설방식을 반복한 것이다. 라데팡스가 도시와 건축의 기반을 함께 이룬 예이지만 도시상부구조와 도시하부구조가 일체화된 것이 아니라 접속된 수준이었다. 디지털 방식으로 건설된 도시는 충분히 계량되고 다양하게 디자인된 수많은 가능성을 내재하는 건축도시공간을 이룰 뿐 아니라 디지털방식으로 제어되고 운영되

메가스페이스인 성곽주거군과 수퍼스트럭처인 시청사를 스페이스 매트릭스로 만든 취푸 특별신도시.

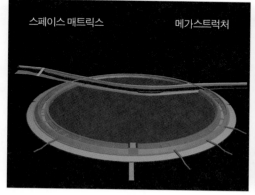
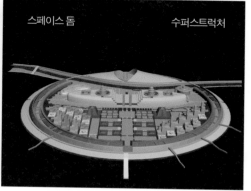

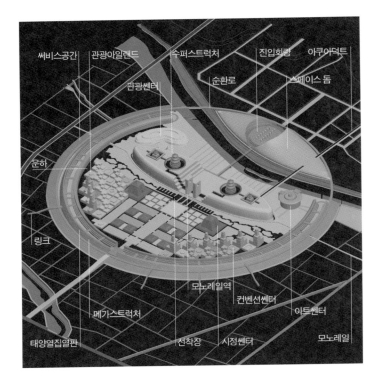

써비스공간　관광아일랜드　　수퍼스트럭처　　진입회랑　아쿠아덕트

관광쎈터　　　　순환로　　　스페이스 돔

운하

링크

모노레일역　　　컨벤션쎈터

메가스트럭처　　　　　　　　아트쎈터

태양열집열판　　　　선착장　　시정쎈터　　　　모노레일

취푸 특별신도시. 이허강 위로 쓰허강에서의 수로가 이어지고 남쪽에 문화인프라와 관광아일랜드가 들어선 수상도시가 반원을 이루고 있다.

는 첨단도시가 되는 것이다.

　세번째 전략은 성곽을 태양열 집열체로 하고 수상도시를 저수조(貯水槽)로 하여 도시에너지를 도시 스스로가 얻게 하는 방법이다. 성 자체를 태양열 집열형식으로 만들고 성시 내부에 물을 끌어들여서 수상도시화함으로써 태양과 물의 에너지를 도시에너지로 만드는 것이다. 다행히 취푸에는 수량이 풍부한 쓰허강이 북쪽에 있고 이허강이 내청룡의 역할을 한다. 풍부한 지하수를 더하여 스페

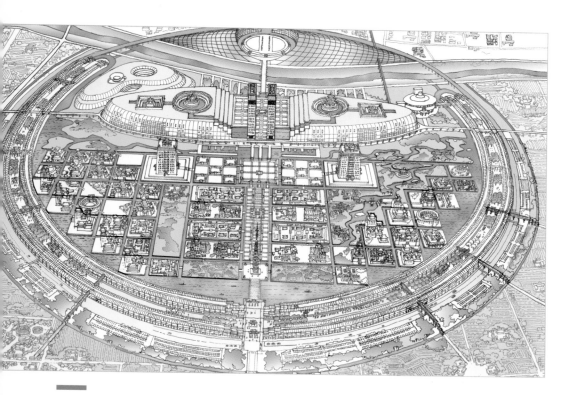

이허강변의 스페이스돔은 역사도시와 신도시의 접점으로, 모노레일로 이어진 시청사와 짝이 되어 신도시와 역사도시를 잇는다. 시청사 남쪽에는 좌우로 70여개의 관광아일랜드가 반독립적으로 들어선다. 3만 명 수용의 원형 성곽주거는 태양열과 운하를 통해 에너지를 자급한다.

이스 매트릭스 전체를 저수조로 만들면 성곽의 태양열과 북에서 끌어온 강물과 빗물과 지하수를 집합하여 도시의 난방과 냉방의 상당부분을 담당케 할 수 있다.

네번째 전략은 세계자본을 끌어들여 취푸를 중국인의 국민교육도시로 만드는 일이다. 그러자면 먼저 취푸를 뻬이징올림픽과 샹하이엑스포 때 세계에 알려야 한다. 일본은 토오꾜오올림픽 때 쿄오또(京都)를 세계에 알림으로써 동양의 대표적 도시로 만들었다. 당시 토오꾜오와 쿄오또는 지금의 취푸와 뻬이징처럼 닿기 어려운 곳이었다. 하지만 당시 쿄오또를 토오꾜오와 신깐센으로 두시간 안에 연결시킴으로써 토오꾜오에 오는 세계인들 상당수가 쿄오또를 찾게 한 것이다. 상하이엑스포 때 7천만 인구가 오게 되어 있다. 올림픽과 엑스포 때 상하이와 뻬이징에 오는 사람들을 현재 계획중인 고속철도로 취푸에 닿게 하면 취푸의 역사자원과 신도시의 문화관광인프라를 세계적인 문화관광지로 만들 수 있다. 취푸는 아테네나 예루살렘이나 메카에 못지않은, 아니 오히려 더 풍부한 역사와 철학을 가진 도시다. 실제로 취푸에 있는 역사유적을 철저히 보존·복원하면 아테네나 예루살렘보다 더 뜻있는 역사도시로 만들 수 있고 취푸 특별도시구역을 문화관광인프라화하면 베네찌아 못지않은 세계적 문화관광도시가 될 수 있다. 그리고 5천만 해외 중국인과 13억의 중국인들이 평생에 한번은 찾아가고자 하는 국민교육도시로 만들면 취푸를 중국의 도시이자 세계의 도시로 만들 수 있다.

다섯번째 전략은 취푸를 철저히 디지털도시로 만들고 운영하는 것이다. 도시공간과 건축공간과 도시하부구조를 일체화해 완벽히 전산화함으로써 건설방식을 디지털화하고 현장에서보다 공장에서 제작함으로써 조립제작 도시가 가능해진 것이다. 공장에서 만들어지고 현장에서 조립되는 전산화된 도시는 관리 역시 디지털방식으로 운영

해야 한다. 디지털방식의 스페이스 매트릭스를 통해서 도시건설 비용을 줄이고 도시유지 비용도 줄일 수 있다.

취푸전략은 3천년 도시를 되살리고 유학의 발원지를 세계문화유산 도시로 만들어, 21세기 문명을 상징하는 역사적 정체성을 가진 디지털방식의 스페이스 매트릭스인 세계적 문화관광도시·국민교육도시로 만들려는 것이다.

4

충청 개발계획과
도농복합 프로젝트

한국이 잘 아는 중국은 랴오닝성, 샨뚱성, 지린성의 옌뺀(延邊), 그리고 뻬이징, 샹하이 정도다. 우리는 중국의 일부만 알고 지내는 셈이다. 쓰촨성(四川省)과 츙칭(重慶)은 한반도에서 너무 먼 중국이다. 역사상 쓰촨성과 츙칭은 한반도와 별로 관계가 없었다. 그런 츙칭에 대한민국 임시정부가 7년간 있었다. 샹하이의 임시정부와는 달리 츙칭의 임시정부는 일본에 선전포고를 한 대한민국의 망명정부였다. 세계가 한국을 잊고 있을 때 한국정부가 있던 곳이 츙칭이다.

　츙칭은 세계에서 가장 큰 도시이다. 인구 3,090만명에 면적은 8만2천 평방킬로미터로서, 인구도 가장 많고 면적도 가장 큰 도시다. 인구 4,800만명에 면적 9만9천 평방킬로미터인 대한민국만한 거대 도시다. 그리고 무엇보다 인류 역사상 최대의 수리사업인 장강삼협공정(長江三峽工程)의 핵심도시이다. 중국이 동부해안에 집중된 개혁·개방의 경제기적을 전국으로 확대하기 위해 시작한 국가정책의 첫번째 단계가 서부개발인데, 서부개발의 핵심이 장강삼협공정이고 츙칭이다. 이제 차이나프로젝트의 새로운 중심은 츙칭이다. 천지개벽 같은 푸뚱지역 개발의 책임자가 츙칭 부시장으로 임명된 것은 서부개발에 대한 중국정부의 의지를 드러낸 일이다. 츙칭 도시건설은 이제 시작이다. 한국이 크게 은혜를 입은 땅이 이제 기회의 땅, 도전의 땅이 된 것이다.

중국 서부개발과 츙칭의 새로운 가능성

츙칭을 도전의 땅으로 보는 것은 장강삼협공정 때문이다. 진시황이 이룬 두 개의 국토사업 중 만리장성보다 더 의미있는 대사업으로 뚜쟝옌(都江堰)을 꼽는다. 홍수와 가뭄을 반복하던 민강(岷江)의 흐름을 산을 뚫고 우회토록 하여 수만리의 수로를 만듦으로써 쓰촨성을 옥토로 일군 뚜쟝옌이 바로 츙칭 교외에 있다. 제갈공명이 천하삼분지계의 근거를 쓰촨성으로 한 것이 바로 뚜쟝옌 수리사

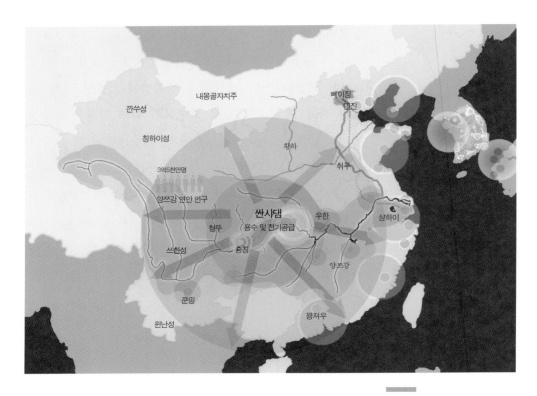

업으로 얻은 땅 때문이었다. 진시황의 대수리사업보다 더 크고 더 대담한 사업이 장강삼협공정이다.

    이창(宜昌)에서 시작되어 충칭에 이르는 장강삼협공정은 중국 서부개발의 상징사업이다. 중국문명은 황하(黃河)에서 시작되어 장강(長江, 양쯔강)과 중원(中原)에서 꽃피었다. 삼국시대의 천하삼분지계에서 위는 중원을 차지하고 오와 촉은 장강을 근거로 하였다. 장강은 하늘이 내린 강이다. 장강이 있었기에 황하에서 시작된 중국 고

길이 660킬로미터, 폭 1킬로미터로, 393억톤의 물을 저장하고 반경 1천킬로미터 내에 연간 840억 킬로와트의 전력을 공급하는 세계 최대 규모 싼샤댐의 용수 및 전기 공급영역.

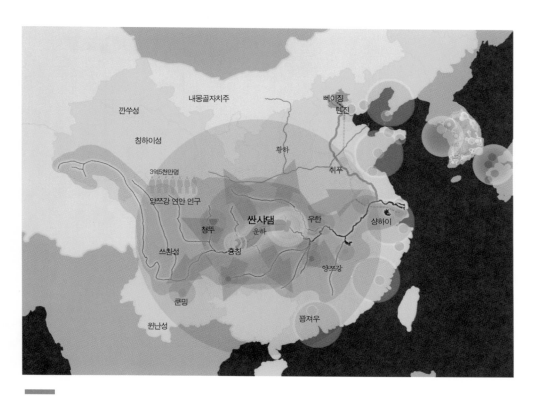

양쯔강의 홍수를 막고 1만톤급의
선박이 상하이에서 충칭까지 다닐
수 있도록 하는 싼샤댐 계획.

대문명이 중국 전역으로 확대될 수 있었다. 티벳고원에서
황해로 흐르는 장강의 역사가 바로 중국 역사다. 장강에
뚜쟝옌보다 더 위대한 변화가 온 것이다. 싼샤(三峽)댐으
로 해서 장강 유역에 길이 660킬로미터, 총면적 632평방
킬로미터에 이르는 세계 최대의 수원지가 생기게 된 것이
다. 2천억 달러가 소요되고 2009년에는 393억 톤의 물을
저장하게 된다. 싼샤댐으로 대표되는 장강삼협공정은 동
부해안에서 시작된 개방·개혁의 물결을 장강을 거슬러

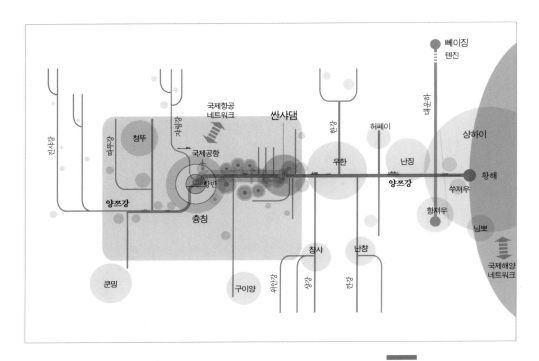

국제항공네트워크

싼샤댐

베이징
텐진

허페이

상하이

진사강

청뚜

자링강

한강

난징

황해

국제공항

우한

쑤저우

양쯔강

양쯔강

황하

항저우

충칭

닝뽀

창샤

난창

국제해양네트워크

쿤밍

구이양

우강

샹강

깐강

충칭과 싼샤댐과 상하이를 잇는 양쯔강 유역. 3억5천 인구의 세계 최대 강변도시군이다.

서부로 잇는 대사업이다.

개방·개혁 이후 중국의 눈부신 경제발전은 인류가 이룬 가장 큰 규모의 진보이지만 한편으로는 인류 미래에 대한 위협이기도 하다. 유럽과 미국이 주도한 현대문명은 자연을 파괴하고 자원을 고갈시키고 지역과 인간의 격차를 심화시킨 지속가능하지 않은 길을 가고 있다. 중국 동부해안에 집중된 경제개발은 유럽과 미국의 길을 답습한 발전이며 이런 상황이 서부개발로 이어져 전국으로 확대된다면 인류의 미래가 재앙의 길로 들어설 수 있다. 중국

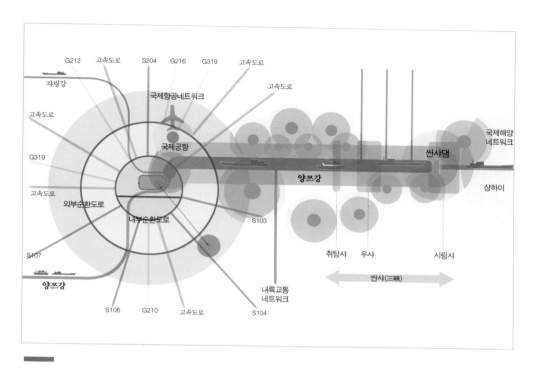

G212 고속도로 S204 G216 G319 고속도로
쟈링강
국제항공네트워크 고속도로
고속도로
국제공항 국제해양
네트워크
G319 싼샤댐
고속도로 상하이
외부순환도로 양쯔강
내부순환도로 S103
S107
양쯔강 취탕샤 우샤 시링샤
S106 G210 고속도로 S104 내륙교통 싼샤(三峽)
네트워크

충칭을 중심으로 한 방사선 도시인
프라와 충칭과 싼샤댐을 잇는 양쯔
강의 메가인프라가 충칭의 도시구
조를 크게 변화시키고 있다.

이 인류문명의 마지막 보루이고, 서부개발이 인류가 지속
가능한 문명으로 되돌아갈 수 있는 마지막 기회일지 모른
다. 중국은 유럽 전체보다, 미국보다 더 큰 나라다. 만약
지금처럼 중국의 서부개발이 동부해안의 지속가능하지
않은 경제발전을 답습하는 것이라면, 자연으로부터 최대
의 것을 얻으면서 자연에 최소의 것을 버리며 자연과 조
화를 이루어온 중국문명의 오랜 전통을 잃을 뿐만 아니라
중국 전체가 과도한 반복에 의해 공멸을 맞게 될지도 모
른다.

미국도 동부개발과 서부개발을 서로 다른 방향으로 진행시켰기 때문에 더 큰 규모와 다양성을 갖게 된 것이다. 미 동부에서 시작된 경제개발이 골드러시를 타고 서부로 이어졌으나 서부는 전혀 다른 새로운 경제를 이루었다. 미 동부가 서유럽과 경제협력을 이루며 미국의 경제를 이끌어온 데 비하여 서부는 태평양 연안 특유의 새로운 도시문명을 이루었다. 로스앤젤레스의 영화산업, 씨애틀의 항공산업, 쌘프란시스코의 지식정보산업 등 동부가 이루지 못한 신산업을 일으켜 유럽을 압도하는 미국경제의 초석이 되었다. 미 서부가 동부를 반복하였다면 과도한 반복에 의한 자기무력화 현상에 빠졌을 것이다.

그러한 서부개발의 전기를 이룬 것이 후버(Hoover)댐이다. 뉴딜정책의 상징적 사업인 후버댐은 좌절한 미국민에게 희망을 불러일으키는 가시적인 동시에 선동적인 프로젝트였지만, 황무지였던 서부에 에너지와 물을 공급하여 새로운 토지를 창출함으로써 라스베이거스와 할리우드의 기적을 만들고 이것이 쌘프란시스코와 씨애틀의 지식정보산업과 항공산업으로 이어진 것이다.

한반도의 경제기적이 정체하고 있는 것도 경부선을 축으로 한 발전을 전국에 무작정 반복하려 한 데서 비롯되었다. 호남선 축의 경제는 경부선 축의 경제와 상생하는 대응적 산업을 기반으로 했어야 하는데 단순한 반복에 그

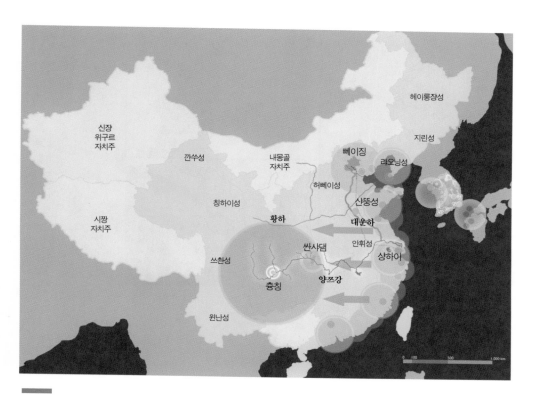

신장
위구르
자치주

헤이룽장성

지린성

깐수성

내몽골
자치주

뻬이징

라오닝성

칭하이성

허뻬이성

산뚱성

시짱
자치주

황하

대운하

쓰촨성

싼샤댐

안휘성

상하이

충칭

양쯔강

윈난성

경항 대운하가 양쯔강 및 황하와 더불어 중국의 수문과 지리를 크게 구획하고 있다.

친 것이 국가불균형발전의 한 원인이 된 것이다. 수도권 집중 때문에 지방경제가 무너진 까닭도 있지만 경제발전의 다양성과 규모확대가 이루어지지 않은 데도 원인이 있는 것이다.

뉴욕이 앞서가던 보스턴과 필라델피아를 제치고 동부 해안 최대의 도시가 되고 다시 세계 최고의 도시가 될 수 있었던 것은 이리운하를 통해 중부의 공업지대인 오대호와 뉴욕 간의 주운(舟運)이 가능해짐으로써 물류와 시장

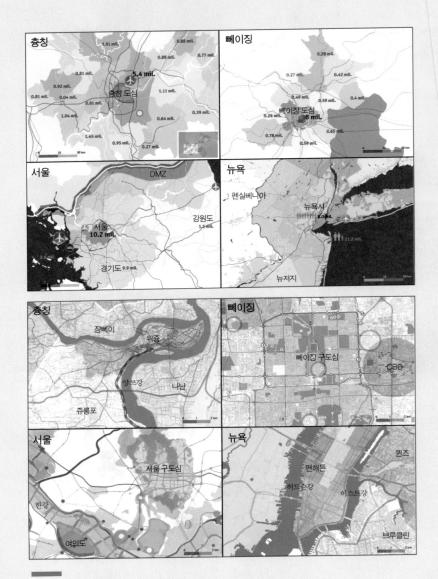

충칭, 뻬이징, 서울, 뉴욕의 도시 비교.
도시밀도는 서울이 가장 높으나 도시중심 밀도는 오히려 서울이 가장 낮다.

을 장악할 수 있었기 때문이다. 싼샤댐으로 인해 660킬로
미터의 저수로가 생긴 싼샤 일대는 이리운하보다 더 많은
유역과 인구를 가진 경제권역이다. 충칭이 중국대륙 한가
운데의 맨해튼이 될 수 있는 기회를 갖게 된 것이다.

나는 한반도 균형발전의 방책으로 금강운하와 새만금
바다도시를 연구하면서 싼샤와 싼샤댐과 충칭을 오랫동
안 주목해왔다. 4년 전 충칭대학 특강 때 일주일 동안 충
칭 일대를 둘러보고 도시정보를 모아 온 이후 충칭과 뉴
욕, 충칭과 서울을 비교연구해왔다. 그러던 중 충칭 시정
부와 중국건축학회의 초청으로 충칭의 미래에 대해 발표
할 기회가 있었고, 이를 계기로 시정부로부터 충칭 마스
터플랜에 대한 자세한 설명을 듣게 되고 의견을 말하다가
구체적 연구를 부탁받게 되었다. 이후 학술대회를 주관한
측으로부터 아시아의 아홉 건축가가 참여하는 '중국선문
화박람원'의 패빌리언 설계를 위촉받고 난후(南湖)관광단
지 마스터플랜에 참여하도록 초대되었고, 충칭시 중심인
인민해방비(人民解放碑)광장과 인민공원 사이 경찰사령
부 자리에 서게 될 충칭 트윈i타워 설계를 시작하게 되었
다. 무엇보다 '희망의 한반도 프로젝트'를 진행하는 중에
바로 그 희망의 프로젝트와 같은 내용의 것을 중국 서부
개발의 중심인 충칭에서 시도할 수 있게 되어 뜻깊다.

충칭 마스터플랜

충칭을 이해하려면 중국의 도시와 농촌의 구조를 알아야 한다. 중국의 도시는 거대한 도농복합체이다. 농경사회에서 산업사회로의 이동과 도시화·산업화를 30년 사이에 압축적으로 진행하면서 이를 통제하기 위한 경제단위로 등장한 중국의 도시권역은 지금까지 우리가 알고 있던 도시와 다른 독특한 도농복합체이다. 충칭시의 전 도시지역이 82,400평방킬로미터라 하나 그것은 농촌지역을 포함한 광역도시 권역을 말하는 것이고, 통상의 도시영역은 580만 인구가 집중된 중심구역을 가리킨다. 충칭 마스터플랜은 580만 인구가 사는 쟈링강(嘉陵江)과 장강이 만나는 Y형 강안지역에 대한 것이다.

뻬이징의 경우 총 면적은 16,800평방킬로미터로 충칭의 1/5 정도이며 총 인구는 1380만이나, 도시구역은 중심부의 1,280평방킬로미터이고 인구는 800만 가량이다. 서울 수도권의 도시구조와 뻬이징, 텐진의 도시구조가 다르고 충칭의 도시구조가 또 다르다. 충칭을 이해하려면 먼저 이러한 도시구조의 특이함과 뻬이징, 서울과는 다른 인구와 토지의 거대한 규모를 염두에 두어야 한다.

다음으로 충칭이 산상의 강변도시라는 특이한 지리적 여건을 알아야 한다. 강변도시는 대부분 평원의 도시이

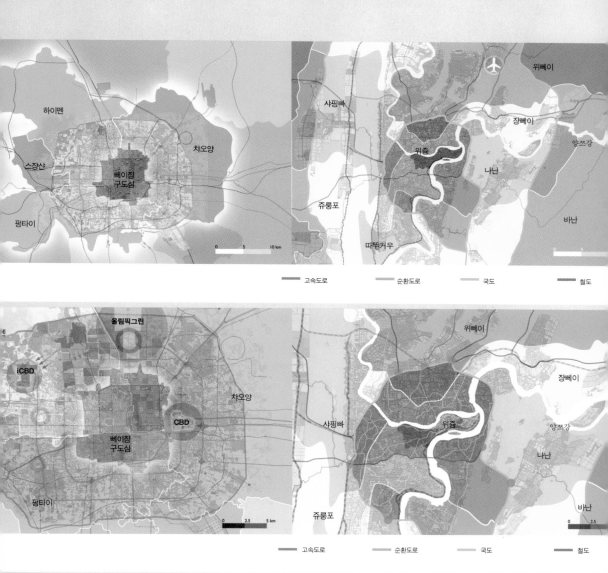

고속도로	순환도로	국도	철도

고속도로	순환도로	국도	철도

베이징과 츙칭의 도시구역 비교. 분지인 베이징과 달리 산상의 수상도시인 츙칭은 산과 강의
흐름에 따라 도시구조가 왜곡되어 있다.

충칭 개발계획과 도농복합 프로젝트 | 375

베이페이

위베이

쟈링강

고속도로

샤핑빠

위중

장뻬이

양쯔강

인민공원

쥬룽포

내부순환도로

따뚜커우

바난

외부순환도로

난후 프로젝트 지역

양쯔강

0 2 4 8   16km

충칭 시중심과 난후 프로젝트 지역.

다. 뉴욕, 서울, 카이로, 런던 모두 넓은 평원도시이다. 이
에 비해 장강 상류의 도시 충칭은 산상의 도시이다. 서울
도 산으로 둘러싸인 강변도시이나 서울이 산과 강 사이의
거대한 분지인 데 비해 충칭의 산과 강은 바로 마주하고
있다. 쟈링강과 장강이 만나는 옛 도시중심지 좌우로 산
맥이 남북을 가로지르고 두 산맥 사이로 평지보다 산지가
대부분인 산상의 수상도시가 충칭이다.

마지막으로 충칭이 다른 도시와 크게 다른 점은 장강

을 따라 샹하이까지 만톤급 선박이 오르내릴 수 있는 거
대한 수로가 닿아 있다는 점이다. 뉴욕을 세계 최고의 도
시로 만든 이리운하가 584킬로미터라는 점에 비하면 츙
칭은 엄청난 규모의 인프라를 가진 터미널씨티인 것이다.
이리운하가 버펄로와 허드슨강의 낙차를 88개의 갑문으
로 조절한 데 비해 싼샤는 총 6440미터에 이르는 양방향
의 5단계 갑문으로 낙차를 극복하고 있다. 츙칭에서 샹하
이를 주운으로 연결하는 3억5천 인구의 경제권역은 EU에
버금가는 경제공동체이다. 츙칭이 쓰촨성의 중심도시로

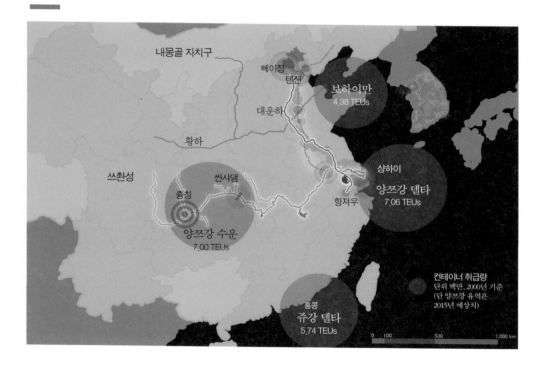

보하이만 해안도시군과 샹하이 양쯔
강 델타, 홍콩·선전 등 쥬강 델타와
함께 중국의 4대 경제권역이 될 양
쯔강 강변도시군.

서 장강을 통해 만톤급 선박이 오르내리는 주운을 담당하고, 상하이가 동부해안의 중심도시로서 해안링크를 집합하고 미대륙과 이어지는 세계 물류의 흐름을 장강에 잇는 거대인프라를 형성할 수 있다.

8만 평방킬로미터에 달하는 토지와 3천만이 넘는 인구, 산상의 수상도시, 장강인프라의 터미널씨티라는 도시적 특성을 기반으로 공간기획이 이루어져야 하는데, 시당국이 마련한 츙칭 마스터플랜은 이러한 세가지 특성이 드러나지 않았다. 한강을 등진 내륙의 성곽도시로 시작한 서울에서 한강이 도시중심이 되지 못하고 통과교통의 고속화도로가 되어 있듯이, 츙칭 역시 강이 도시의 중심이 아니라 외곽고속화도로가 되어 있다. 서울의 가장 큰 문제가 도시교통 대부분이 도심으로 집중하는 데서 비롯한 것이며 이는 토지이용과 도시흐름이 일치되지 못한 탓인데, 츙칭 역시 인구와 토지이용과 교통체계가 어긋나 도처에 막다른 길과 교통과밀을 자초하고 있다. 츙칭도 서울처럼 하나의 도심과 다섯 부도심을 마스터플랜의 기본구상으로 하고 있으나 어디서나 반복되어온 진부한 대도시 구상일 뿐이다.

도시산업과 연계된 토지이용과 인구분산이 교통체계와 유기적 질서형식으로 집합되어야 하는데, 도시산업과 토지이용과 교통체계가 어긋난 1도심 5부도심 계획은 츙칭의 도시적 특성과 맞지 않아 보인다. 츙칭 마스터플랜을 만들면서 싱가포르와 홍콩을 많이 참조했다는데 두 도시 모두 츙칭의 세가지 특성과는 거리가 멀어서 혼선이 더 커진 듯하다. 츙칭 마스터플랜을 마련하는 일에 앞서 해야 할 것은 우선 중국 서부개발의 기본 방향을 정하는 일이고, 다음은 세계 최대의 도시집단인 장강 유역의 도시와 농촌들과 츙칭을 어떻게 연계할지 구상하는 일이며, 마지막으로는 3천만 인구의 산상수상도시를 어떻게 지리와 조화시킬지를 고려하는 일인데 이제까지는 이 세가지 모두 미비한 상태이다. 중국 서부는 신산업을 중심으로 해야 하고 츙칭이 그 핵심이 되어야 한다. 장강과 츙칭은 물류뿐만 아닌 수상도시연합으로 이어지는 어반클러스터로 진화되어야 하고, 산상의 수상도시화를 위해서는 터널 운하를 포함한 도시지리의 혁신이 시작되어야 한다. 츙칭 마스터플랜을 위해서 3천만 인구와 8만 평방킬로미터의 도시 규모와 장강 수상도시연합과 어반클러스터, 그리고 산상수상도시 건축군 도시화 방안을 연구해야 한다.

츙칭 마스터플랜의 대안을 서울 마스터플랜의 대안과 함께 만들어 이를 세계도시인 뉴욕, 토오꾜오, 런던과 비교 연구하는 일은 츙칭뿐 아니라 서울을 위해서도 매우 의미있는 일이 될 것이다. 츙칭과 서울이 함께함으로써 의외의 큰 것을 얻을 수 있는 것이다.

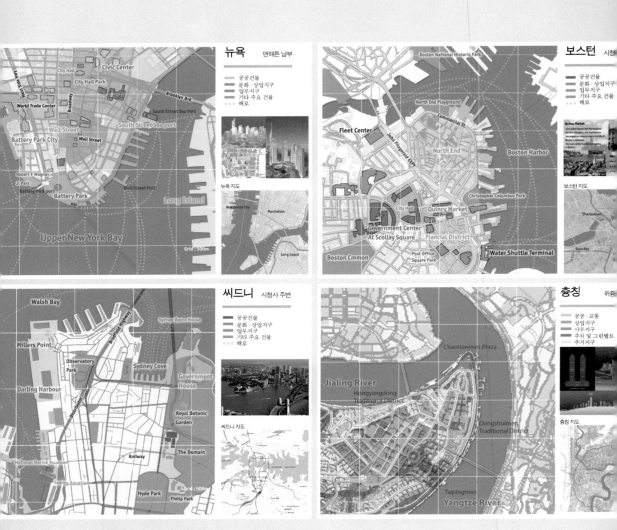

뉴욕 맨해튼 남부

공공건물
문화 · 상업지구
업무지구
기타 주요 건물
해로

뉴욕 지도

보스턴 시청

공공건물
문화 · 상업지구
업무지구
기타 주요 건물

보스턴 지도

씨드니 시청사 주변

공공건물
문화 · 상업지구
업무지구
기타 주요 건물
해로

씨드니 지도

충칭 위중

공공 · 교통
상업지구
사무지구
주차 및 그린벨트
주거지구

충칭 지도

뉴욕, 보스턴, 씨드니의 사방 3킬로
미터 도시중심부와 같은 크기로 비
교한 충칭 도시중심.

충칭 트윈i타워

건축물 하나가 도시를 바꾸지는 못한다. 그러나 도시의 핵심을 웅변하는 도시건축은 도시를 움직이게 한다. 대공황 때 맨해튼 한가운데 세운 크라이슬러빌딩과 엠파이어스테이트빌딩은 뉴욕을 움직이게 한 건축이며, 세계무역쎈터와 씨어즈빌딩과 아메리칸 피라미드는 그곳이 뉴욕 맨해튼과 시카고와 쌘프란시스코라는 것을 누구에게나 알게 하는 상징적인 초고층 건축이었다.

에펠탑은 빠리의 자랑이 되었지만 빠리 한가운데 선 초고층 건축 몽빠르나스는 빠리의 부끄러움이 되었다. 빠리 구도심과 신도심 라데팡스는 그랑드 아르슈(Grande Arche)로 인해 하나의 도시영역으로 성공적으로 연결되었으나, 베를린 브란덴부르크 옆 포츠다머플라츠의 소니타워는 바로 옆 옛 동베를린 중심구역을 오히려 이방의 도시영역으로 만들고 있다. 런던에 선 노먼 포스터(Norman Foster)의 뉴타워는 세계도시 런던을 코믹하게 만들었고 21세기를 상징하고자 했던 밀레니엄 돔은 끝없이 적자를 만들어내는 런던의 애물단지가 되었다. 63빌딩을 서울의 상징타워라 하기에는 안쓰럽다.

충칭의 도심 한가운데에 충칭 트윈i타워를 설계할 수 있는 기회를 갖게 된 것은 마스터플랜에 참여하게 된 것

도시의 랜드마크가 된 초고층 건축
들. 좌로부터 뉴욕의 크라이슬러빌
딩, 쿠알라룸푸르의 페트로나스타
워, 상하이의 진마오타워.

만큼 뜻있는 일이었다. 트윈i타워가 들어설 해방비광장과 인민공원 사이의 경찰사령부 자리는 충칭에 남은 가장 충칭적인 싸이트이다.

싸이트를 보고 해석하고 이해하는 데서 도시설계자와 건축가는 다르다. 도시설계자의 입장에서는 우선 전체를 보게 마련이지만 건축가는 자기에게 주어진 싸이트를 중심으로 도시를 본다. 도시설계는 캔버스를 만드는 일이고 건축설계는 캔버스 한 부분을 채우는 일이지만, 충칭 트윈i타워는 라데팡스의 그랑드 아르슈처럼 도시의 특정 부분을 전도시와 연관시킨다는 점에서 도시설계 못지않은 성격의 일이다.

충칭 전체 마스터플랜과 충칭 도시중심 도시설계를 일

관하는 철학이 있어야 트윈i타워가 츙칭의 상징이 되는 것이다. 남산타워나 63빌딩이 서울의 상징이 되지 못하는 것은 둘다 자체의 기능에만 충실했지 도시 전체를 대표하여 서울의 역사와 지리와 인문을 도시적 규모로 보여주는 상형문자가 되지 못했기 때문이다. 자유의 여신상과 엠파이어스테이트빌딩과 세계무역쎈터가 맨해튼과 미국의 상징일 수 있었던 것은 셋 모두가 자유와 경쟁과 조화를 목표로 했던 맨해튼의 도시원리와 미국의 이상과 철학을 상형문자로 구현했기 때문이다. 그리고 무엇보다 더 나은 신세계를 추구하였던 그 시대의 열망을 담는 형상과 내용이 함께 있었기 때문이다.

그러나 초고층 건축의 상징성보다 더 중요한 것은 초고층 건축의 부정적 측면이다. 도시의 랜드마크(landmark)로서의 건축적 역할은 있으나 푸뚱 같은 초고층 건축의 난립은 문제다. 초고층 건축은 도시로부터 과다한 것을 가져가는 건축형식이다. 30층, 50층을 지으면 동일한 대지의 다섯배 열배를 짓는 것이고 도시인프라를 과점하게 되는 것이다. 소수의 초고층 건축은 도시공간의 다양성 차원에서 받아들일 수 있으나 초고층 건축 일색인 중국 현대도시는 불균형발전의 도시, 지속가능하지 않은 도시가 될 위험이 크다. 맨해튼은 허드슨강과 이스트강 사이를 가로지르는 스트리트(street)와 남북을 관통하는 애비뉴(avenue)가 이루는 일방통행의 격자 가로망 가운데를 쎈트럴파크가 가로지르고 있어 초고층 건축도시가 될 수 있었다. 그러나 맨해튼 같은 특수한 인프라를 갖추지 않은 도시의 초고층 건축은 남보다 더 많은 건축면적을 얻으려는 욕망에 불과할 수도 있다.

도시인프라의 한계를 넘어선 초고층 건축군의 난립으로 뻬이징과 상하이 모두 심각한 교통체증, 비인간적 환경, 지속가능하지 않는 도시발전으로 위기에 처해 있는데 춤칭이 그들의 위험한 전례를 따라가고 있다. 춤칭 트윈i타워는 200미터 높이와 10만 평방미터의 건물을 짓는 프로젝트다. 이럴 때 그들이 하자는 대로 무비판적으로 따라갈 수는 없다. 도시의 과밀화는 피할 수 없는 추세지만 건축 내부에 도시인프라를 장착하여 건축이 도시공간의 일부가 되게 하는 방안을 돌파구로 삼아야 한다. 중국인들은 재물은 돌고 도는 것이라 생각하면서도 부의 축적은 죄악이라고 여겨 돈을 번 사람은 사회를 위해 돈을 쓴다. 그러나 더 중요한 일은 기업이 기업활동을 통해 사회에 봉사하고 공헌하는 일이다. 초고층 건축으로 돈을 벌어 사회에 환원할 것이 아니라 도시에 봉사하고 공헌할 수 있는 초건축 건축을 만드는 일이 더 적극적인 사회환원이 되는 것이다.

첫단계에서는 200미터 높이의 10만 평방미터의 건물

양쯔강   인민공원 트윈i타워   인민해방비   쟈링강

양쯔강과 쟈링강 사이의 충칭 트윈i
타워. 양쯔강으로부터 인민공원을
거슬러 산상공원에 충칭타워가 서
고 인민해방비가 있는 보행전용 광
장을 지나 쟈링강에 닿는다.

을 그렸으나 인허가단계에서 충칭타워를 어떻게 짓는 것
이 최선의 길인지 그들과 마음을 열고 대화했다. 충칭타
워 그 자체만을 위한 처음의 안을 밀어두고 도시를 먼저
생각한 제2의 안을 만들었다. 타워가 수직가로와 공중정
원을 갖게 함으로써 초고층 건축이 도시인프라의 확대가
되게 하는 안이다. 높이도 150미터로 낮추고 면적도 7만
평방미터로 줄였다. 도시를 과점하는 대신 더 큰 비전을
가진 최고 효율의 공간을 만들고자 했다. 충칭 트윈i타워
를 도시로부터의 독점적 소유보다 공유의 길을 걷는, 사
유의 공간보다 공공의 공간이 더 큰 지속발전 가능한 도
시공간으로 만들어 미래의 동양 도시문명이 서양 도시문
명과 다른 상생의 문명임을 알게 해야 한다.

트윈i타워가 충칭의 역사와 지리와 인문을 담고 충칭
의 미래를 보이는 도시의 상징이 되려면 인민해방비광장

과 인민공원과 장강의 에너지를 집합한 산상수상도시의 건축형식과 중국 전통건축의 위대함을 이은 도시적 건축이 되어야 한다. 그러기 위해서는 장강의 흐름을 담아올려 탑을 세우고 탑이 인민해방비광장 산상에 불꽃을 일으켜 인민공원 땅 깊은 곳에 닿아 새로운 생명을 낳고 다시 장강으로 순환하는, 인민해방비광장과 인민공원과 장강의 기를 산상의 트윈i타워로 모으는 오행의 원리를 실현하는 건축물이 되어야 한다. 하지만 그러한 일도 어렵지만 오행의 형상원리만으로 충칭의 상징이 되기는 어렵다. 중국 서부개발의 신산업의 내용이 담겨야 한다. 중국 동부해안이 이룬 지속가능하지 않은 서양의 현대문명의 답습을 넘어 자연과 인간과 건축의 상생이 도시문명을 이루게 하는 신도시산업의 요람이어야 한다. 인간의 창의력이 만들어내는 도시산업의 요람으로 충칭 트윈i타워를 충칭 산상에 세울 수 있어야 트윈i타워가 충칭의 상징이 될 수 있는 것이다.

충칭의 옛 도시중심이며 현 도시중심인 충칭의 핵 위중(渝中)반도에 충칭 트윈i타워를 세우는 일은 중국 동부해안 못지않는 잠재력과 가능성을 가진 중국 서부개발에의 첫 참여로서 뜻있는 일이 될 것이다.

난후 프로젝트

　농촌이 잘살아야 잘사는 나라다. 농경사회에서는 말할 것도 없고 산업사회에서도 그러하다. 일인당 국민소득 2만달러 이상인 나라는 모두 농촌이 잘사는 나라다. 농촌이 부강하고 관광자원이 풍부한 나라가 선진국이다. 농촌이 가난한데 잘사는 나라는 없다. 우리가 도시 중심, 산업공단 중심의 경제성장 끝에 더이상 도약하지 못하고 정체하고 있는 것도 농촌과 소도시의 몰락으로 소비와 생산의 불균형이 초래된 데 그 이유가 있다. 더구나 지식정보사회에서 농촌의 몰락은 창조적 인구를 고갈시키게 마련이다. 산이 있어야 강이 있고 농촌이 있어야 도시가 있는 것

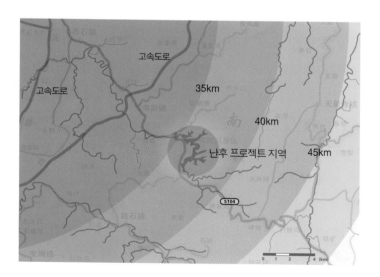

외곽순환고속도로에서 분기된 104번 국도 동쪽에 위치한 난후 프로젝트 지역. 충칭 도시중심으로부터 35킬로미터 거리에 있다.

이다. 도시만으로는 사람이 살 수 없다.

중국과 한국의 농촌은 모두 어렵다. 두 나라 모두 농촌을 버리고 도시 중심, 산업 중심의 경제성장을 이루어 도시화와 산업화가 농촌, 농업, 농민 모두를 도시에 종속시키고 말았다. 충칭을 3천만명의 세계 최대 도시라 하나 실은 대도시에 종속된 거대한 농촌집합이다. 충칭의 가장 큰 과제는 도시가 아니라 농촌이다. 충칭 마스터플랜에 참여하면서 580만의 중심도시구역에 기울이는 관심보다 2천5백만이나 되는 주변 농촌의 현대화, 자립화에 더 큰 관심을 가져야 한다. 한반도 구조개혁의 주된 과제도 기존도시를 한단계 도약하게 하는 혁신도시와 농촌현대화의 두 축으로 진행되어야 한다.

충칭 난후(南湖)단지는 전형적인 중국 농촌의 하나인 난후 일대를 충칭 도시중심 못지않은 경제력을 가진 살기 좋은 경쟁력있는 곳으로 만들려는 계획이다. 농촌의 현대화, 경쟁력 강화, 삶의 질 고양은 세가지 길에서 찾아야 한다. 첫째는 농업의 경쟁력 강화, 농업의 과학화, 기업화다. 영농의 과학화와 농작물의 식품공업화와 농산품 유통과 물류체계를 기업화해야 한다. 둘째는 농촌의 '제2도시화'다. 기존의 도시화 패턴에 따라 도시의 변두리로 흡수되는 것이 아니라, 광역도시의 당당한 일부로 자리잡는다는 뜻에서의 도시화인 것이다. 농촌은 도시가 갖지 못한 자연과 생명을 갖고 있다. 도시인들은 도시에 살지만 농촌에 있고자 한다. 농촌은 관광의 기반인 역사와 지리와 인문환경 모두를 함께 가지고 있다. 관광은 삶의 한 부분이다. 삶의 1/3은 여유의 시간이다. 농촌이 도시의 제2공간이 될 수 있어야 한다. 농촌이 도시인의 삶의 상당부분을 담당케 하는 것이 농촌이 잘사는 길이다. 셋째는 농민과 농촌인구를 창조적 그룹으로 만드는 일이다. 젊은이들은 다 도시로 가고 노인만 남아서는 안된다. 농촌에 주인인 농민과 그들의 후손이 머물게 하여 그들이 창조적 산업인력이 되게 해야 한다. 도시보다 창조적 인간이 살기에 더 나은 농촌이 창조적 산업의 요람이 되게 해야 한다. 인터넷의 세계에서는 도시와 농촌의 기회가 다르지 않다. 도시만이 아니라 농촌도 정보의 바다다. 농촌인구가 창조적 그룹이 되어 창조적 산업을 일으키게 해야 한다.

이런 세가지가 한반도 농촌개혁의 길이어야 하고 중국의 농촌, 농업, 농민을 살리는 길이다. 츙칭계획에서 도시중심 한가운데 츙칭 트윈타워를 세우는 일이 도시개조라면, 농촌인 난후개발은 도시개혁에 속하는 일이다. 츙칭 트윈타워보다 난후개발에 더 몰두한 것은 이것이 농촌과 농업과 농민을 함께 일으키는 특단의 방안이기 때문이었다.

난후는 츙칭 도심에서 35km 떨어진 농촌이다. 경관지구로 지정되어 있으나 아직은 별것이 없는 중국 어디에나

있는 농촌이다. 용의 형상을 한 수변길이가 11km나 되는 20만평의 광대한 저수지가 있을 뿐이다. 이곳에 35년 전 경주 외곽의 농촌마을이던 덕동댐 아래에 20만평의 인공 호수를 만들고 관광단지를 기획하여 IBRD로부터 차관을 끌어낸 보문단지 같은 사업을 시작하려는 것이다. 그때는 리조트단지를 만든다는 생각뿐이었지 농업의 과학화, 기업화, 농촌의 제2도시공간화와 도농복합체 구상, 농민 내지 농촌인구의 창조적 인간그룹화는 생각하지 못했다. 난

토지이용 계획

풍경위락구: 1,300 mu

상업오락구: 300 mu

호텔상업구: 300 mu

건강휴식구: 800 mu

호반거주구: 1,300 mu

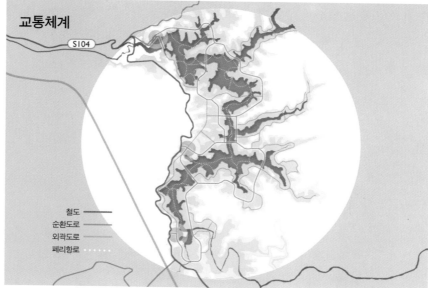

교통체계

S104

철도
순환도로
외곽도로
페리항로

난후 토지이용 계획과
교통체계.

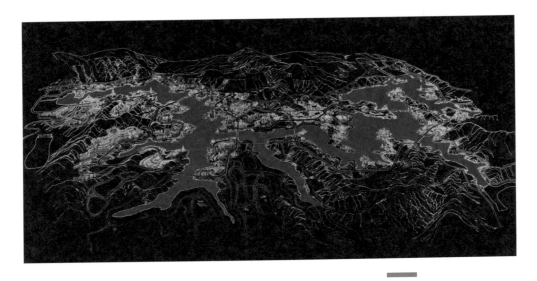

후단지는 1백만평 해당 농촌만이 아니라 주변의 농촌 모두와 함께하는 혁신과 창조의 프로젝트이다.

중국의 오늘 속에서 한국의 과거를 보는 것은 누구나 하는 일이다. 그러나 정작 중요한 것은 중국의 오늘 속에 한국의 미래를 여는 과제가 있다는 것이다. 난후단지를 성공시킬 수 있는 방안은 국가 불균형발전의 근원인 몰락한 농촌과 군소도시를 일으켜세우는 희망의 한반도 프로젝트이기도 하다. 중국은 계획이 실행될 수 있는 나라다. 난후단지를 보문단지 못지않은 관광단지로 만드는 일은 쉽다. 난후단지가 보문단지가 이루지 못한 삼농(三農: 농업·농촌·농민)문제를 해결하는 전국적 모델이 되게 해야 한다. 그러기 위해서 농업전문가, 생명공학자, 지역경제학자, 관광산업 기획자, 신산업 선구자들과 도시계획·도시설계·건축가들이 참여하는 도시산업의 창조적 그룹이 만들어져야 한다. 2004년 12월 충칭시와 중국건축학회 초청으로 '아시아 건축대사 9인'으로 참여하여 충칭 도시건축 발전계획을 논할 때, 도시중심의 핵인 충칭 트윈타워보다 도시 외곽의 난후단지에 더 깊은 관심을 갖고 결국 맡게 된 것은 앞서 말했듯이 난후단지를 성공시키는 일이 희망의 한반도 프로젝트라고 보았기 때문이다.

난후단지는 이제 시작이다. 중국의 학자, 전문가, 관리들과의 공동작업이 우리가 해오지 못한 큰 일을 이루는 계기가 될 수도 있다. 취푸 마스터플랜 당시 뻬이징대학의 경제학자들 및 칭화대학 도시계획 학자들과의 공동연구가 큰 도움이 된 것처럼 난후단지에서도 중국학자들과의 학문적 접근이 큰 도움이 될 것이다. 사물의 핵심을 보고 뒤엉킨 현실의 와중에 비상한 방책을 말할 수 있는 우리 한국인들의 천부의 능력과 그들의 학문적 온축(蘊蓄)과 현실해석, 깊고 넓은 문명적 기반이 함께하면 서구세계가 이루지 못한 농촌·농업·농민의 창조적 진화가 가능할 것이다.

건축화도시 Archiban　중세의 성곽도시처럼 도시의 하부구조인 인프라와 상부구조인 건축이 하나의 원리에 의해 함께 실현되는 도시·건축복합체.

경제공동체 economic community　공동의 경제정책에 의해 연결된 그룹. 예컨대 EEC(European Economic Community)는 유럽경제공동체조약(로마조약)에 따라 창설되어 관세동맹 결성, 수출입제한 철폐, 역외국가에 대한 공동관세와 공동무역정책의 수행, 역내 노동력·용역·자본 이동의 자유화 조치, 공동농업정책의 수립 등을 목적으로 했다.

과대도시 hyperpolis　물리적 단위로서의 도시공간이 그 개발포용(holding capacity) 한계를 넘어 교통과 도시인프라의 투자가 경제성을 잃은 도시.

광역 도시인프라 regional urban infrastructure 하나의 대도시를 중심으로 다수의 주변 위성도시 또는 다수의 중소도시들이 하나의 사회 및 경제활동의 단위체로서 역할을 수행할 수 있도록 엮어주는 도시인프라. 일반적으로 외곽순환도로, 고속도로, 고속철도 등을 말함.

그린브리지 green bridge 다수의 조각난 소규모 녹지군을 서로 연결하여 생태계적 환경을 조성하는 도시적 장치.

다목적신도시 multi-purpose new city 도시 스스로의 자립을 위한 목적뿐 아니라 다른 도시를 연결하고 주변의 농촌을 끌어들여 네트워크화하는 등 다중의 목적을 가진 도시.

도시공동체 urban community 일군의 도시들이 특정 목적을 공유하며 그 안에서 서로 규제하며 역할 분담하는 공동체.
- 도시연대urban solidarity 도시들이 특정한 사안에 한하여 협력하는 단계.
- 도시연맹urban federation 도시들이 공동의 목적을 가지고 그와 관련한 사안들에 관해 연합하는 단계.

● 도시연합^{urban union} 도시들이 각각의 독립성은 유지한 채로 합쳐서 경제공동체를 구성하는 단계.

디지털 철강도시 digital steel city 철을 주소재로 하여 대구조는 현장에서, 소공간은 공장에서 디지털 방식으로 '사전제작'과 '현장조립'하는 건축·도시복합체.

리빙브리지 living bridge 베네찌아의 리알또, 피렌체의 베끼오 다리처럼 구체적인 도시기능이 있는 다리.

메가스트럭처 megastructure 표면과 지하에만 머물던 도시인프라가 지상으로 3차원적으로 확대되고 그 안에 건축이 장착되는 거대도시 구조.

메가인프라 mega infrastructure 거대도시와 거대도시를 네트워킹하는 인프라. 보스턴·뉴욕·필라델피아·워싱턴DC에서처럼 각각의 도시요소가 인프라를 타고 확대되어 작은 주변도시들을 흡수하여 도시네트워크는 마치 포도송이와 같은 형태를 띠게 된다.

메갈로폴리스 megalopolis 몇개의 메트로폴리스가 연결되어 만들어지는 거대한 도시집중 지역.

문화관광도시 culture-tourism city　문화관광 인프라가 구축
되어 그것이 도시의 정체성이 되고 지역사회의 경제활동 중
심이 된 도시.

문화관광 인프라 culture-tourism infrastructure　도시나 지역
사회의 미술관·박물관·도서관 등 시민과 방문객을 위한 문
화·관광시설군이 도로, 공원, 녹지 등 도시인프라와 결합
하여 도시공간화한 것.

산업클러스터 industrial cluster　산업집적(産業集積)이라고
도 한다. 동종 혹은 이종간의 생산 및 경제활동이 가치사슬
(value chain) 또는 가치네트워크(value network)를 중심으
로 밀도있게 일어나는 산업활동 주체의 조합을 말한다. 일반
적으로 생산활동의 주체인 중소기업·대기업과 연구개발의
주체인 대학 및 기업 관련 연구소, 자본지원과 인습화된 산
업환경을 계획하는 자치단체 등으로 구성되어 네트워크 구
축과 상호작용을 통해 씨너지효과를 극대화한다.

산학클러스터 industrial education cluster　생산활동의 주체
인 기업과 연구개발의 주체인 대학의 연구소가 신상품 개발
과 기술혁신을 위해 연합한 협동 연구개발 단위.

세계도시 world city 뉴욕, 런던, 토오꾜오 등과 같이 그 도시의 시민이나, 도시가 속한 국가의 국민만이 아닌 전세계인을 상대로 하는 도시.

세계화 도시구역 world district 세계도시처럼 도시 전체가 세계인들을 위한 것이 아니라 도시의 특정지역이 세계인들을 위해 조성된 구역.

스페이스 매트릭스 space matrix 모든 위치에서 건축과 인간의 접속이 가능한 3차원의 주소를 가지는 특정의 공간.

신도시산업 creative urban industry 도시 내부에서 창조적 인간군이 만들어내는 신산업. 신산업은 R&D, 출판, 소프트웨어, TV, 라디오, 디자인, 음악, 영화, 게임, 광고 등 창조적인 인간의 무형 산물(intangible product)의 생산과 분배의 경제활동을 말한다.

어반클러스터 urban cluster 도시집적체(都市集積體) 또는 도시성군(都市星群)이라고도 한다. 산업클러스터가 진화하여 도시와 농촌을 아우르며 거대도시와 경쟁할 수 있는 새로운 단계의 공간을 창출한 것.

에코브로드웨이 eco-broadway   생태화된 대형 도시가로 및 도시구조물.

인스턴트씨티 instant city   관광객이나 고객 등이 잠시 머물면서 도시의 주인이 되는 도시. 또는 특정 장치들에 의해 임시로 생겼다가 목적이 다하면 없어질 수 있는 도시.

자립자족도시 independent city   신도시 개발의 핵심 개념으로 인간활동의 기본이 되는 주거공간과 생산 및 근로활동의 공간이 하나의 도시공간 내에서 해결될 수 있는 이상적인 도시모형을 말함. 반대 개념은 베드타운이다.

하이테크파크 high-tech park   항공, 전산, 컴퓨터, 생화학, 제약, 통신 등의 첨단 하이테크 분야의 연구 및 개발을 목적으로 기업이나 대학, 혹은 정부가 조성한 연구단지.

해안링크 coastal link   바다나 호수를 중심으로 그 연안에 있는 도시들의 연결.

혁신클러스터 innovative cluster   혁신씨스템(innovative system)이라고도 불리며 한 지역의 산업, 대학, 지역사회 공동체가 하나의 씨스템으로 끊임없이 새로운 산업으로 재생

발전하는 지역산업체의 단위. 버클리대의 애널리 쌕서니언
(AnnaLee Saxenian) 교수가 보스턴의 루트128과 캘리포니
아 씰리콘밸리의 하이테크산업이 중심이 된 이 지역의 산업
구조를 설명하기 위해 처음 사용한 용어.

황해(도시)공동체 Yellow Sea (Urban) Community 황해에 접
한 중국 동부해안과 한국 서해안, 그리고 일본의 일부 도시
들을 포함하는 지역도시들의 상징적·선언적 단계에서의 문
화·경제적 협력체.

황해도시연합 Yellow Sea Urban Union 황해 주변도시들의
정치·경제 연합체로 정치와 경제 조약 또는 협약에 따라
서로 협력하여 하나의 거대한 도시권역으로 발전해나가는
단계.

후통 胡同 뻬이징 사합원(四合院, 전통주택)이 모여 있는 주
거지역에 사합원들과 직접 면한 동서로 놓인 가로. 뻬이징
시민들의 일상생활을 위한 무대인 동시에 매우 중요한 환경
장치이다.